国・県対照図

蝦夷地
北海道

青森　陸奥
岩手　陸中
山形　羽前
宮城　陸前
佐渡
能登
越後　新潟
石川　金沢
越中　富山
加賀
飛騨
越前
福井
若狭
美濃　岐阜
近江　滋賀　大津
伊勢　三重　津
尾張　愛知　名古屋
三河
信濃　長野
上野　群馬　前橋
下野　栃木　宇都宮
岩代
福島　磐城
常陸　水戸　茨城
甲斐　山梨　甲府
武蔵　埼玉　さいたま
東京
相模　神奈川　横浜
上総　千葉
下総
安房
駿河
遠江　静岡
伊豆

------- 国界
白線　現都府県界
◎　都道府県庁所在地

	蝦夷地	陸奥			出羽		越後	佐渡	上野	下野	常陸	下総	上総	安房	武蔵	相模	甲斐	信濃	伊豆	駿河	遠江	三河	尾張	美濃	飛騨	越中	能登	加賀	越前	国名
		陸奥	陸中	陸前	磐城	岩代	羽後	羽前																							
	北海道	青森	岩手	宮城	福島		秋田	山形	新潟		群馬	栃木	茨城	千葉			埼玉	神奈川	山梨	長野	静岡		愛知		岐阜		富山		石川	福井	現都府県

国名	山城	丹波	丹後	但馬	淡路	播磨	摂津	和泉	河内	因幡	伯耆	隠岐	出雲	石見	備後	安芸	周防	長門	美作	備前	讃岐	阿波	土佐	伊予	筑前	筑後	豊前	豊後	日向	大隅
現都府県	京都			兵庫				大阪		鳥取			島根		広島		山口		岡山		香川	徳島	高知	愛媛	福岡			大分	宮崎	鹿児島

明治時代の美術作品

湖畔(黒田清輝筆，東京国立博物館蔵)

竜虎図(左隻「虎」，橋本雅邦筆，静嘉堂文庫美術館蔵)

ゆあみ（新海竹太郎作，東京国立近代美術館蔵）

女（荻原守衛作，東京国立近代美術館蔵）

収穫（浅井忠筆，東京芸術大学蔵）

海の幸（青木繁筆，石橋財団石橋美術館蔵）

鮭(高橋由一筆, 東京芸術大学蔵)

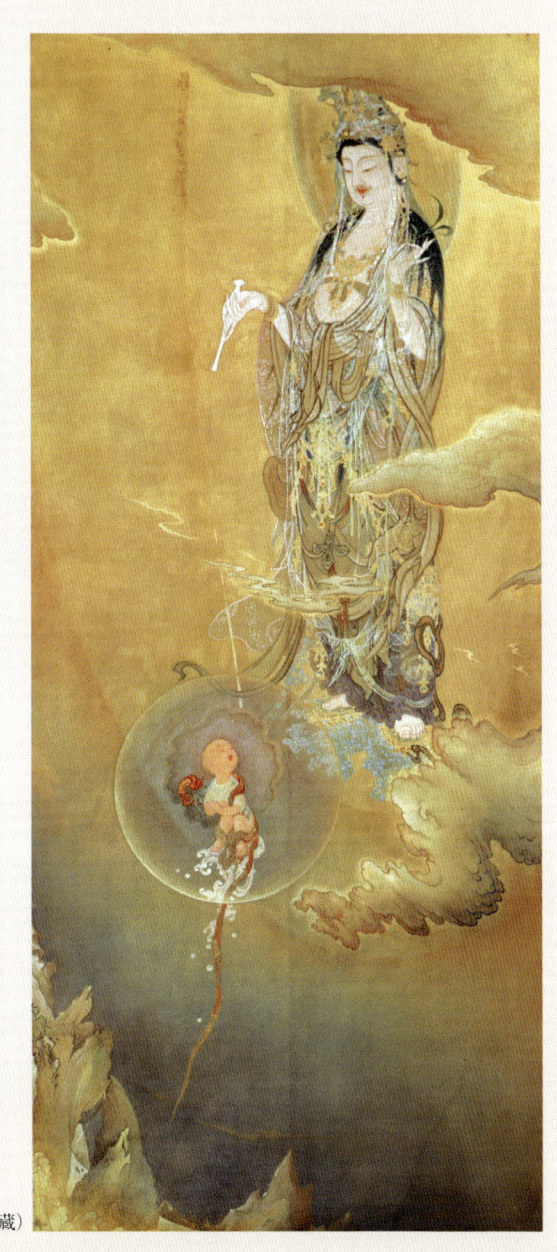

悲母観音(狩野芳崖筆, 東京芸術大学蔵)

墓守（朝倉文夫作，東京都朝倉彫塑館蔵）

老猿（高村光雲作，東京国立博物館蔵）

大正時代の美術作品

麗子微笑(岸田劉生筆,東京国立博物館蔵)

手(高村光太郎作,東京国立近代美術館蔵)

金蓉(安井曾太郎筆,東京国立近代美術館蔵)

転生(平櫛田中作,東京芸術大学蔵)

髪（小林古径筆，永青文庫蔵）

大原女（右隻，土田麦僊筆，山種美術館蔵）

はじめに

　本書は，幕末の黒船来航前後から第二次世界大戦の敗戦にいたる100年近くの日本の歩みについて，できるだけ国際社会のなかの日本という視野に立ちつつ概観し，近代日本の歴史的特色と問題点をさぐろうとしたものである。

　歴史の研究や叙述のうえで重要なことは，歴史の内在的理解であろう。歴史学は多くの場合，結末がわかっている事象を事後的に取りあげて，その原因を過去にさかのぼって究明し，その意味を解釈・論評する学問である。それは往々にして結果からの演繹的説明におちいりやすく，時代状況を無視して，今日的価値観により歴史を裁断する傾向をまぬがれない。

　しかし，歴史を内在的にとらえるためには，まずなによりも，その時代に生きた生身の人間たちがどのような価値基準に基づいて，なにを考え，なにを目標に行動したかを，歴史状況に則して理解することが必要不可欠といえよう。

　このように考えれば，超歴史的な一元的価値基準に基づく，いわゆる「イデオロギー史観」(たとえば戦前の「皇国史観」，戦後の「人民史観」「階級闘争史観」など)は，ともすれば，事実を事実として多角的に歴史を直視する柔軟で広い視野を失わせ，単純な「善玉・悪玉的」歴史理解の弊におちいりかねない。それは，人間の営為の集積としての複雑で魅力に富んだ歴史諸相のさまざまな理解の可能性を，「一つの正しい歴史認識」のなかに封じ込めてしまうことになるのである。「歴史には神も悪魔も登場しない」という含蓄深い諺の意味を，じっくりとかみしめる必要があるように思われる。

著　者

目次

序　日本近代史をどうみるか ──────────────────── 1

第1章　近代国家の成立

1　**開国と幕末の動乱** ──────────────────── 9
　開国／開港とその影響／政局の転換／公武合体と尊攘運動／倒幕運動の展開／幕府の滅亡／幕末の文化

2　**明治維新と富国強兵** ──────────────────── 26
　戊辰戦争／新政府の発足／中央集権体制の強化／身分制度の改革／地租改正／近代産業の育成／文明開化／明治初期の国際問題／新政府への反乱
　［コラム］会津藩の明治維新　27／初期の鉄道　40／お雇い外国人　46／明治維新論　53／明治維新の指導者たち　56

3　**立憲国家の成立と日清戦争** ──────────────────── 58
　立憲政治への動き／自由民権運動の始まり／国会開設運動／政党の成立／松方財政／民権運動の激化／国家体制の整備／憲法の制定／明治憲法体制の特色／初期議会／条約改正／朝鮮問題／日清戦争と三国干渉
　［コラム］私擬憲法　64／「板垣死すとも自由は死せず」　68／自由民権運動の性格　69／伊藤博文の立憲政治調査と議会の予算審議権　76／憲法発布と国民の態度　79／ノルマントン号事件　85／福沢諭吉の「脱亜論」　88

4　**日露戦争と国際関係** ──────────────────── 93
　日清戦後の政府と政党／立憲政治の定着／官僚制の確立／列強の中国分割／北清事変と日英同盟／日露戦争／日露戦後の国際関係／韓国併合／満州進出と日米摩擦／桂園時代
　［コラム］帝国主義　100／国内世論に関するベルツの観察　102／ネルー少年と日露戦争　106／アメリカの日本人移民　110

5　**近代産業の発展** ──────────────────── 113
　産業化の基礎整備／民間企業の勃興／産業革命の達成／資本主義の発展／社会問題の発生
　［コラム］日本資本主義の特色　121

6　近代文化の発達 ―――――――――――――――――― *130*
明治文化の特色／思想界の動向／信教の自由／教育の普及と統制／学問の発達／ジャーナリズムの発達／近代文学／芸術／国民生活の近代化／人口の増加と伝染病
［コラム］知識人の西洋文化摂取の姿勢　*130*／都市の食生活　*148*

第2章　近代日本とアジア

1　第一次世界大戦と日本 ―――――――――――――――― *151*
大正政変／第一次世界大戦／辛亥革命とロシア革命／日本の中国進出／大戦景気／民本主義／米騒動の勃発／原内閣と政党政治
［コラム］加藤高明外相の参戦発言　*156*／尼港事件　*160*／船成金　*161*

2　ワシントン体制 ―――――――――――――――――― *167*
パリ平和会議／ワシントン会議／協調外交の展開／社会運動の高まり／普選運動の高まり／護憲三派内閣の成立／政党政治の展開
［コラム］パリ平和会議と人種差別撤廃問題　*169*／軍縮と軍人の反発　*174*／関東大震災と朝鮮人虐殺事件　*179*／世界各国における普通選挙の実現　*183*／吉野作造の「金権政治」批判　*184*

3　市民文化 ――――――――――――――――――――― *186*
都市化と国民生活の変化／大衆文化の芽ばえ
［コラム］サラリーマンの生活　*188*

4　恐慌の時代 ―――――――――――――――――――― *196*
戦後恐慌から金融恐慌へ／社会主義運動の高まりと分裂／山東出兵と張作霖爆殺事件／協調外交の行き詰まり／金解禁と世界恐慌
［コラム］満州某重大事件　*202*

5　軍部の台頭 ―――――――――――――――――――― *208*
満州事変／国際連盟脱退／政党内閣の崩壊／恐慌からの脱出／転向の時代／二・二六事件

6　第二次世界大戦 ――――――――――――――――――― *222*
枢軸陣営の形成／日本の華北進出／日中戦争の勃発／戦時体制の強化／戦時下の文化と国民生活／第二次世界大戦と三国同盟／新体制運動
［コラム］「日本ファシズム」論をめぐって　*223*／盧溝橋事件　*227*／ドイツ熱の高まり　*239*

7　太平洋戦争の勃発から敗戦へ ──────────── 242
　日米交渉の行き詰まり／開戦／緒戦の勝利／戦局の悪化／敗戦
　［コラム］指導者の年齢　243／真珠湾攻撃と交渉打切り通告　245／日本
　占領下の東南アジア　247

　索引　257
　表見返し　国・県対照図　　裏見返し　現代の世界

使用にあたって ────────
1. 年代表記は通算に便利なように西暦を主とし，日本の年号は（　）のなかにいれた。明治5年までは旧暦と西暦とは1カ月前後のちがいがあるが，年月はすべて旧暦をもとにし，西暦に換算しなかった。このため，安政元年12月21日は，西暦では1855年2月7日であるが，1854(安政元)年12月と表記した。
2. 挿入した図版には原則として出所・原作者・所蔵者を示した。なお，東京国立博物館所蔵の図版提供は，Image:TNM Image Archivesである。

iv

序　日本近代史をどうみるか

日本近代史の否定的評価の流行

　第二次世界大戦の敗戦からほぼ20年，1960年代半ばごろまで，日本近代史の分野では，マルクス主義歴史学，ないしそれに同調する立場からの歴史研究が圧倒的に主流を形成してきた。そこでは歴史は，おおむね国家権力の人民への抑圧とそれに対する人民の闘争として図式化される。そして，明治維新以降，第二次世界大戦の敗戦にいたるまでの日本の国内体制の「圧政的」「専制的」性格が強調され，日本の近代について，西洋先進諸国の近代との比較において，もっぱらその「遅れ」「ゆがみ」「不十分さ」「半封建的性格」などが説かれるとともに，対外政策の面での日本の「侵略性」が力説されるのである。要するに，そこでは，日本近代史をほとんど全面的に否定的に理解・評価する傾向が濃厚であった。

　明治維新がフランス革命のような市民革命ではなく，封建制の拡大再編成による「絶対主義の形成」であり，明治憲法体制は「天皇制絶対主義」権力の圧政をおおいかくす「外見的立憲制」にすぎないとする見解はその代表的なものであろう。

　もとより，大きな改革が実施された後には，それに先行する時代を全面的に否定しようとする政策が新しい政権のもとで意識的に提起される。そして，そうした傾向が社会的風潮として流行するのは日本ばかりでなく，洋の東西を問わず，多くの国や地域でみられる現象である。したがって，明治維新直後に江戸時代をすべて否定的に捉える態度が日本人の若者たちの間で流行したのと同様に，第二次世界大戦後の日本で，戦前が「暗黒時代」であったかのように考える見解が学界の主流となったことも，その学問的当否は別として，ある意味では自然の流れだったのかも知れない。まして，第二次世界大戦の敗戦により外国軍隊に占領され主権を失うという歴史上初めての体験は，敗戦慣れしている諸外国（例えばドイツやフランス）

に比べて，日本人にとっていっそう強烈な衝撃だったに違いない。

「遅れ」「ゆがみ」論への疑問

　ところで，前述のような日本近代史への否定的理解・評価は，それを歴史的事実に基づいて詳細に検討すれば，種々の疑問が生じざるを得ない。

　第一の疑問は，西欧先進国との比較で「遅れ」「ゆがみ」を指摘する場合，そこでの西欧理解があまりに観念化・理念化されていて，必ずしも歴史の実態を踏まえていない点である。例えば，明治維新をフランス革命と比較する手法はよく用いられるが，そこではフランス革命によりあたかも自由と平等をうたいあげた人権宣言の理念が，そのまま実現したかのごとき前提で比較されることが多い。しかし，「人は生まれながらにして自由であり，その権利において平等である」という人権宣言の美しい理念が革命後のフランス社会でそのまま実現したわけでないことは論をまたない。政治的権利を例にとると，フランス革命により立憲政治こそ実現したが，革命後40余年を経て7月革命によってルイ＝フィリップのもとに成立した自由主義的な立憲君主制においては，選挙権が大幅に拡張されたにもかかわらず，有権者は，年200フランを納める成年男性に限られ，その人口に対する比率はわずか0.6％弱にすぎなかった。日本の場合，明治維新後20年余，明治憲法の制定により開設された帝国議会の最初の衆議院議員総選挙での有権者の対人口比率は1.1％強であるから，7月革命後のフランスよりも国民の参政権の範囲はずっと広かったわけである。また，フランス革命によって封建領主の土地が全面的に耕作農民に解放されたかのように考えるのも，歴史的事実と大きくかけ離れた錯覚である。したがって，明治初年の地租改正の実施に際して，耕作農民に農地が解放されなかったからといって，その後の日本社会の「半封建的性格」の論拠とすることは，とうてい適切とはいえないであろう。

　第二の疑問は，「遅れ」「ゆがみ」論が，制度上の建前にとらわれすぎて，制度の実際上の運用を軽視している点である。例えば明治憲

法を「外見的立憲制」とする見解は，憲法の君権主義的な建前を一方的に重視するあまり，その立憲主義的運用の実態を見落としているのではあるまいか。明治憲法がドイツ諸邦，とりわけプロイセン憲法から多くの範をとっているのは確かであるが，議院内閣制を定めてはいない明治憲法のもとで，議会開設から8年足らずで衆議院の多数党の政権が発足し，さらにその2年後には，憲法制定の立役者伊藤博文自身，自ら衆議院の第一党を率いて政党内閣を組織しているのである。これは，プロイセン王国でもドイツ帝国でもみられなかった現象であり，明治日本における憲法の立憲主義的運用のあらわれといえよう。プロイセンでは1860年代，政府と議会（下院）が衝突して予算案が否決されたとき，ビスマルク首相は国王大権を発動して下院で否決された予算案をそのまま実施したことがあったが，明治憲法下の日本では，そうしたケースはみられなかった。また，憲法上の天皇の法律裁可権は事実上形式的なもので，議会の議決した法律を天皇が不裁可としたことは一度もなかった。イギリスでは国王の不裁可権は，18世紀初頭のアン女王時代に発動されたのを最後に，今日まで300年余り発動されず，それは事実上消滅したと考えられているが，日本の明治憲法のもとでも，イギリスの場合と同様と考えてよいであろう。

　第三の疑問は，時代状況を度外視した今日的価値を基準とする理解・評価への疑問である。19世紀後半〜20世紀初頭における欧米列強の東アジア進出という世界史的動向のなかで，近代国民国家建設を進めた日本にとって，もっとも重要な国家目標は国家の独立の維持と強化であり，欧米列強と国際社会で対抗し得る強国の建設であった。それは，「平和」「民主主義」「人権」などを最重要視する第二次世界大戦後の価値基準と必ずしも相容れないことは確かである。しかし，明治日本においては，上記のような国家目標の達成は，政府と反政府勢力（例えば明治前期の自由民権派）に共通に認識されていた，いわば国民的課題だったのである。日本の対外的勢力拡張も，いわばそうした課題への対応の一つであった。そうした時代状況を無視して明治日本を安易に今日的価値基準によって理解・評価する

ことは，歴史の内在的理解を妨げることになるであろう。

近代化論の登場

　1960年代に入るころから，日本近代史についての再検討・再評価の動きが徐々に進められた。その先駆となったのは，ライシャワー，ホール，ジャンセン，ドーアなどアメリカをはじめとする諸外国の日本研究家たちによる，いわゆる「近代化論」であった。

　彼らは他のアジア諸国・諸地域との比較史という，より広い国際的視野に立って日本の近代化を取りあげ，その実証的考察を通じて，非西欧世界における近代化に成功した数少ない事例として，それを積極的に評価した。そこでは，西欧諸国からの「遅れ」や「ゆがみ」としてではなく，「西欧の衝撃」(Western Impact)に対して日本が独自の歴史的・文化的条件を踏まえつつ，いわば手持ちの材料を用いた自前の手法で異文化を摂取・吸収し，近代化を進めていったことが重要視されている。そこからは，マルクス主義的な単型発展段階という考え方に代わる，一種の文化的な相対主義の見方をうかがうことができよう。

　このような「近代化論」は，マルクス主義歴史学派からは強い反発を受け，しばしばはげしい政治的ないしイデオロギー的非難を浴びることとなったが，1960年代以降の日本経済のめざましい高度成長と繁栄を背景に，その歴史的根源をさぐろうとする問題意識とも結びつき，イデオロギー的な歴史観に偏向することなく，広い視野に立ち歴史事実をしっかりと見極めて，じっくりと実証的研究を進めようとする日本人歴史研究者の間にも，しだいに影響力を広めていった。

近代国民国家建設の基礎的条件

　日本の近代を考察するにあたって，まず問題となるのは，その母体ともいうべき江戸時代における基礎的条件である。そこで注目されることは，江戸時代の日本が，かなり高度の社会的同質性と国民的一体感を保持していた点である。

歴史的にはもとより，今日でも世界の諸地域において，人種的あるいは民族的対立，宗教的対立，言語的対立などが，国民的統合と近代化推進の大きな阻害要因であり，しばしば多大の流血を伴う紛争や内戦などの原因となっていることは周知のごとくである。しかし，江戸時代の日本においては，これらの阻害要因は比較的小さかったと考えられる。とりわけ，現代の国際社会において，時として深刻な紛争の原因となっている宗教問題について，江戸時代に来日した外国人たちが，日本において異なった宗教・宗派が平和的に共存しているようすを驚きをもって描いているのは，はなはだ興味深い。

　このような社会的同質性と国民的一体感は，二百数十年にわたって維持されたかなり中央集権的性格の強い幕藩体制といわゆる「鎖国」体制（「鎖国」という用語が必ずしも適切でないとする指摘が近年歴史家の間で唱えられているが，ここではそのことには触れない）のもとで実現された。参勤交代の制度化とそれによる江戸を中心とした交通網や情報伝達手段の整備，江戸・大坂を中心とした全国的な商品経済圏の形成，寺子屋による庶民教育の普及などがそれを支えたと考えられる。そうしたことが，近代国民国家形成の基礎的条件をつくり出していたといえるであろう。

西欧の衝撃への対応と国家目標

　しばしば指摘されるように，日本の近代化は「西欧の衝撃」に触発され，それへの対応として，自らを西欧化するという形で進められた。1840年代（天保間），アヘン戦争における清国のイギリスへの敗北の情報に反応して，かなりはっきりした形であらわれた国家的な危機意識は，とりわけ「癸丑以来未曾有之国難」（いわゆる王政復古の大号令の一節）という表現に集約されるように，1853（嘉永6，癸丑）年のペリーに率いられた黒船来航とそれによる翌年の「強制された開国」をきっかけとして，武士階級を中心に全国的に拡大し，幕政改革・藩政改革に結びついていった。

　開国から幕府倒壊にいたる具体的過程については記述を省略する

が、重要な点は、こうした対外危機意識に支えられたナショナリズムが旧体制の変革の原動力になるとともに、幕末・維新期の内紛・内戦のとめどもない拡大を抑止し、植民地化の危機を回避する機能を果たしたことである。戊辰戦争のさなか、江戸城無血開城をめぐる交渉に際して、勝海舟が西郷隆盛に武力攻撃中止を求めて述べたという次のような言葉は、それを物語っている。

　況んや外国交際の事興りしより、その談ずる所、独り徳川氏の為にあらず、皇国の通信（外交の意）にして我が私にあらず、印度・支那の覆轍顧みざらむ哉。（『勝海舟日記』慶応4年3月14日付）

　国内の動乱を比較的短期間に収拾して明治維新を達成し、開国和親の政策を進めたことにより、日本にとって、直接に諸列強の介入を受ける危険性はひとまず減少した。とはいえ、日本の朝野の指導者たちは、欧米列強のアジア諸地域への活発な勢力拡張という19世紀末の国際情勢のただ中にあって、自国の独立の維持について、その後も強い危機意識を抱き続けた。それは、日本の近隣地域が諸列強の植民地となれば、日本自身の存立も危機におちいるというのである。二百数十年にわたる「徳川の平和」から、「西欧の衝撃」によって半ば強制的に国際政局の荒海に突然投げ込まれたという歴史的事情を考えれば、明治日本の指導者たちが、いささか過剰なまでに強い対外危機意識を抱いていたのも、当然であったかも知れない。

　こうした内外の状況のなかで、明治日本にとって、まず何よりも国家的な独立を維持・強化し、「万国対峙」――国際社会で欧米列強と肩を並べ、それと対抗し得る「富強」な国を建設することが最大の国家目標となった。

　国内諸勢力の間にさまざまな政治的軋轢・対立があったにもかかわらず、上記のような封建制解体後の基本的国家目標は、明治政府側はもとより、反政府勢力の間でも、おおむね共通の国民的課題として認識されていたのである。

急激な変革と少ない流血

　明治前期，近代国民国家の建設をめざす政府の主導のもとに推進された諸変革は，極めて急激であった。当時これを「死の跳躍」と呼び，「日本国民が(跳躍に失敗して)頸を折らなければ何よりなのですが……」と憂慮したベルツの言葉にみられるように，日本に関心をもつ外国人の多くは，明治政府の改革のあまりの急進性に強い懸念を表明した。1880年代初めヨーロッパ諸国で立憲政治調査にあたった伊藤博文一行は，行く先々で，ヨーロッパの君主・政治家・学者たちから口々に，明治維新以来の日本政府の急進的すぎる改革を強く戒める数多くの忠告を受けた。

　確かに明治維新とそれを受け継ぐその後の改革の強行は，旧支配階級である大名や一般武士の既得権の剥奪などにみられるように，はなはだ急進的であり，庶民の生活にもその実情を無視した急激な変化をもたらした点が少なくなかった。そのため，改革の強行はしばしば対立と混乱を生み，流血の動乱を招いた。例えば戊辰戦争(1868〜69〈明治元〜2〉)では，新政府側・旧幕府側合わせて8200名余の死者を出し，西南戦争(1877)では死者が約1万3000名に達している(修史局編『明治史要付録表』明治19年)。

　しかし，それらの内乱は泥沼の長期戦化することも，外国勢力に介入されることもほとんどなく，比較的すみやかに収拾された。そして，その後の政府と自由民権派の対立は，大規模な武力弾圧や革命的騒乱に発展することはなく，さしたる流血なしに双方の妥協と協力により立憲政治が実現するにいたった。これは江戸時代における国民統合の基礎的条件のうえに立ちつつ，国内諸勢力，とくに政府と自由民権派の間の基本的な国家目標の共有によるところが大きかったゆえであろう。

　ちなみに，日本の明治維新とほぼ同時代に欧米先進諸国でおこった事例をみれば，アメリカの南北戦争(1861〜65)では，死者約62万人に達し，フランスのパリ=コミューンの内乱(1871，日本の廃藩置県の年)では，1週間から10日間のパリの市街戦で，ほぼ3万人に及ぶ死者を出したといわれる。日本の場合，ペリー来航から西

南戦争(1853〜77)まで, ほぼ4分の1世紀にわたる幕末・維新の動乱の全過程の死者の総数は, パリ=コミューンの10日間の死者数を上まわることはなかったと思われる。こうした同時代の国際的比較でみれば, 日本ではその変革の大きさに比べて流血は割合に少なかったということができるであろう。

性急な近代化の「副作用」

このような政府の主導により近代化を進めた日本は, いろいろな分野で西欧的原理を取り入れて, 近代国民国家を形成し, 明治維新後ほぼ半世紀で, 欧米列強と肩を並べる強国を建設することに成功した。しかし, 日本が急速な近代化に成功し, 対外的に勢力を拡張して国際的影響力を強め, 東アジアの近隣諸地域に植民地を形成したことは, 同時に, 東アジアの国際社会に新しい摩擦・対立を生じさせ, 内外ともに多くの「副作用」を生み出すことにもなった。

国内的にみれば, それが往々にして, 国内の経済力や国民生活などの面で, 内実を伴わないままに欧米先進諸国と対抗するためのいわば「背のびした近代化」になったことは否定できない。そして, 日露戦争(1904〜05)が終わったころから, 日本はかえって統一的な国家目標を失い, 国家的統合機能は衰退していく。そして, このような急ぎすぎた近代化のいわば「影の部分」が増殖するなかで, 日本の急速な強国化によって生じた国際的な摩擦・軋轢は, 日本の国際的立場をしだいに困難なものにした。すなわち, 欧米列強からは日本は新しい危険な競争相手として警戒され, 東アジアの近隣諸国である中国・韓国からは, 欧米流の帝国主義国家の出現として反帝民族運動の矢面に立たされる。そして, それは, やがて日本の国際的孤立化と戦争への道を準備することになるのである。

第1章 近代国家の成立

1 開国と幕末の動乱

開国
　17世紀後半に初期的な市民革命を実現したイギリスでは，18世紀後半から綿糸紡績業を中心に産業革命が始まり，蒸気を動力とする機械の利用によって工業生産力は大幅に高まったといわれる。このような政治的・経済的な動きは，ヨーロッパ各国やアメリカ大陸にも及んだ。増大する生産力と強力な軍事力を背景にして，イギリスをはじめとする欧米列強は，工場制機械工業の生産品の販売市場と原料の確保をめざしてアジア各地への進出を開始し，アジア諸国を資本主義的世界市場に強制的に組み込もうとした。その過程で，多くの国や地域が植民地または経済的・政治的に従属的な地位に転落し，また列強相互の対立抗争も活発化した。
　そうした列強の圧力はしだいに東アジアに及んで，日本にも達した。18世紀末から19世紀にかけ北方からのロシアに加えて，イギリスやアメリカの船がしきりに日本の港に来航し，通商を要求するようになった背景には，そのような世界情勢の大きな変動があった。
　東アジア世界の激動を告げるアヘン戦争(1840～42)についての情報は，オランダ船・中国船によりいち早く日本に伝えられ，幕府に強い衝撃を与えた。1842(天保13)年にオランダ船が，アヘン戦争終結後にイギリスが通商要求のため軍艦を派遣する計画があるという情報をもたらすと，幕府は異国船打払令を緩和して薪水給与令を出し，漂着した外国船には薪水・食糧を供給することにした。こ

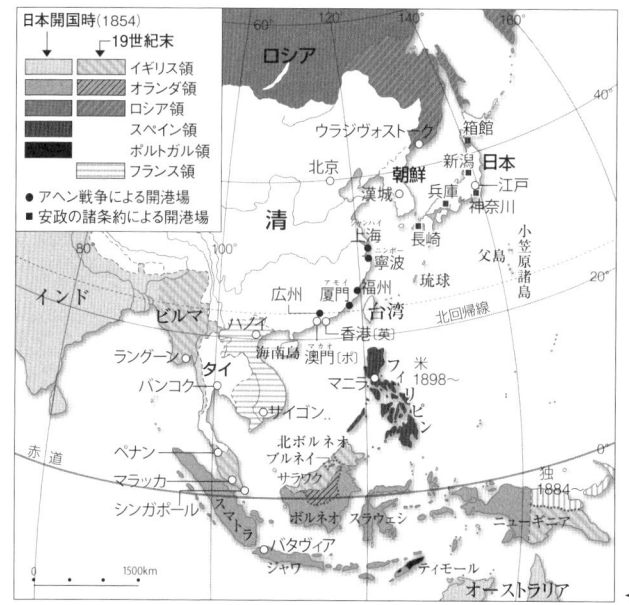

◀列強のアジア進出

れは，打払令により外国と戦争になる危険を避けるためであった。そして，江戸湾防備のため川越藩と忍藩に警備を命じ，1843(天保14)年江戸・大坂周辺の支配を強化するため上知令を出し，さらに外国船が上方や東北地方から江戸湾に入る廻船を妨害して江戸に物資が入らなくなる危険への対策として，印旛沼の掘割工事を行うなどの対応策をとろうとした。

　1844(弘化元)年，オランダ国王が幕府へ親書を送り，アヘン戦争を教訓として清国の二の舞を演じることを回避するために，開国してはどうかと勧告した。幕府は，清国がアヘン戦争に敗れて香港の割譲を余儀なくされたという情報を得ていたが，オランダ国王の勧告を拒否して「祖法」としての鎖国体制を守ろうとした。しかしこの年フランス船が，翌1845年にはイギリス船が琉球に来航するなど，日本や中国への寄港地として琉球に開国・通商を要求する事件がおこっている。

　アメリカは19世紀に入ると，産業革命を推し進めて中国との貿易に力を入れ，太平洋を航海する船舶や捕鯨船の寄港地として日本に開国を求めるようになった。1846(弘化3)年，アメリカ東インド

▲ペリーの横浜上陸 1854(安政元)年2月、ペリーは横浜に上陸し、会見所へ向かった。開国交渉を成功させるため高圧的態度でのぞんだ彼は、会見所を艦砲の射程距離の範囲に設定することを要求し、いつでも発砲できる準備をしていたという。威儀をただした500人の海兵隊が左右に整列し、日本側は会見所入口で旗とのぼりをもって迎えた。図はそのありさまを描いた石版画。(横浜開港資料館蔵)

　艦隊司令長官ビッドルが浦賀に来航し、国交と通商を要求したが、幕府はこれを拒絶した。しかしアメリカは、1848年にメキシコとの戦争(米墨戦争)に勝利を収めてカリフォルニアを獲得し、同地方で金鉱が発見されて西部地方が急速に開けていったことを背景に、太平洋を直接に横断して中国と貿易することを企図した。同時に北太平洋の捕鯨業も活発になっていたので、商船や捕鯨船が燃料・食糧・水の補給を受け、緊急時には避難し保護を受けられる寄港地が必要となり、日本への開国の要請はいっそう高まった。

　こうした要請のもとに、1853(嘉永6)年、アメリカ東インド艦隊司令長官ペリーは、軍艦4隻を率いて浦賀に来航し、フィルモア大統領の国書を提出して日本の開国を求めた。幕府は、すでに前の年にオランダ商館長から情報を得ていたが、有効な対策を立てられなかった。幕府は、ペリーの強い態度に押されて朝鮮・琉球以外の国からの国書は受領しないという従来の方針を破り、アメリカ大統領の国書を正式に受け取り、翌年に回答することを約束して、とりあえず日本を去らせた。その直後に、ロシア使節プチャーチンも長崎に来航し、開国と北方の国境の画定を要求した。

ペリーは翌1854(安政元)年1月,軍艦7隻を率いて再び浦賀に来航し,江戸湾の測量を行うなど軍事的な圧力をかけつつ,条約の締結を強硬に迫った。蒸気の力で動く巨大な鋼鉄製の外輪船は黒船と呼ばれ,日本人の恐怖の的となった。幕府は,ペリーの強い姿勢と黒船の威力に屈して同年3月,日米和親条約を結んだ。なお,神奈川宿の近く(横浜)で交渉と調印が行われたので,この条約を神奈川条約とも呼んでいる。

【日米和親条約】　条約は12条からなり,(1)アメリカ船が必要とする燃料や食糧・水などを供給すること,(2)遭難船や乗組員を救助すること,(3)下田・箱館の2港を開き,下田にアメリカ領事の駐在を認めること,(4)アメリカに一方的な最恵国待遇を与えること,などを取り決めた。最恵国待遇とは,日本がアメリカ以外の国と結んだ条約で,アメリカに与えたよりも有利な条件を認めたときは,アメリカにも自動的にその条件を適用することをいうが,この条約では相互に最恵国待遇を与えるのではなく,日本が一方的(片務的)にアメリカに与えるという不平等なものであった。

　ペリーについでロシアのプチャーチンも再び来航し,下田で日露和親条約を締結した。この条約では,下田・箱館のほか長崎も開港することを定め,国境については千島列島の択捉島以南を日本領,得撫島以北をロシア領とし,樺太は両国人雑居の地として境界を決めないことにした。ついで,イギリス・オランダ・フランスとも類似の内容の条約を結び,日本は200年以上にわたる鎖国政策に終止符を打って開国することになった。

　1853(嘉永6)年にペリーが来航した直後,老中阿部正弘はペリーの来日とアメリカ大統領国書について朝廷に報告し,先例を破って諸大名や幕臣に国書への回答について意見を提出させた。幕府は,朝廷や大名と協調しながら国をあげてこの難局にあたろうとしたが,この措置は朝廷を現実政治の場に引き出してその権威を高めるとともに,諸大名には幕政への発言の機会を与えることになり,幕府の専制的な政治運営を転換させる契機となった。また,幕府は越前藩主松平慶永・薩摩藩主島津斉彬・宇和島藩主伊達宗城らの開明的な藩主の協力も得ながら,幕臣の永井尚志・岩瀬忠震・川路

▶長崎の海軍伝習所 1855（安政2）年に長崎西役所に設置され，ここで幕府はオランダから購入した蒸気船の軍艦などを用い，勝海舟らの指導で操船技術者を養成した。（財団法人鍋島報效会蔵）

聖謨らの人材を登用し，さらに前水戸藩主徳川斉昭を幕政に参与させた。

　また，国防を充実させるため，江川太郎左衛門に命じて江戸湾に台場（砲台）を築き，武家諸法度で規定した大船建造の禁を解き，長崎には洋式軍艦の操作を学ばせるための海軍伝習所，江戸には軍事を中心とした洋学の教育・翻訳機関としての蕃書調所，幕臣とその子弟に軍事教育を行う講武所を設けるなどの改革（安政の改革）を行った。一方，諸藩でも水戸・鹿児島・萩・佐賀藩などでは，反射炉の建造，大砲の製造，洋式の武器や軍艦の輸入などによる軍事力の強化をはかった。

　日米和親条約に基づき，1856（安政3）年，アメリカの初代駐日総領事として下田に駐在したハリスは，翌57（安政4）年，江戸に入って将軍に謁見し，強い姿勢で通商条約の締結を求めた。ハリスとの交渉にあたった老中首座堀田正睦は，勅許を得ることによって通商条約をめぐる国内の激しい意見対立をおさえようと上京し，アメリカをはじめとする列強と戦争になることを避けるため，条約を結ばざるを得ないと朝廷を説得した。堀田は勅許を容易に得られるものと判断していたが，朝廷では孝明天皇を先頭に条約締結反対・鎖国攘夷の空気が濃く，勅許を得ることができなかった。

　ところが1858年，アロー戦争（第2次アヘン戦争）で清国がイギリス・フランスに敗北して天津条約を結んだことが伝えられると，

1　開国と幕末の動乱　13

ハリスはこれを利用してイギリス・フランスの脅威を説き，早く通商条約に調印するよう迫った。大老に就任した井伊直弼は，勅許を得られないまま，同年6月，日米修好通商条約に調印した。しかし，この調印は反対派から違勅調印であるとして，幕府への激しい非難と攻撃を生んだ。

> 【日米修好通商条約】　この条約は14条からなり，⑴神奈川・長崎・新潟・兵庫の開港と江戸・大坂の開市，⑵民間の自由貿易を認めること，⑶アヘンの輸入は禁止すること，⑷開港場に外国人が居住する居留地を設け，一般外国人の日本国内の旅行を禁じること，などが定められていた。しかし，⑸日本に滞在する外国人の裁判は，本国の法に基づき本国の領事が行うという領事裁判権を認め，⑹関税については日本側に税率を自主的に決定する権利である関税自主権がなく，相互に相談して決める協定関税制をとる，という条項を含む不平等条約で，明治維新後に条約改正が大きな政治問題となった。なお，この条約は，戦争に敗北して清国がイギリスなどと結んだ条約に比べると，交渉によって結んだ条約だったので，アヘン輸入禁止を明文化するなど多少は日本にとって有利なものであったと考えられる。

ついで幕府は，オランダ・ロシア・イギリス・フランスとも類似の条約を結んだ（安政の五カ国条約）。この条約により日本は欧米諸国と貿易を開始し，資本主義的世界市場のなかに組み込まれた。なお，開港場のうち神奈川は交通量の多い宿場であったので近くの横浜にかえられ，横浜開港とともに下田は閉鎖され，兵庫も1867（慶応3）年にようやく開港の勅許を得たが，実際には現在の神戸になり，新潟も貿易港として改修する必要があるとして遅れ，開港は1868（明治元）年となった。

その間，1860（万延元）年，幕命により日米修好通商条約批准書を交換するため，外国奉行新見正興を首席全権とする使節団がアメリカ船に乗り渡米した。またこのとき，軍艦奉行木村喜毅（芥舟）や勝義邦（海舟）らが，幕府軍艦咸臨丸を操縦してサンフランシスコまで太平洋横断の航海に成功した。

開港とその影響

貿易は，1859（安政6）年から横浜・長崎・箱館の3港で始まった。

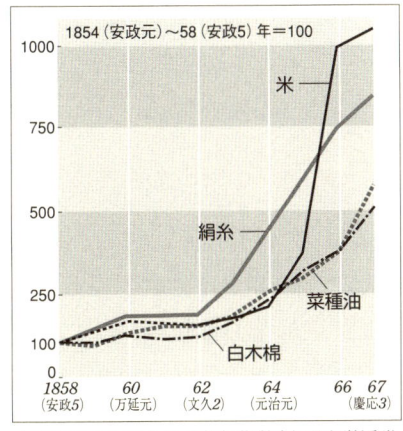

▲幕末の大坂における物価指数（大阪大学近世物価史研究会『近世大坂の物価と利子』より。銀匁価格から算出）

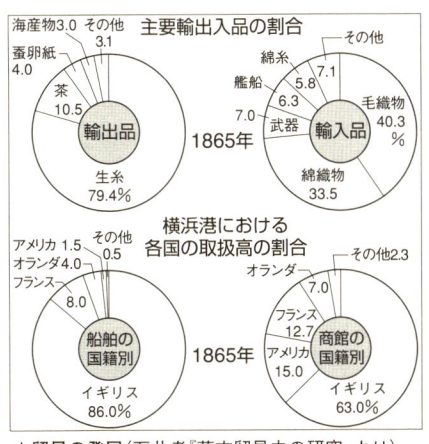

▲貿易の発展（石井孝『幕末貿易史の研究』より）

　輸出入品の取引は，居留地において外国商人と日本人の売込商と呼ばれた輸出品を売り込む貿易商や引取商と呼ばれた輸入品を買い取る日本商人との間で，銀貨を用いて行われた。開港場ごとの輸出入額では横浜が，取引の相手国としてはイギリスが圧倒的に多かった。日本からの輸出品は，生糸が80％に及び，ついで茶・蚕卵紙・海産物などの半製品・食料品が多く，輸入品は，毛織物・綿織物などの繊維製品が70％を超え，ついで鉄砲・艦船などの軍需品が多かった。
　初めは輸出が多く，まもなく輸入超過となったが，貿易額は全体として急速に増大した。それに刺激されて物価が上昇する一方，国内産業と流通に大きな変化があらわれた。輸出品の大半を占めた生糸を生産する製糸業などでは，マニュファクチュア経営が発達したが，機械で生産された安価な綿織物の大量輸入が，農村で発達していた綿作や綿織物業を強く圧迫していった。
　さらに流通面では，輸出商品の生産地と直接結びついた在郷商人が問屋を通さずに直接商品を開港場に送ったので，江戸をはじめとする大都市の問屋商人を中心とする特権的な流通機構はしだいに崩れ，さらに急速に増大する輸出に生産が追いつかないため物価が高騰した。そこで幕府は，従来の流通機構を維持して物価を抑制するために貿易の統制をはかり，1860（万延元）年，雑穀・水油・蠟・

1　開国と幕末の動乱　15

呉服・生糸の5品は，横浜直送を禁止し，必ず江戸の問屋を経て輸出するように命じた（五品江戸廻送令）。しかし，在郷商人の抵抗と，条約に定められた自由貿易を妨げる措置であるとする列強の抗議にあい，効果はあがらなかった。

また，金銀の交換比率が，外国では1：15，日本では1：5といちじるしい差があったため，外国人は銀貨を日本にもち込んで日本の金貨を安く手に入れ，その差額で大きな利益を得ようとした。そのため，10万両以上の金貨が海外に流出した。幕府は金貨の品位を大幅に引き下げた万延小判を鋳造してこの事態を防ごうとしたが，貨幣の実質価値が下がったため物価上昇に拍車をかけることになり，下級武士や庶民の生活はいちじるしく圧迫された。そのため貿易の進行に対する反感が高まり，反幕府的機運とともに激しい攘夷運動がおこる一因となった。そして，外国人を襲う事件が相つぎ，1860（万延元）年，ハリスの通訳であったオランダ人ヒュースケンが江戸の三田で薩摩藩の浪士に斬り殺され，さらに翌年，高輪東禅寺のイギリス仮公使館が水戸脱藩士の襲撃を受け館員が負傷した東禅寺事件，1862（文久2）年には，神奈川宿に近い生麦村で，江戸から帰る途中の薩摩藩主島津忠義（茂久）の父島津久光の行列の前を横切ったイギリス人を薩摩藩士が斬殺した生麦事件，さらに同じ年の暮れ，品川御殿山に建設中のイギリス公使館を高杉晋作・久坂玄瑞らが襲って焼いたイギリス公使館焼打ち事件などがおこっている。生麦事件は，のちに薩英戦争の原因となった。1861（文久元）年には，ロシア軍艦ポサドニック号が対馬に停泊し，租借地を要求する対馬占拠事件がおこった。対馬の半植民地化の危機に島民が激しく抵抗し，イギリスの抗議もありロシアは退去した。

幕府は，このような開港による物価騰貴と攘夷運動を恐れ，安政五カ国条約に盛り込まれた江戸・大坂の開市と兵庫・新潟の開港期日の延期を交渉するため，1862（文久2）年に遣欧使節を派遣し，イギリスとロンドン覚書を結ぶなどして，開市・開港を延期した。

政局の転換

　ハリスから通商条約の調印を迫られていたころ，幕府では13代将軍家定に子がなかったため，その後継を誰にするのかという将軍継嗣問題が大きな政治的争点となっていた。越前藩主松平慶永・薩摩藩主島津斉彬・土佐藩主山内豊信ら雄藩の藩主は，「年長・英明」な将軍の擁立をかかげて徳川斉昭の子で一橋家の徳川慶喜を推し，譜代大名らは，年少ではあるが家定に血統の近い紀伊藩主徳川慶福(のち家茂)を推して対立した。慶喜を推す一橋派は，雄藩の幕政への関与を強めて幕府と雄藩が協力して難局にあたろうとし，慶福を推す南紀派は，幕閣による専制政治を維持しようとし，朝廷も巻き込んで激しく争った。結局，通商条約をめぐる朝廷と幕府の対立，将軍継嗣問題をめぐる大名間の対立という難局に対処するため，南紀派の彦根藩主井伊直弼が大老に就任し，勅許を得ないまま日米修好通商条約に調印するとともに，一橋派を押し切って慶福を将軍の継嗣に定めた。

　通商条約の調印は，開港を好まない孝明天皇の激しい怒りを招き，幕府への違勅調印の非難は高まったが，井伊は一橋派を厳しく取り締まり，公家や大名とその家臣，さらには幕臣たち多数を処罰し，弾圧した。この安政の大獄では，徳川斉昭・徳川慶喜・松平慶永らは蟄居・謹慎などを命じられ，越前藩士の橋本左内・長州藩士の吉田松陰・若狭小浜藩士の梅田雲浜・頼山陽の子三樹三郎らが処刑されるなど，処罰を受けた者は100名を超えた。しかし，この厳しい弾圧に憤激し，水戸藩を脱藩した浪士たちは，1860(万延元)年

▶桜田門外の変　1860(万延元)年3月3日，水戸藩を脱藩した17名の浪士と薩摩藩士の1名とが，大雪のなかで登城する井伊直弼を桜田門外に襲った。直弼が首を討たれようとしている。(茨城県立図書館蔵)

3月3日，井伊を江戸城桜田門外に襲って暗殺した。この桜田門外の変の結果，幕府の専制的な政治によって事態に対処しようとする路線は行き詰まり，幕府の威信は大きく動揺し始めた。

公武合体と尊攘運動

　桜田門外の変のあと，幕政の中心にすわった老中安藤信正は，通商条約調印により対立した朝廷との関係を改善し，それによって幕府批判勢力を押さえ込み，さらに条約問題で分裂した国論を統一して幕府の権威を回復させるため，朝廷(公)と幕府(武)が協調して政局を安定させようとする公武合体政策を進めた。それを象徴するものとして，孝明天皇の妹和宮を将軍家茂の妻に迎えることに成功した。しかし，有栖川宮熾仁親王との結婚が決まっていたにもかかわらず和宮を降嫁させた強引な政略結婚は，尊王攘夷論者から激しく非難され，安藤は1862(文久2)年，江戸城坂下門外で尊王攘夷派の浪士らに襲われて負傷し，まもなく失脚した(坂下門外の変)。
　幕府による公武合体策は頓挫したが，11代将軍家斉の夫人が島津重豪の子で近衛家の養女であったことなどから知られるように，朝廷・幕府の双方につながりの深い外様の薩摩藩が，独自の公武合体策の実現に動いた。島津久光は1862(文久2)年，寺田屋事件などで藩内の急進的な尊王攘夷派をおさえつつ，勅使大原重徳とともに江戸に赴き，幕政の改革を要求した。幕府は薩摩藩の意向を受け入れて，松平慶永を政事総裁職に，徳川慶喜を将軍後見職に任命した。また，京都所司代などを指揮して京都の治安維持にあたる京都守護職を新設して，会津藩主松平容保をこれに任命し，あわせて参勤交代を3年に1回に緩和し，西洋式軍制の採用，安政の大獄以来の処罰者の赦免など，文久の改革と呼ばれる一連の改革を行った。
　このように公武合体運動が幕府や雄藩藩主層を中心に進められたのと並行して，下級藩士を中心とする尊王攘夷派の動きが激しくなっていった。尊王攘夷論は，尊王論と攘夷論とを結びつけた後期の水戸学の思想で，藤田東湖・会沢安らが中心であった。尊王論それ自体は将軍の支配の正統性を権威づけるものであったが，対外的

な危機が迫ると攘夷論と結びつき，欧米列強の圧力に屈服して開国した幕府の姿勢を非難し，実践的な政治革新思想となっていった。

　尊王攘夷派の中心になった長州藩も，初めは公武合体運動を進めていたが，1862(文久2)年に中下級藩士の主張する尊攘論を藩論とし，朝廷内部の尊攘派の公家とも結んで，京都で活発に動いて政局の主導権を握った。尊攘派が優位に立った朝廷は，しきりに攘夷の決行を幕府に迫り，幕府は攘夷決行の意思をもたなかったが，やむなく1863(文久3)年5月10日を期して攘夷を行うことを諸藩に通達した。長州藩はこれに応じ，その日，下関(馬関)の海峡を通過した外国船に砲撃を加える長州藩外国船砲撃事件をおこした。

　真木和泉らは孝明天皇が大和に行幸し，天皇自ら攘夷実行の指揮をとる計画もたてたが，この長州藩を中心とする尊攘派の動きに対して，薩摩・会津の両藩は朝廷内部の公武合体派の公家と連携し，ひそかに反撃の準備を進めていた。1863(文久3)年8月18日，薩摩・会津両藩兵が御所を固めるなか，長州藩の勢力と急進派の公家三条実美らが京都から追放され*，公武合体派が朝廷内の主導権を奪い返した(八月十八日の政変)。この前後，京都の動きに呼応して，公家の中山忠光，土佐藩士の吉村虎太郎らが大和五条の幕府代官所を襲った天誅組の変，また，福岡藩を脱藩した平野国臣，公家の沢宣嘉らが但馬生野の幕府代官所を襲った生野の変，藤田小四郎ら水戸藩尊攘派が筑波山に挙兵した天狗党の乱など，尊攘派の挙兵が相ついでおこったが，いずれも失敗に終わった。

　＊文久3年8月18日の政変直後，三条実美や沢宣嘉ら7名の公家は，京都を脱出して長州藩に逃れた(七卿落ち)。

　八月十八日の政変で失った勢力を回復する機会をうかがっていた長州藩は，1864(元治元)年，京都守護職の指揮下で京都市中の警備にあたっていた近藤勇ら新選組によって，京都の旅館池田屋で二十数名の尊攘派志士が殺傷された池田屋事件に憤激し，藩兵を京都に攻めのぼらせた。しかし彼らは，迎え撃った幕府側の薩摩・会津・桑名の藩兵と京都御所付近で戦い，敗走した。この事件が御所周辺でおこったので，禁門の変あるいは蛤御門の変と呼んでいる。

◀占領された下関砲台
四国連合艦隊の攻撃をうけた長州藩の攘夷派は、列国の実力を知り攘夷の不可能なことを身をもって悟らされた。（横浜開港資料館蔵）

　幕府は尊攘派にさらに打撃を加えるため，禁門の変の罪を問うという理由で朝廷から長州征討（第1次）の勅書を出させ，長州藩を攻撃した。また，貿易の妨げになる尊攘派に打撃を加える機会をうかがっていた列国は，イギリス公使オールコックの主導により，前年の長州藩外国船砲撃事件の報復として，イギリス・フランス・アメリカ・オランダの四国連合艦隊が下関を砲撃し，陸戦隊を上陸させて下関の砲台などを占領した（四国艦隊下関砲撃事件〈馬関戦争〉）。

　幕府と列国の攻撃を受けて敗北した長州藩では，尊攘派にかわって俗論派といわれる上層部が藩の実権を握り，禁門の変の責任者として家老3人を切腹させ，幕府に恭順・謝罪の態度を示した。また薩摩藩では，1863（文久3）年に，先の生麦事件の報復のため鹿児島湾に来航したイギリス艦隊と交戦して大きな被害を受けた（薩英戦争）。このように欧米諸国の実力をみせつけられて，急進的な尊攘派にとっても攘夷の不可能なことがしだいに明らかとなった。

　イギリスなど4カ国はさらに，尊攘派勢力の退潮という好機を利用して，依然として通商条約を勅許しない朝廷に対して，1865（慶応元）年に兵庫沖に艦隊を送って軍事的な威圧をかけ，兵庫開港は認めさせられなかったものの，通商条約の勅許を勝ち取り，朝廷の攘夷方針をやめさせることに成功した。その翌年，列強は兵庫開港が認められなかった代償として関税率の引下げを要求し，通商条約締結の際に定めた平均で約20％の関税率を廃止し，一律5％に引き下げる改税約書を結んだ。

このころ，対日外交に指導的役割を果たしていたイギリスは，後任の公使パークスや通訳官アーネスト＝サトウがしだいに幕府の国内を統治する力が弱体化したことを見抜き，対日貿易の自由な発展のためにも，幕府にかわる政権の実現に期待するようになった*。薩摩藩でも，薩英戦争で攘夷が不可能であることを知ってイギリスに近づき，西郷隆盛・大久保利通ら下級武士が藩政を指導し，武器の輸入・留学生の派遣・洋式工場の建設など，改革を進めていった。

　　＊サトウはこのころ，「英国策論」なる評論を執筆して，幕府が日本全国の政府ではなく，封建領主にすぎないとして，天皇のもとに雄藩連合による新しい政府を樹立するという改革を進めることを示唆した。

　一方，フランス公使ロッシュは幕府を支持し，内政・外交上の助言，さらには600万ドルの借款など，財政的・軍事的援助を与えた。このようにイギリスとフランス両国は対日政策で対立することになり，朝廷・雄藩と幕府の対立と絡みあって外国勢力の介入の危険が高まった。

倒幕運動の展開

　いったん幕府に屈服した長州藩では，攘夷の不可能なことをさとった高杉晋作・桂小五郎(木戸孝允)らは，幕府にしたがおうとする藩の上層部に反発し，高杉は奇兵隊を率いて1864(元治元)年12月に下関で挙兵し，藩の主導権を握った。この勢力は領内の豪商・豪農や村役人層とも結んで恭順の藩論を転換させ，軍制改革を行って軍事力の強化をはかっていった。

　長州藩の藩論が一変したため，幕府は再び長州征討(第2次)の勅許を得て諸藩に出兵を命じた。しかし，攘夷から開国へと藩論を転じていた薩摩藩は幕府の命令に応じず，長州藩がイギリス貿易商人のグラヴァーから武器を購入するのを仲介するなど，ひそかに長州藩に接近する姿勢を示した。

　1866(慶応2)年には，土佐藩出身の坂本龍馬・中岡慎太郎らの仲介で，薩摩藩の西郷隆盛と長州藩の木戸孝允らが相互援助の密約

◀1867(慶応3)年,名古屋でおこった「ええじゃないか」の乱舞(『青窓紀聞』。名古屋市蓬左文庫蔵)

を結び(薩長連合),反幕府の態度を固めた。幕府は6月に攻撃を開始したが,長州藩領へ攻め込むことができず,逆に小倉城が長州軍により包囲され落城するなど戦況は不利に展開し,幕府はまもなく大坂城中で出陣中の将軍家茂が病死したことを理由に戦闘を中止した。また,この年の12月に孝明天皇が急死したことは,天皇が強固な攘夷主義者ではあったが公武合体論者でもあったので,幕府にとっては大きな痛手となった。

　開国に伴う物価騰貴など経済の混乱と政局をめぐる対立抗争は,社会の不安を大きくし,世相もきわめて険悪となっていた。国学の尊王思想は農村の豪農・神職らに広まり,とくに1866(慶応2)年の第2次長州征討の年には百姓一揆の件数が100件を超し,武蔵一円の一揆や陸奥信夫・伊達両郡の一揆などでは,世直しが叫ばれ社会の変革が期待された(世直し一揆)。また,都市でも長州征討のさなかに大坂・堺・兵庫や江戸で打ちこわしがおこり,民衆の幕府に対する不信感や幕府の治安能力の欠如がはっきりと示された。

　一方,1814(文化11)年に黒住宗忠が備前に開いた黒住教,1838(天保9)年に中山みきが大和で始めた天理教,1859(安政6)年に川手文治郎が創始した金光教など,のちに教派神道と呼ばれる民衆宗教は,伊勢神宮への御蔭参りの流行とともに,時代の転換期を迎え,行き詰まった世相や苦しい生活から救済されたいという民衆の願いにこたえ,このころ急速に広まっていった。1867(慶応3)年,東海地方に伊勢神宮など神々の札が降るお札降りから始まった,「え

えじゃないか」と連呼しながらの民衆の乱舞は，またたくまに近畿・四国へと広がった。民衆の世直しへの願望を宗教的なかたちで表現した行動と考えられ，倒幕派の策謀によるともいわれるが，倒幕運動には有利に働いた。

幕府の滅亡

　第２次長州征討に失敗した幕府の権威は地に墜ちたが，家茂のあと15代将軍になった徳川慶喜は，フランス公使ロッシュの協力を得て幕政の立て直しにつとめ，幕政改革を行った。中央集権的な政治体制を築くための職制の改変と，フランスから士官を招いての陸軍の軍制改革がその中心であった。

　しかし，幕府は長州征討の処理をめぐって薩摩藩と衝突し，1867（慶応３）年，薩長両藩は武力倒幕を決意した。武力倒幕の機運が高まるなか，公武合体の立場をとる土佐藩では，藩士の後藤象二郎と坂本龍馬とがはかって，前藩主の山内豊信を通して，将軍慶喜に倒幕派の機先を制して政権の朝廷への奉還を行うように進言した。慶喜もこの策を受け入れて，10月14日，大政奉還を申し出て，翌日，朝廷はこれを受理した。これは，将軍からいったん政権を朝廷に返し，朝廷のもとに徳川氏を含む諸藩の合議による連合政権をつくろうという公議政体論に基づく動きで，これによって倒幕派の攻撃をそらし，徳川氏の主導権を維持しようとするねらいが込められていたと考えられる。

　ところが，同じ10月14日，武力倒幕をめざす薩長両藩は，朝廷内の急進派の公家岩倉具視らと連携して画策し，討幕の密勅を引き出していた。大政奉還後の政局は，薩長両藩の武力倒幕論に対抗して，土佐藩などの主張する公議政体論が台頭してきた。公議政体論とは雄藩連合政権論であるが，実質は将軍を中心とする諸侯会議の構想で，徳川氏の主導権を認める内容であった。薩長両藩は，この公議政体論をおさえて政局の主導権を握るため，両藩兵を集結させるとともに，12月９日に政変を決行して，いわゆる王政復古の大号令を発し，徳川慶喜を除く新しい政府をつくった。

新政府は，幕府はもちろん朝廷の摂政・関白も廃止し，天皇のもとに総裁・議定・参与の三職を設置した。ここに260年余り続いた江戸幕府は廃止され，天皇を中心とする新政府が発足し，「諸事神武創業の始」に基づく「百事御一新」の方針がかかげられた。総裁には有栖川宮熾仁親王，議定には皇族・公卿と松平慶永や山内豊信らの諸侯10名，参与には公家からは岩倉具視，雄藩の代表として薩摩藩からは西郷隆盛・大久保利通，土佐藩からは後藤象二郎・福岡孝弟，ついで長州藩から木戸孝允・広沢真臣らが任じられ，雄藩連合のかたちをとった。

　その日の夜，京都御所の小御所で三職による小御所会議が開かれて徳川氏の処分が議論され，岩倉具視・大久保利通らの武力倒幕派が，松平慶永・山内豊信らの公議政体派を圧倒し，徳川慶喜に内大臣の辞退と領地の返上（辞官納地）を命じることを決定した。このため，慶喜は京都から大坂城に引きあげ，徳川側を支援する会津・桑名藩などの勢力は新政府と対決することになった。

幕末の文化

　開国後の政局や世相が混乱するなかで，幕府は欧米諸国との交流を深め，国内の政治的な立場を強化するとともに，国家的な自立を確保するために，その進んだ文化・学術を取り入れて近代化をはかろうとした。

　開国後まもない1855（安政2）年，蛮書和解御用を独立させて洋学所を建て，蕃書調所と改称し，欧米各国の語学や理化学の教育・研究及び外交文書の翻訳などにあたらせた。のちに洋書調所，ついで開成所と改称され，医学・軍事などの自然科学に片寄っていた洋学が，哲学・政治・経済の分野にまで発展した。なお開成所は，明治政府のもとで大学南校→東京開成学校となり，さらに東京大学となった。また医学の分野では，1860（万延元）年に天然痘の予防接種を行うため民間でつくられた種痘所を幕府の直轄とし，さらに医学所と改称して西洋医学の教育と研究を行ったが，それは明治時代になって大学東校・東京医学校・東京大学医学部に発展した。

▶幕末の薩摩藩のイギリス留学生　前列の左から2人目で足を組んでいるのが19歳(数え年)の森有礼。(尚古集成館蔵)

　また，幕府は1862(文久2)年には幕臣の榎本武揚や洋書調所教官の西周・津田真道らをオランダに，1866(慶応2)年には中村正直らをイギリスへ留学させ，欧米諸国の政治・法制・経済を学ばせた。諸藩でも，長州藩では1863(文久3)年に井上馨・伊藤博文ら藩士5名をイギリスへ留学させ，薩摩藩も1865(慶応元)年に五代友厚・寺島宗則・森有礼ら19名をイギリスへ送るなど，攘夷から開国へと政策転換するにしたがい，留学生などを欧米先進諸国を中心とする外国へ派遣している。このような動きのなかで，幕府は日本人の海外渡航の禁止を緩和し，1866(慶応2)年に学術と商業のための渡航を許可した。このほか，横浜には外国人宣教師や新聞記者が来日し，彼らを通して欧米の政治や文化が日本人に紹介された。

　通商条約の締結によって来日した宣教師のなかで，アメリカ人宣教師で医者のヘボンは，横浜に診療所や英学塾を開き，ヘボン式と呼ばれるローマ字の和英辞典をつくるなど，積極的に西洋文化を日本人に伝える者もいた。また，イギリス公使オールコックが日本の美術工芸品を収集して，1862年，ロンドンの世界産業博覧会に出品したり，幕府や佐賀藩などが1867年のパリ万国博覧会に葛飾北斎の浮世絵や陶磁器などを出品し，日本文化の国際的評価を高める努力も行われた。このようにして，日本国内で攘夷の考えがしだいに改められ，むしろ欧米をみならって近代化を進めるべきだという声が強まっていった。

2　明治維新と富国強兵

戊辰戦争

　新政府が徳川慶喜を政権に加えず，彼に対して，辞官納地を要求したことは旧幕臣や会津・桑名両藩士たちを著しく憤激させた。いったん大坂に引きあげた慶喜は，1868（明治元）年1月，旧幕兵や会津・桑名の藩兵を率いて上京しようとし，これを迎え撃った薩長両藩を中心とする新政府軍（「官軍」）との間に鳥羽・伏見の戦いがおこり，ここに戊辰戦争*が始まった。鳥羽・伏見の戦いで勝利を収めた新政府軍は，江戸へ引きあげた慶喜を「朝敵」として征討の軍をおこし，各地で旧幕府側の勢力を打ち破り，江戸に攻め下った。すでに戦意を失っていた慶喜は恭順の意を示し，同年4月，新政府軍は戦うことなく江戸城を接収した。

　　*戦争が始まった慶応4（明治元）年が干支でいうと戊辰の年になるので，戊辰戦争と呼ばれた。

　【江戸城明け渡し】　江戸城無血接収の交渉は，1868（明治元）年3月，新政府側を代表する西郷隆盛と旧幕府側を代表する勝海舟の間で行われた。舞台裏にあって，その斡旋につとめたのは，イギリス公使パークスと彼の片腕といわれたアーネスト＝サトウであった。パークスは全面的な内乱が広がって貿易の発展に悪影響を及ぼすことを警戒して，新政府軍の江戸武力攻撃に反対していた。初め江戸城総攻撃を決意していた西郷も，パークスの意向を知って態度を軟化させたという。勝は西郷との会談で，インドや清国の例をあげて，内戦の拡大が国家の独立を危うくすることを説き，平和のうちに江戸城を明け渡すことで，両者の話し合いが合意に達し，新政府軍と旧幕府軍の全面的な武力衝突は回避されたのである。なお，旧幕府側でこれを不服とする彰義隊があくまで抗戦を主張して，上野に立てこもったが，同年5月，大村益次郎の指揮する新政府軍によって1日で鎮圧された。

　しかし，会津藩はなお新政府に抵抗する姿勢を示し，仙台藩など東北諸藩も奥羽越列藩同盟を結成して会津藩を支援した。新政府軍はこれを攻撃し，激戦の末，同年9月会津藩を降伏させて東北地方を平定した。さらに翌1869（明治2）年5月には，旧幕府の海軍を率いて蝦夷地（北海道）の箱館の五稜郭に立てこもり抗戦を続けて

会津藩の明治維新

　会津藩主松平容保は，1862(文久2)年，幕府により京都守護職に任じられ，会津藩士を率いて上京した。そして配下の新選組などを使って尊王攘夷派・倒幕派の過激な活動を取り締まるなど，京都の治安維持にあたった。そのため幕府が倒れて新政府が成立すると，会津藩は目の敵にされ，容保は朝廷に謝罪したが赦されず，武力討伐を受ける羽目となった。1868(明治元)年8月，会津鶴ガ城に立てこもった会津藩士たちは，圧倒的に優勢な新政府軍の進攻を受けて戦いを開始した。しかし，会津藩を支援していた奥羽越列藩同盟の諸藩はつぎつぎに新政府に降伏し，孤立無援となった会津藩も約1カ月の激しい戦闘の末，同年9月，新政府の軍門に降った。激烈な戦いのなかで，白虎隊の少年隊士(16〜17歳)たちや藩士の家族の女性たちの集団自決など，多くの悲劇が生まれている。8200人余りに及ぶ戊辰戦争の死者のうち，3分の1近くが会津藩の人々であった。

　敗戦の結果，会津藩は28万石の領地を失ったが，翌69(明治2)年11月，容保の子容大が下北半島の斗南に領地を得て，再興を許された。斗南藩の領地は3万石といわれたが，大半は不毛の荒野で実高は7000石程度にすぎず，藩士たちの生活は苦しかった。彼らのなかには，新天地を求めて北海道に渡って開拓に従事したり，アメリカに移民した者も少なくなかった。また新政府は旧幕府側からも，優れた人材をしきりに登用したので，会津藩出身者のなかにも，のちに新政府に入って外交官・軍人・教育家などとして，高い地位についた者もあった。

いた榎本武揚らも降伏し，ここに戊辰戦争は終わりを告げ，新政府のもとに国内統一がひとまず達成された。

　二百数十年に及ぶ江戸幕府の支配を打倒した戊辰戦争が，長期にわたる全面的な内戦におちいることなく，比較的短期間で収拾されたのは，欧米列強によって加えられた外圧に対して強い対外危機意識が生まれ，新政府側も旧幕府側もともに内乱の長期化による外国勢力の介入を回避し，国家の独立を守り，植民地化の危機を避けようとする姿勢を共有していたからであろう。前に述べた西郷隆盛と勝海舟の江戸城無血開城の談判は，そのことをよくあらわしている。

　なお，ほぼ同時代に世界でおこった出来事を比べると，アメリカの南北戦争(1861〜65)では死者約62万人，フランスのパリ＝コミューン事件(1871)では1週間から10日間の市街戦で約3万人の死者がでたと

いう。それと比較すると，1年5カ月にわたる戊辰戦争の死者は8200人余りで，その後の変革の大きさに比べて流血は小規模であった。

【相楽総三と「偽官軍」】 江戸出身の尊攘派志士相楽総三は，西郷隆盛の指示により，赤報隊を結成して戊辰戦争に際し新政府軍の先鋒となって活躍した。相楽は旧幕領の年貢半減を建白して新政府に認められたとして，年貢半減を旗印に進軍し，民衆の「世直し」気運を高めた。しかし，財政難に苦しむ新政府はこれを勝手に行ったものとして否定し，1868（明治元）年3月，相楽一派は「偽官軍」として処刑され，赤報隊も解散させられた。

新政府の発足

1868（明治元）年1月，新政府はいち早く条約締結諸国に王政復古によって天皇を主権者とする新政権が成立したことを通告し，諸国の承認を得るとともに，国内に向かっては開国和親の布告を行った。ついで同年3月14日，旧幕府征討の軍勢が江戸に向かいつつある最中に，新政府は，京都御所の紫宸殿において，明治天皇自身が群臣をしたがえて天地の神々に誓約するというかたちをとって五

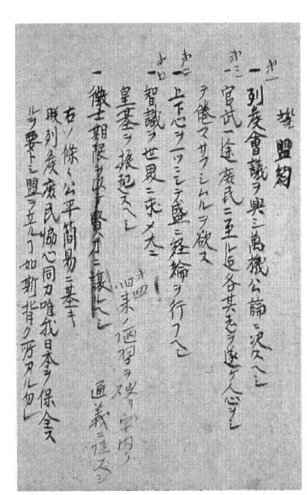

▲五箇条の誓文の木戸草案　初め諸侯会盟の議事規則として参与由利公正・福岡孝弟によって起草された。のち木戸孝允が国の進むべき方針を示す条文として修正し，五箇条の誓文となった。（宮内庁書陵部蔵）

▲五榜の掲示の高札　五榜の掲示の第1札で，「人たるもの五倫の道を正しくすべき事」などの条項がみえる。「五倫の道」とは，儒教の基本的な教えである。重要な法令の公布は，中世以来の高札の形式を用いて庶民に知らせた。（明治大学博物館蔵）

箇条の誓文を発し，新しい政治の方針を天下に表明した。これは，政局の動揺をおさえ，公家・諸侯・諸藩士を新政府のもとに結集させるために出されたもので，公議輿論の尊重・開国進取・旧習の打破など新しい政治の基本方針を明らかにするとともに，天皇が国の中心であるという政治理念を国内に示していた。

翌日，太政官がかかげた五榜の掲示（高札）では，五倫の道を説き，徒党・強訴を禁じ，キリスト教を邪教として禁じるなど，旧幕府のそれまでの儒教道徳に基づく教学政策を引き継いでいたが，それらはすべて5年以内に撤廃された。さらに，同年閏4月，政体書を発布して誓文の方針を官制に具体化して，新政府の組織を整えた。

【政体書の官制】 政体書では，「天下ノ権力ヲ総テ太政官ニ帰」せしめて，中央集権化をはかるとともに，アメリカ憲法を模倣して，その権力を立法・司法・行政の三権にわかち，形式的には三権分立の体裁を整えた。立法を担当する議政官には上局・下局を設置し，行政部門は行政官のもとに4官を設け，司法部門には刑法官をおいた。高級官吏は4年ごとに互選で交代させることとしたが，その選挙は1回行われただけで中止され，実際には有名無実であった。なお，地方官制は府・藩・県の三治制とした。

1868（明治元）年9月，新政府は元号を明治と改めて，天皇一代の間は一元号とする一世一元の制をたてた。またそれに先立ち，同年7月，江戸を東京と改称し，10月には明治天皇が東京行幸を行い，翌1869（明治2）年初めには政府もここに移り，いわゆる東京遷都を断行して，従来の旧習を一新して新政を推進する決意を示した。

こうして始められた明治新政府の一連の政治的・社会的大変革は，封建制度を打破し，国際社会において欧米先進列強諸国と肩を並べる近代日本の建設をめざす出発点となった。当時，それは"御一新"と呼ばれ，新しい時代の到来として大きな期待がかけられた。今日では，幕末から明治初期にかけての変革を総称して明治維新と呼んでいる。

【御一新と維新】 新政府は成立に際して発したいわゆる王政復古の大号令のなかで，「百事御一新」を唱え，政治をすべて新しくすることを強調した。御一新という言葉は，そうした期待をこめて世に広まり，

大きな変革を意味するものとして,広く用いられるようになった。この一新に通じる言葉として,中国の古典である『詩経』のなかにでてくる維新という古語があてられたものと思われる。明治維新とは狭くいえば幕府の崩壊・新政府の成立を指すが,歴史用語としては幕末から明治初期にいたる政治的・経済的・社会的変革の過程を総称するものとして用いられている。

中央集権体制の強化

　明治政府は戊辰戦争に勝利を収め,旧幕府領や幕府側に味方した諸藩の領地を没収・削減して直轄地とし,府と県をおいたが,それ以外は依然として藩の割拠的な支配が続いていた。しかも,戊辰戦争の勝利に貢献した諸藩のなかには,多くの兵力を保持し,藩を富強化し,その支配体制を強めているものもあった。しかし,明治政府にとって欧米列強の圧力に対抗し,いわゆる「万国対峙」をめざして近代国家を形成するには,こうした藩による封建的な割拠体制を打破し,天皇を中心とする中央集権体制を樹立することが是非とも必要であった。この目的のために,政府は相つぐ改革を断行したのである。

　[版籍奉還]　その手始めとなったのは版籍奉還,すなわち諸藩主の領地(版)・領民(籍)の天皇への返上であった。この計画・実行にあたった中心人物は大久保利通と木戸孝允で,彼らの強い勧めによって1869(明治2)年1月,薩摩・長州・土佐・肥前の4藩主はそろって版籍奉還を申し出て,ついで諸藩主もこれにならうということになった。そして,同年6月には新政府はこれを認めるとともに,奉還を申し出ていない藩主にも奉還を命じ,旧来の藩主を改めて知藩事に任じて,石高にかわりその10分の1を家禄として支給し,これまで通り藩政にあたらせた。これによって,形式的には従来の藩主は中央政府の行政官吏となったのである。

　[廃藩置県]　版籍奉還によって形式的には中央集権体制は強化されたが,実質的な効果はさほどあがらなかった。そのうえ,藩相互の対立や明治政府への反抗的風潮もしだいにあらわれてきた。また,庶民の間にも明治政府への不満の気運がおこり,各地で世直しの農

民一揆がおこったりした。そこで，明治政府は国内の安定化をはかって中央集権の実をあげようと計画し，まず，薩・長・土の3藩から1万の兵力を東京に集め，政府直属の御親兵として中央の軍事力を固めた。ついで，長州の木戸孝允・薩摩の西郷隆盛・土佐の板垣退助・肥前の大隈重信ら各藩の実力者を参議に据えて，政府の強化をはかった。そして，大久保・西郷・木戸らがひそかに計画を進め，1871（明治4）年7月14日，政府は廃藩置県の詔を発して，いっきょに藩を廃止し県を設置した。同時に，これまでの知藩事を罷免して東京に住まわせることにし，新しく政府の官吏を派遣して県知事（のち，いったん県令と改称）に任命した。初め300以上あった府県は，同1871（明治4）年11月，その区域が大幅に整理・統合され，3府72県となった。ここに封建制度の政治的根幹だった幕藩体制はまったく解体され，全国は政府の直接統治のもとにおかれることになったのである。

【廃藩置県の断行とその目的】 廃藩置県は，少数の薩長出身の政府実力者たちを中心にひそかに計画され，政府から諸藩へ一方的に通告するかたちで断行された。木戸孝允は廃藩置県の詔がだされた日の日記に，「始てやや世界万国と対峙の基定まるといふべし」と書いているが，このことは，廃藩置県が，世界の列強に対抗できる強国をつくるという目的で断行されたことを示している。

　このような大変革が諸藩からさしたる抵抗も受けずに実現したことは，ほとんど奇跡的ともいえる。その主な理由は，第1に多くの藩が戊辰戦争で財政的に窮乏化し，政府と対抗する経済的な実力がもはやなかったためと思われる。当時，仙台など13の藩がそれぞれ100万円（現在の200億～300億円くらい）以上の負債（藩債）をかかえていた。全国諸藩の藩債の総額は7813万円余りで，当時の国家の年間予算（一般会計歳出）の2倍近くに達していた。政府は，これらの藩債のうち，1843（天保14）年以前の分を棄捐し（棒引きにすること），1844（弘化元）年以降の分3486万円余りを国債を発行して引き継いだ。

　廃藩置県が比較的平穏に実行された第2の理由は，藩の側にも欧米先進列強と対抗する国づくりを進めるには中央集権体制の強化が必要だという理解が，かなり深まっていたことである。当時，福井藩の藩校で物理・化学を教えていたアメリカ人教師グリフィスは，廃藩置県を通告する使者が福井に到着したとき，藩内に大きな興奮と動揺がおこったが，知識ある藩士たちは異口同音に，これは日本のために必要なことだと語り，「これからの日本は，あなた方の国（アメリカ）やイ

明治初期の中央官制表

政体書（1868閏4）	太政官 廃藩置県後（1871・7）	内閣制度（1885・12）
太政官 — （立法）議政官：上局（議定・参与）／下局（貢士）／（行政）行政官：神祇官・会計官・軍務官・外国官・民部官（1869・4）／（司法）刑法官	**太政官**（正院・左院・右院／太政大臣・左大臣・右大臣・参議） 左院 → 元老院（1875・4）／枢密院（1888・4）／帝国議会（1890・7） 宮内省 → 内大臣府・宮内省 参事院（1881）→ 法制局 司法省 → 大審院（1875・4）→ 大審院・司法省 工部省（1870閏10―1885・12廃止） 開拓使（1869―1882廃止） 文部省（1871・7）→ 農商務省（1881・4）→ 逓信省／農商務省／文部省 外務省 → 内務省・外務省 兵部省（1872・2）→ 海軍省・陸軍省 大蔵省 → 大蔵省 神祇省（1871・8）→ 教部省（1872―1877）	宮内省・法制局・大審院・司法省・逓信省・農商務省・文部省・内務省・外務省・海軍省・陸軍省・大蔵省

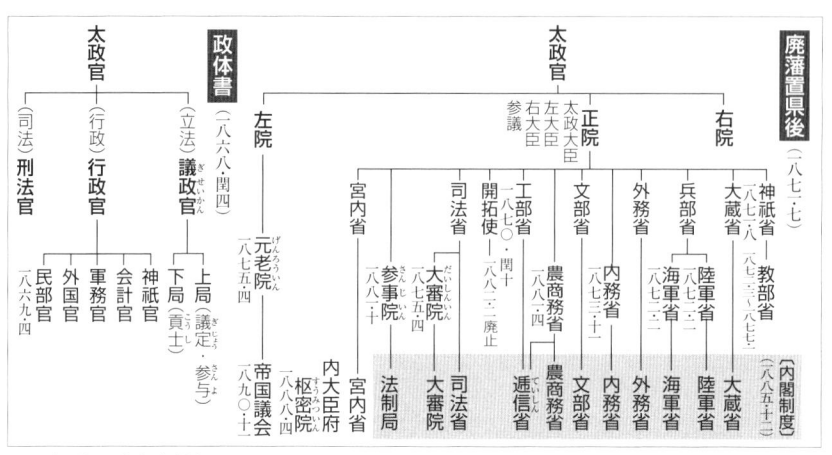

▲明治初期の中央官制表

ギリスの仲間入りができる」と，意気揚々と話す藩士もあった，と記している（グリフィス『明治日本体験記』）。

　もっとも，廃藩置県がまったく平穏に受け入れられたわけではない。武士の抵抗がほとんどみられなかったのに反して，岡山・島根などの諸県では，旧領民の間に強制的な旧藩主の東京移住に反対する農民一揆がおきている。

　[官制改革]　版籍奉還の直後，中央官制に大きな改革が行われ，神祇・太政の2官をおいて祭政一致の形式をとるように改められたが，廃藩置県を迎えて再び大改革が行われた。そのねらいは，中央集権体制を強めることにあり，太政官は正院・左院・右院の三院制となり，神祇官は廃止された。正院には政治の最高機関として太政大臣・左右大臣・参議をおき，左院は立法諮問機関とし，右院は各省の長官（卿）・次官（大輔）で構成する連絡機関とされた。このような官制改革の結果，薩長土肥，とくに薩長の下級武士出身の官僚たちが，政府部内で実権を握るようになり，公家出身者は三条実美・岩倉具視を除くとほとんどが勢力を失ってしまった。こうして，しだいに，いわゆる「有司専制」の藩閥政府が形成されていったのである。

　[徴兵制度]　国家を強化するため，これまでの武士を中心とした軍隊にかわって，徴兵制による国民を基礎とした近代的軍隊をつくりあげることが必要とされた。この方針は版籍奉還直後から大村益

次郎によって立案され，彼が暗殺されたのちは，山県有朋を中心に具体化された。廃藩置県によって藩兵は解散され，ついで政府は全国の兵権を兵部省に集め，4鎮台をおき，1872(明治5)年3月には御親兵を近衛兵と改めた。そして，同年11月，徴兵の詔を出し，1873(明治6)年1月には徴兵令を公布して，士族・平民の身分にかかわりなく満20歳に達した男性を兵役に服させるという新しい軍制を打ち立てた。また，鎮台も6鎮台(のちの師団)になった。こうして組織され，洋式の装備で訓練を受けた新しい軍隊は，のちに西南戦争で大きな威力を発揮したのである。

【国民皆兵】 徴兵令には家の制度を崩さないように，戸主とこれにかわる者，嗣子・養子・官吏・学生などかなり大幅な免役の規定があり，とくに代人料270円を払えば免役になったりして，「国民皆兵」の実はあがらなかった。そこで，1879(明治12)年・83(明治16)年・89(明治22)年の3回にわたって改正を加え，免役規定を縮小して国民皆兵の兵役義務を強化した。

しかし，徴兵令の公布は士族からは武士の特権を奪うものとして非難を受け，平民からは新しく負担を増すものとして反対され，地方によっては暴動を招いた*。そこで，政府は1873(明治6)年，国内の治安維持をつかさどる内務省を設置し，翌年その管轄のもとに東京に警視庁を設けるなど，警察制度の整備にも力を注いだ。

*1872(明治5)年の徴兵告諭に「血税」という文字があったことから，生血を絞られるものと誤解して，いわゆる血税一揆と呼ばれる徴兵反対の暴動がおこったところも多かった。

身分制度の改革

政府は中央集権体制の強化を推し進めるかたわら，封建的な諸制度を相ついで撤廃した。版籍奉還によって藩主と藩士との主従関係が解消されたので，この機会に封建的身分制度を大幅に改革し，大名・公家を華族，一般武士を士族，農工商ら庶民を平民に改めた。そして1871(明治4)年には，いわゆる解放令を布告して，これまでのえた・非人の呼称を廃止して，身分・職業とも，すべて平民と同じにした。さらに四民平等の立場から，平民に苗字をつけること

◀金禄公債証書　公債の額は家禄の5〜14年分で，1882(明治15)年から毎年抽選で償還した。償還までは公債額に応じて年2回，利子が支払われた。(日本銀行金融研究所アーカイブ保管資料)

を公認し，平民と華士族との結婚，職業の選択や移転・居住の自由も認められた。

【残された差別】　解放令の結果，制度的には旧来のえた・非人は平民に編入され，差別は撤廃されたが，それに見合う十分な施策が行われたとはいえなかった。解放令発布ののち，西日本で，解放に反対する農民一揆がおこった地域もあった。こうして結婚・就職・住居などの面で社会的な差別はその後も根強く続いた。また，皮革業が自由化されてその特権を失ったり，兵役・教育の新しい義務を負うなど，これらの人々の生活はかえって苦しくなった面もあった。

こうして，かつての武士の身分的特権はなくなったが，華族・士族には依然として家禄などの俸禄(秩禄)が支給されていた。版籍奉還後，俸禄はしだいに削減・整理されつつあったが，その総額はなおきわめて多額であり，廃藩置県後で約490万石に達し，諸藩から肩がわりして支給しなければならなかった政府は，これだけで国家財政の約30％の負担を負わされていた。そこで政府はこの整理，いわゆる秩禄処分に着手し，これを公債にかえる方針を進めた。まず，1873(明治6)年，秩禄奉還の法を定めて，公債及び現金と引き換えに自発的な俸禄の奉還を行わせ，ついで1875(明治8)年には，これまで現米で支給していた俸禄を貨幣で支給(金禄)することにした。さらに，1876(明治9)年8月，金禄公債条例を制定して家禄制度を全廃し，金禄公債証書を交付して，俸禄の支給を打ち切ることにした(翌年から実施)。

【金禄公債】　金禄は永世禄・終身禄・年限禄の3種にわけられ，元高

▶士族の商法　1877(明治10)年ころの職を失った士族の商法や不平士族の動きを風刺したもの。「瓦斯提灯(巡査)」「不平おこし」「熊鹿戦べい」「困弊盗(浮浪の徒)」などの菓子の名に，不満のようすがあらわれている。(早稲田大学図書館蔵)

の額に応じて公債支給額が定められた。元高1000円以上の藩主・上士層はその5〜7.5年分を5分利公債，100円〜1000円の上・中士層は7.75〜11年分を6分利公債で，100円未満の下士層は11.5〜14年分を7分利公債で与えられ，元金は5年据えおき，6年目から毎年抽選で30年間にすべて償還することになっていた。交付を受けた人数は31万3000余人，公債総額1億7300万円余，1人平均にすると，華族が6万4000円余りだったのに対し，士族は500円足らずであったから，士族の多くは生活苦のため，早くから金禄公債を手放す状態であった(当時の米価は1石約5円)。

　また，政府はそれに先立つ1876(明治9)年3月，廃刀令を発布し，武士の身分的特権の象徴であった帯刀を禁止した。

　こうして，封建家臣団は名実ともに解体した。一部の士族たちは，官吏・教員・新聞記者などになって新しい生活を始めたが，経済的特権を失った多くの士族たちは，ある者は帰農し，ある者は金禄公債を元手に商売を始めたものの，いわゆる「士族の商法」で大半は失敗し，生活に窮するようになった。こうして，士族たちの間には政府に不満を抱く者が多くなり，反乱をおこしたり，自由民権運動に走る者もあらわれた。これに対し，政府は士族の救済にあたり，開墾・移住の保護奨励，官有地の廉価払下げ，資金の貸付など，いわゆる士族授産に力を注いだ。

地租改正

　さまざまな分野で近代化をめざした改革を進めるには，多額の経費を必要とした。そのため政府にとって，国家財政の基礎を固め，

2　明治維新と富国強兵　35

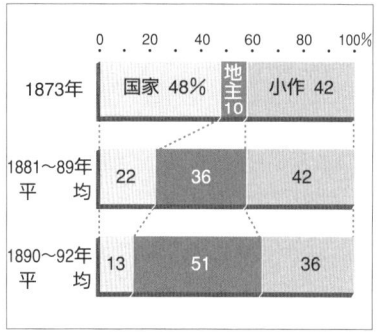

▲地租改正後の小作人生産米の配分の変動
米価上昇は地主の取り分をふやしたが、現物納の小作人にはほとんど利益をもたらさなかった。(丹羽邦男『地租改正と秩禄処分』より)

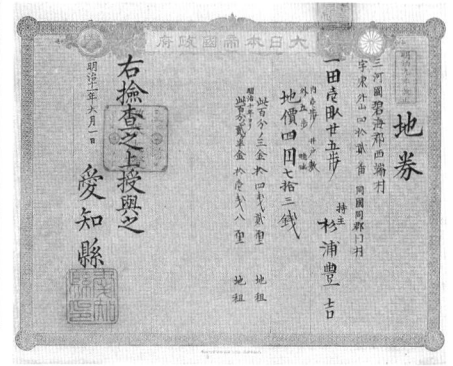

▲地券 土地所有者に交付したもので、土地の売買・譲渡の場合は、その事実を裏面に記し、地券の移転によって土地所有権の移転の証とした。

安定させることが重要な課題となった。明治政府は成立当初、国家財政の恒常的財源に乏しく、ばく大な戦費などを調達するために、太政官札などの不換紙幣の発行や豪商からの借入金に頼った。

廃藩置県後、租税徴収権は政府の手に集中されたが、政府の恒常的財源の大半を占めた農民からの年貢は、旧幕藩時代からの慣行で、地域ごとで税率も一定しなかった。そのうえ、米で納めるのが普通であったから、米価の変動により歳入は不安定で、長期的な財政計画を立てることは難しかった。こうした状況のなかで、政府は国家財政の基盤を固めるために、統一的な近代的土地制度・租税制度を確立する必要に迫られていた。

まず、政府は株仲間の解体による売買の自由許可、一般農民に対する米販売の許可、関所の廃止、田畑勝手作りの許可、職業の自由公認など、経済・商業の自由な発展を妨げる諸制限を大幅に撤廃した。また土地制度を改革するために、1872(明治5)年、田畑永代売買の禁止を解き、地価を定めて、土地所有者に対し土地の所在・地種・面積・価格・持主などを記載した地券を交付して、土地の私有制度を確立した。こうして、政府は地券制度をもとにして、1873(明治6)年7月、地租改正条例を発して地租改正に着手した。

改正の内容は、(1)地価を課税の標準にしたこと(これまでは収穫高が標準)、(2)税率を地価の100分の3とし、原則として豊凶によっ

て増減しないこと，(3)すべて貨幣によって納入させたこと（これまでは原則として現物納であったが，一部に貨幣納も行われていた），(4)地租負担者は地券を交付された土地所有者としたこと，などであった。

　地租改正の事業は，1880（明治13）年ころまでに数年間かけて全国に実施された。その過程で，1876（明治9）年，茨城県・三重県・岐阜県などで地租改正反対の大規模な農民一揆がおこった。士族反乱と農民一揆の結合を恐れた大久保利通の意見で，翌77（明治10）年に地租率は100分の2.5に引き下げられた。地租率は初め「旧来ノ歳入ヲ減ゼザルヲ目的」として定められたが，この引下げにより，農民にとって江戸時代以来の旧貢租額から，ほぼ20％程度の軽減となった。また，1870年代末〜80年代初めには，米価が大幅に上昇したので，農民の地租の負担は実質的にかなり軽減され，農民の生活にもゆとりが生じた。

　地租改正により，政府はひとまず安定した財源を確保した。土地制度の面からみれば，地租改正の結果，旧領主ではなく農民（地主・小作関係のあるところでは地主）の土地所有権が認められ，土地に対する単一の所有権が確定し，近代的土地所有制度が確立された。こうして，近代資本主義経済の発展の基礎が築かれたのである*。

　　＊地租が，国家の一般会計歳入中に占める割合は，1874年度は81％，1876年度は72％，1881年度は60％，1891年度は36％で，商工業の発展に伴って地租のもつ意味は軽くなるが，明治初期にはもっとも大きな比重を占めていた。

【地租・地価の算出法】　つぎに示したのは明治6年7月28日付の地方官心得に示された自作農の場合の地租算定の検査例である。

　　その方法は，まず1反当りの収穫米代金（4円80銭）から種籾肥料代（72銭）を引いた額（4円8銭）を基準とし，農民の収入は土地からの利潤だとみて，それを6％とし，地租税率3％と村入費1％とを加えた10％が4円8銭になるようにして，地価40円80銭を算出する。結局，農民の収入2円44銭8厘は地価40円80銭の6分となるわけである。この際，地租の3％という数字は旧来の歳入を減じないようにとの方針から割り出されている。この計算の結果，農民が負担すべき1円63銭2厘は収穫代金4円80銭の34％ということになったのである。

2　明治維新と富国強兵　　37

近代産業の育成

　明治政府の近代化政策におけるもっとも重要な課題は，欧米先進資本主義列強諸国と国際社会において，肩を並べる強国をつくるための富国強兵策であった。経済面においては，それは欧米諸国の経済制度・技術・設備・機械などの導入による政府の近代産業の育成＝殖産興業としてあらわれた。

　[貨幣・金融制度]　資本主義の発展のためには，貨幣・金融制度の確立がどうしても必要であった。これまで，一般の鋳貨のほか，藩札・外国貨幣などきわめて数多くの種類の通貨が流通しており，さらに財政難のため不換紙幣たる太政官札・民部省札などもしきりに発行され，混乱をもたらしていた。これらを整理するため，まず1871(明治4)年，伊藤博文の建議によって新貨条例を公布して，金・銀・銅の新貨幣を造幣寮(のち造幣局)で鋳造し，金本位制を定め，円・銭・厘の十進法を採用した。建前は金本位制であったが，貿易上では主に銀貨が通用していたので，事実上は金銀複本位制であった。そのうえ，1878(明治11)年には銀貨の通用制限が撤廃されたので，実質的には銀本位制となった。また1872(明治5)年には太政官札などの不換紙幣と引き換えるために，新しい政府紙幣を発行したが，これもまた不換紙幣であった。

　金融・商業機関としては，1869(明治2)年，半官半民の通商会社・為替会社が設立されたが，成功しなかった。そこで政府は近代的な銀行制度の移植をはかり，伊藤博文・渋沢栄一らが中心となってアメリカのNational Bankの制度にならって，1872(明治5)年，国立

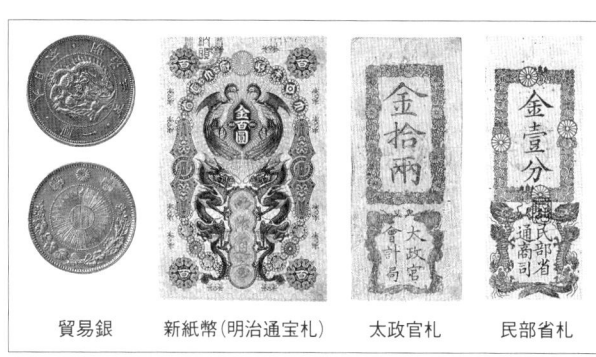

| 貿易銀 | 新紙幣(明治通宝札) | 太政官札 | 民部省札 |

◀明治初期の貨幣　明治新政府は発足直後から太政官札などの不換紙幣を濫発し，その後，1872(明治5)年にドイツで印刷した新紙幣を発行した。左は貿易銀。(日本銀行金融研究所貨幣博物館蔵)

▶郵便局　明治10年代末の東京郵便局。左が窓口で、右側に私書箱も設置されている。(逓信総合博物館蔵)

銀行条例を発布した。そして翌年から民間の出資を仰ぎ、第一国立銀行(三井組・小野組の出資)をはじめとして、各地に民間の国立銀行が設立された。

【国立銀行】　国立銀行という名称は、一見、国有・国営の銀行を思わせるが、そうではなく、私営の民間銀行である。国の法律に基づいて設立・運営されるという程度の意味で、アメリカのNational Bankの訳語を日本に適用したのである。初め、政府の不換紙幣の整理を目的として設立されたもので、資本金の60％まで紙幣を発行することが認められ、残りの40％を正貨で準備して兌換にあてねばならなかった。しかし、この条件が厳しすぎて多くの国立銀行が営業不振におちいったので、1876(明治9)年、条例を改正して正貨兌換を中止し、資本金の80％まで紙幣を発行できることとした。これによって営業は活発となり、全国の国立銀行設立は盛んとなって、1879(明治12)年には153行に達した。その不換紙幣の濫発はインフレーションを招いたが、同時に産業資金の創出には役立った。

[通信・交通制度]　通信機関としては、1869(明治2)年、政府の手により東京・横浜間に電信が敷設され、1874(明治7)年には青森・東京・長崎間が開通して幹線がほぼできあがり、1880年代初めまでに、全国の電信ネットワークが、おおむね完成した。また、海外との電信も、1871(明治4)年長崎と中国(清)の上海との間に開通した。電話も1877(明治10)年に輸入されたが、官営の電話事業が始まったのは、1890(明治23)年のことである。郵便の制度は、前島密の努力によってこれまでの飛脚制度にかわって取り入れられ、1871(明治4)年、東京・京都・大阪間に実施され、1873(明治6)年には、全国の均一料金制度が実現し、全国の主要な郵便網がほぼ

2　明治維新と富国強兵　39

◀新橋停車場　1872(明治5)年に完成し, 長らく鉄道の起点となった。現在, JR新橋駅前に復元されている。(物流博物館蔵)

完成した。そして, 1877(明治10)年には万国郵便連合に加入した。

交通の面では, 政府はイギリスから外国債を仰いで技術を導入し, 官営事業として鉄道敷設に着手した。1872(明治5)年, 東京の新橋と横浜間の鉄道が開通したのをはじめ, 1874(明治7)年に大阪・神戸間, 1877(明治10)年に大阪・京都間が開通した。東海道本線(東京・神戸間)の全通は, 1889(明治22)年のことである。

海運業では, 1870(明治3)年, 土佐藩出身の岩崎弥太郎が藩の

初期の鉄道

　鉄道建設は伊藤博文・大隈重信の熱心な主張で実現したが, 建設費にあてるため, 政府は100万ポンドの外国債をイギリスで募集した。京浜間の測量が始まったのは1870(明治3)年3月, 品川・横浜間が完成して仮営業したのが1872(明治5)年5月, 新橋(現在の汐留貨物駅跡)・横浜(現在の桜木町)間の開業式が行われたのは同年10月14日のことであった。当時の時刻表をみると, 午前は8時・9時・10時・11時の4回, 午後は2時・3時・4時・5時・6時の5回が新橋発となっており, 運賃は上等1円12銭5厘, 中等75銭, 下等37銭5厘であった。当時の米価は1斗(約15kg)40銭足らずであるから, 今から思えばずいぶん高い運賃で, 上等客車などは初めはガラ空きだったらしい。スピードは時速30km以上で新橋・横浜間を53分で走ったから, それまで, 東京から横浜へ1日がかりで出かけたことを考えれば, ずいぶん便利になった。1871(明治4)年9月21日, 試運転中の列車に試乗した大久保利通は, 「始て蒸汽車に乗候処, 実に百聞一見にしかず。この便を起さずんば, 必ず国を起すこと能はざるべし」と日記に記している。鉄道の敷設が国の発展のためには必要不可欠だと, 大久保が認識していたようすがよくわかる。

▶富岡製糸場の内部
女工たちが製糸機械の前で糸を繰り,技術指導者の男女がみまわっている。(市立岡谷蚕糸博物館蔵)

汽船を借り受けて九十九商会を創設し,1875(明治8)年には郵便汽船三菱会社と改称した。同社は官船の無償払下げや助成金の交付など政府の特権的保護のもとに,アメリカの汽船会社との競争に打ち勝ち,西南戦争などの軍事輸送によって巨富を得た。そして単に国内航路ばかりでなく,1875(明治8)年には早くも上海航路を始めるなど,外国航路を開設して積極的な経営を進めた。これがのちに政府の共同運輸会社と合併して,1885(明治18)年に日本郵船会社となったのである。

[殖産興業] 政府は幕府や諸藩の鉱山や工場を引き継いで官営事業にするとともに,さらに盛んに欧米から機械・設備を輸入し,外国人技師を招いて官営工場を設立・経営するなど,近代産業の育成をはかった。とくに,輸出産業として重要であった製糸業の部門では,フランスの製糸技術を取り入れ,フランス人技師ブリュナの指導のもとに,群馬県に富岡製糸場を設立し,士族の子女など多くの女性従業員(いわゆる女工)を集めて,蒸気力を利用した機械による大規模な生糸の生産にあたった。ここで製糸技術を習得した富岡工女たちは,その後,各地に設立された民間の製糸工場で技術を指導する役割を果たした。また江戸時代から発展の基礎が芽ばえていた綿糸紡績業などの部門でも,官営模範工場が各地に設立された。

【明治初期の官営事業】 その主なものは,つぎのようである。
①旧幕府・諸藩から引き継いだもの:東京砲兵工廠(幕府の関口製作所),横須賀海軍工廠(幕府),長崎造船所(幕府の長崎製鉄所),鹿児島造船所(薩摩藩),三池鉱山(柳河藩,三池藩),高島炭鉱(佐賀藩),堺紡績所(薩摩藩)

②新設したもの：板橋火薬製造所，大阪砲兵工廠，赤羽工作分局，深川工作分局（セメント製造所・不熔白煉瓦製造所），品川硝子製造所，千住製絨所，富岡製糸場，新町紡績所，愛知紡績所，広島紡績所

　このような殖産興業政策を推進したのは，1870（明治3）年に設置された工部省及び1873（明治6）年に設置された内務省で，とくに岩倉使節団一行の帰国後，内務卿大久保利通，工部卿伊藤博文及び国家財政を担当していた大蔵卿大隈重信らがその中心になった。1877（明治10）年，西南戦争のさなか，政府の手で第1回内国勧業博覧会が東京の上野で開かれ，各地から機械や美術工芸品が出品・展示され，民間の産業発展に大きな刺激となった。

　農業・牧畜の面でも政府は三田育種場をはじめ，各地に育種場・種畜場などをつくって技術改良を進め，開拓事業では福島県安積疎水の開発を行った。また，政府は外国人技師を招くとともに，工部省内に工学寮（のち工部大学校→帝国大学工科大学→東大工学部）を設立したのをはじめ，駒場農学校（のち東大農学部）・札幌農学校（のち北海道大学）などを創設し，留学生を派遣するなど，新しい技術の修得や技術者の養成につとめた。

【北海道開拓】　蝦夷地は北海道と改められ，札幌（はじめ東京）に開拓使が設置された。政府は，アメリカの農政家ケプロンや教育家クラークを招いて北海道の開拓に力を注ぎ，士族らの移住を奨励して荒地の開墾を進め，屯田兵制度を実施するなど，農業・炭鉱の開発に巨費を投じた。北海道の先住民族であるアイヌに対しては，その農民化を基本とする同化政策が取られたが，開拓の進行によってアイヌの人々は生活圏を侵害され，窮乏化していった。

文明開化

　明治維新は「王政復古」というかたちで行われたため，初めは復古的色彩もかなり強かった。しかし，政府が「百事御一新」「旧弊打破」を唱えて近代化政策を推進し，熱心に欧米の新しい制度・知識・文物を取り入れたので，教育・文化・思想・国民生活など広い範囲にわたって大きな影響を与え，いわゆる文明開化と呼ばれる風潮が急速に広がった。

　[宗教]　政府は初め，王政復古によって「神武創業の始」に立ち帰

▶廃仏毀釈(『開化の入口』より) 神官らの主導で仏像・仏具・経巻などが焼かれている。明治初年、各地でこのような騒動がおこったが、まもなく鎮静化した。(早稲田大学図書館蔵)

る趣旨から、祭政一致の立場をとり、神祇官(のち神祇省)を再興し、多くの国学者・神道家を登用した。そして宣教使をおき、神道を中心とした国民教化をめざして1870(明治3)年に大教宣布の詔を出し、ついで神社制度を設け、官幣社・国幣社など神社の社務を定め、祭式を統一するなど、政府の保護のもとに神社神道の普及に力を注いだ。1869(明治2)年、戊辰戦争の戦死者を合祀するため政府により設けられた招魂社は、1879(明治12)年には靖国神社と改められ、別格官幣社に位置づけられた。

こうした過程で天皇親政が強調され、国民に対しても天皇が古くからの日本の統治者であるという宣伝が広く行われ、その神格化が進んだ。天長節・紀元節が国の祝日と定められたのも、こうしたねらいの一つであった。

また、1868(明治元)年、政府の出した神仏分離令をきっかけに、廃仏毀釈の運動が全国的に広まり、寺・仏像・仏具・経典などが破壊、あるいは焼かれたため、仏教界は大打撃を受けた。

しかし、神道による国民教化と仏教の排斥は国民に十分には受け入れられず、しだいに退潮に向かった。1872(明治5)年、神祇省は教部省と改められ、仏教の僧侶も教導職(宣教使の後身)に任じられるようになった。そして、その教部省もさしたる成果をあげることなく、1877(明治10)年には廃止された。

一方、キリスト教は新政府成立後も依然として五榜の掲示によって禁止され、長崎の浦上では多くの信徒が捕えられ、改宗を強制されるという事件がおこり(浦上教徒弾圧事件)、列国はこれに激しく

2 明治維新と富国強兵 43

▲開智学校 校舎は、日本人の大工が洋風建築をまねてつくった擬洋風建築の好例である。木造が主体で、窓は洋風である。屋根の上の八角塔などが斬新な印象を与えた。(旧開智学校蔵)

▲明治初期の小学校の授業風景(国立教育政策研究所教育図書館蔵)

抗議した。その後、岩倉使節団が欧米を視察したとき、キリスト教禁教が条約改正交渉に悪影響を与えていることを知って、政府は1873(明治6)年2月、ようやく禁教を解いた。

[教育制度] 近代化を有効に進めるためには、国民の知識の水準を高めることが必要であった。そこで、政府は国民の啓蒙・開明化に力を注いだ。その手初めとして、欧米の近代的な学校教育制度の採用をはかり、1871(明治4)年、教育行政を担当する文部省を設置し、ついで翌1872(明治5)年、学制を公布して、男女を問わず国民各自が身を立て、智を開き、産を治めるために学問が必要であるとする、一種の功利主義的教育観に立脚する国民教育の発展につとめた。

その結果、全国に2万校以上の小学校が設立され、学校教育が急速に広まった。このような学校教育の急速な普及は、江戸時代の寺子屋における庶民教育の伝統があったからであろう。1875(明治8)年には男子の小学校就学率は50%を超えた。しかし、女子は18.7%にすぎず、男女の初等教育の間に、まだ大きな格差があったことは否定できない。また、農村では貴重な労働力である児童の通学に反対する声もあり、授業料や学校設立費の負担も軽くはなかったので、

▶銀座通りの煉瓦街　銀座通りの朝野新聞社前のようすで，右側にはガス灯がみえる。1882(明治15)年に日本橋・新橋間に開通した鉄道馬車，和泉要助らが発明した人力車もみえる。(マスプロ美術館蔵)

小学校の廃止を求める農民一揆がおこった地域もあった。

【学制】　主にフランスを範とし，全国を8大学区，各大学区を32中学区，各中学区を210小学区にわけ，各学区に大学・中学・小学校各1校を設置する計画であった。しかし，この計画はあまりに理想に走りすぎて，当時の国民生活の実情に合わず，完全には実現できないまま，1879(明治12)年の教育令公布によって廃止された。

また政府は，幕府の昌平坂学問所や開成所を受け継いで，1869(明治2)年，大学南校(のち東京開成学校)を設置し，日本人の洋学者や外国人教師を招いて，洋学を中心とした高等教育にあたった。同校はその後，東京医学校と合併し，1877(明治10)年，日本最初の西洋風の近代的総合大学である東京大学となり，学術研究と高等教育の中心となった。さらに，女子教育の面でも，1872(明治5)年，東京に官立女学校，ついで女子師範学校を設けて，その普及につとめた。

一方，民間においても福沢諭吉の慶應義塾，新島襄の同志社英学校などの私立学校が創設され，特色ある学風のもとに新しい時代にふさわしい人材の育成にあたった。

[国民生活]　文明開化の風潮は，東京などの大都会を中心に国民の生活様式の面にもいろいろとあらわれた。1872(明治5)年銀座一帯の火災を機会に，政府は防火・美観を考慮して銀座通りに煉瓦造の洋風建築物を建て並べさせた。1871(明治4)年には散髪脱刀令がでて，散切りの頭髪や洋服の着用がしだいに広まった。街路にはガス灯，家々にはランプがともり，人力車・馬車などが街路を走るようになった。食事の面でも肉食の習慣が西洋から伝わり，とく

2　明治維新と富国強兵　45

お雇い外国人

　明治政府は，先進国の制度・知識・技術などを取り入れて近代化を進めるため，欧米諸国から多くの技術者・学者・教師・軍人たちを招いた。その数がピークに達したのは1870年代のなかごろで，政府が雇い入れた外国人は500人を超えた。国別にみると，当時はイギリス人が過半数を占め，ついでフランス人・アメリカ人・ドイツ人の順であった。1880年代以降，しだいに日本人が彼らにかわったので，1892（明治25）年には130人と最盛期の4分の1に減っている。このころにはドイツ人の比率が高まったが，これは法制度や軍事制度（陸軍）などの分野で，ドイツに学ぶようになったことの反映である。お雇い外国人たちは，日本人をはるかにしのぐ高給取りであった。例えば1870（明治3）年，鉄道建設にあたって初代建築所長となった28歳のイギリス人モレルは，初年度の月給は洋銀（メキシコ銀）700ドル，3年目からは1000ドル（当時1ドルは約1円）の契約で，日本政府の最高官職である太政大臣の月給800円（参議500円）を上まわった。最下級のお雇い職工でも月給72ドルと，日本人職工のおよそ10〜15倍であった。

に牛肉が喜ばれた。また，政府は西洋諸国の例にならい，これまでの旧暦（太陰太陽暦）を廃止して太陽暦を採用することとし，旧暦の明治5年12月3日を太陽暦の明治6（1873）年1月1日とした。そののち，日曜の休日制なども採用された。

　文明開化の風潮のなかで，一方では日本古来の伝統的な芸術や美術工芸品が見捨てられ，由緒ある寺社・古城などが破壊されるなど，多くの貴重な文化財が失われそうになった。奈良の興福寺の五重塔がわずか25円（現在の貨幣価値で40〜50万円くらい）で売りに出されたのもこのころのことである。

　明治初期に来日したドイツ人医学者ベルツは，日本の若い知識人が日本の伝統的文化や歴史を軽視し，古いものをすべて否定しようとしているありさまに驚き，自国の固有な文化や歴史を尊重しないようでは，外国人からも尊敬されないだろうと批判している。

　しかし，このような西洋の風俗・習慣が広まったのは，主として東京・横浜などの大都会や開港場，官庁・学校・軍隊などであり，農村部にはあまり広まらず，地方の農村では相変わらず旧暦によっ

て年中行事が行われるなど，江戸時代以来の伝統的な生活習慣が続いていた。生活文化の面では，都会と農村の違いはまだまだ大きかったのである。

　［思想］　文明開化の風潮とともに思想界も活発化し，人間の自由・権利や個人の自立を尊重する欧米の新しい自由主義・功利主義の思想・学問やそれに基づく政治制度・経済組織・法律などの新知識が啓蒙思想家たちによって紹介・主唱され，世に受け入れられるようになった。

　とくに福沢諭吉は『学問のすゝめ』を書いて，人は生まれながらに貴賤の別があるのではなく，学問を学んで，封建的な身分意識を打破すべきこと，自主・自由の精神に基づく個人の独立が一国の独立を支えるものであることを説いた。同書は初編から17編までつぎつぎに出版されたが，その発行部数は1880(明治13)年までに約70万部に達するという驚異的なベストセラーとなった。また，福沢は『文明論之概略』を著して，人間の智徳の進歩が文明を進める大きな力であることを唱えた。こうした福沢の思想は，新しい時代のなかで，青年たちに大きな影響を与えた。

　幕末の文久年間『鄰艸』(『隣草』)を書いて西洋の立憲政治について紹介し，その採用による改革を主張した加藤弘之は，維新後も引き続き『立憲政体略』『真政大意』『国体新論』を書いて，立憲政治の知識を広め，天賦人権論*を紹介した。しかし1880年代に入ると社会進化論の立場に立って天賦人権論を否定するようになった。

　　＊天賦人権論とは，人は生まれながらにして自由・平等であり，幸福を求める権利をもつもので，それはいわば天から与えられた人間の基本的権利であるという考え。西欧の自由・平等の思想に根ざし，明治初期に日本に入ってくると，自由民権運動の展開のなかで強く叫ばれるようになった。

　中村正直は『西国立志編』『自由之理』を翻訳して，自由主義・功利主義の思想を伝えた。西周は津田真道らとともに幕末に幕府の留学生の一人としてヨーロッパに学んだが，明治初期には哲学や論理学などの著作を発表した。津田は万国公法(国際法)や法律学を学んで，こうした分野の著作活動にあたり，出版の自由，廃娼，国会の

早期開設などを唱えた。また，岩倉使節団に同行して，フランスに留学した中江兆民は，帰国後，急進的な自由主義の思想家ルソーの「社会契約論」を抄訳して，『民約訳解』と題して公刊し，人間の自由と平等の思想を広め，自由民権運動の発展に影響を与えた。一方，田口卯吉は文明の発展という文明史観の立場から『日本開化小史』を書いて，新しい歴史の見方を世に示した。

　こうした啓蒙思想家たちが集まったのは，1873(明治6)年森有礼の提案により西洋の学会にならって結成された明六社であった。

> **【明六社】** 明六社はアメリカ帰りの外交官森有礼(旧薩摩藩士，のち文部大臣)が，1873(明治6)年8月，欧米諸国の学会にならった学術・談話の会の設立を志し，西村茂樹らに相談したことに始まる。正式の発足は翌年2月で，『明六雑誌』の発行(毎月2〜3回，各4000〜5000部)や講演会・談話会の開催などにより，新しい学術・知識・思想などの啓蒙活動を進めた。森・西村のほか，福沢諭吉・加藤弘之・中村正直・津田真道・西周・神田孝平らの洋学者が参加した。彼らは森を除いて西南雄藩の出身ではなく，その多くは，中・小藩の出身ながら幕末には幕府の洋学機関に勤務し，幕臣として洋学の研究・教育や洋書の翻訳などにあたった人々である。維新後，福沢を除く大部分が明治政府に出仕し，その新知識を大いに活用している。旧幕府の人材育成政策が，日本の近代化に大きな役割を果たした事実がうかがわれよう。しかし，1875(明治8)年6月の讒謗律・新聞紙条例の制定など，政府が自由な言論活動に対する取締りを強化したため，明六社の活動はふるわなくなり，1875(明治8)年11月をもって，『明六雑誌』も廃刊となった。

　こうした新思想や新知識の普及に大きな役割を果たしたのが，新聞・雑誌・出版事業の発達である。新聞はすでに幕末から出されていたが，1870(明治3)年，日本最初の日刊新聞として『横浜毎日新聞』が発行されたのをはじめ，1870年代に『東京日日新聞』『日新真事誌』『朝野新聞』『読売新聞』『郵便報知新聞』『朝日新聞』などが相ついで創刊された。その多くは，政治問題などを取りあげて論評したり，政治的主張を展開したりする政論新聞(大新聞)の色彩が濃かったが，なかには江戸時代の読売瓦版の伝統を受け継ぎ，社会におこった出来事を伝える小新聞もあった。このような多数の出版物が発行できるようになった理由の一つは，本木昌造が鉛製活字の量

産に成功したことであった。

明治初期の国際問題

　明治初期，政府の外交政策の中心課題は，欧米諸国に対しては幕末の不平等条約の改正であり，東アジア諸国に対しては，清国・朝鮮との国交再開であった。

　［岩倉使節団］　1871(明治4)年，政府は右大臣岩倉具視一行を欧米に派遣して，条約改正の予備交渉と欧米の国情視察にあたらせた。この使節団には副使として参議木戸孝允・大蔵卿大久保利通・工部大輔伊藤博文ら，政府の中心人物たちが参加していた。条約改正交渉は，法体系の未整備など日本の国内の近代的諸制度がまだ確立されていなかったため，ほとんど相手にされなかった。しかし，使節団一行が議会・官庁・工場・学校・病院などの近代的諸施設を実地に視察し，立憲政治の発展，産業の振興，自主の精神の実現などに支えられた欧米諸国の充実した国力と，日本の立ち遅れを痛感して帰国したことは，その後の欧米列強を目標とした急速な近代化政策の展開のために，大きな刺激となった。

　また，使節団には近代日本最初の女子留学生5人を含む約60人の留学生が同行した。留学生の多くは留学生活を終えて帰国したのち，いろいろな分野の専門家として，お雇い外国人にかわって，日本の近代化の推進役をつとめた。

　【女子留学生のはじめ】　岩倉使節団一行には吉益亮子・上田悌子・

▶岩倉使節団　1871(明治4)年11月12日に横浜を出港し，1873(明治6)年9月に帰国した。写真はサンフランシスコで撮影したもの。右から大久保・伊藤・岩倉・山口尚芳・木戸である。(山口県文書館蔵)

◀19世紀後半の日本の領土

山川捨松・永井繁子・津田梅子の5人の女子留学生が同行していた。彼女らは数え年15歳から8歳の少女たちで，いずれもアメリカ人家庭に引き取られて勉学し，山川・永井・津田は10～11年に及ぶ留学生活を送った。最年少だった津田は，いったん帰国したのちも再三渡米・渡英し，1900(明治33)年には女子英学塾(現，津田塾大学)を創立するなど，女子教育の発展に功績を残した。また山川は陸軍卿大山巌と結婚して社会事業や女子教育の発展を支援し，帰国後に海軍軍人の妻となった永井は，東京音楽学校で音楽教育に尽力した。

[領土問題]　幕末以来，ロシアとの間で懸案となっていた樺太(現，サハリン)の領有問題は，明治政府も引き続いて交渉にあたっていた。その後，ロシアの南樺太への進出が強まるにつれ，政府部内には北海道開拓に全力を注ぐため樺太を放棄しようという意見が強くなり，開拓次官(のち長官)黒田清隆の主張が通って，1875(明治8)年，全権公使榎本武揚は樺太・千島交換条約に調印して，樺太全島をロシアにゆずり，その代償として千島全島を日本領と定めた。また当時，アメリカとその所属問題が未解決なまま残されていた小笠原諸島についても，1876(明治9)年，アメリカ政府がそれが日本領であることを承認して解決をみた。

[東アジア諸国との関係]　幕末以来，朝鮮は鎖国政策を取り続け，明治政府の交渉態度に不満をいだき，日本の国交要求を再三拒否した。そのため日本国内では，武力を背景に朝鮮に対し強硬方針をも

ってのぞむべきだとする征韓論が高まった。政府部内でも西郷隆盛・板垣退助・後藤象二郎・江藤新平・副島種臣らの参議がいわゆる征韓論を唱えた。板垣は即時出兵を唱えたが、西郷はこれに反対し、1873(明治6)年8月、政府は西郷隆盛を使節として朝鮮に派遣して交渉にあたらせ、国交要求が入れられなければ、兵力を送り、武力に訴えても朝鮮の開国を実現させるという方針を内定した。

この征韓論は同時に、政府に強い不満をいだき、朝鮮への積極的進出に期待をかけ、それを望んでいる士族層をなだめ、彼らの矛先を海外に向けさせるためでもあった。

しかし、1873(明治6)年9月、岩倉具視一行が帰国すると、欧米先進列強の著しい発展をみてきた大久保利通・木戸孝允らはあくまで内治の整備が先決であるとして征韓論に強く反対し、結局、同年10月、初めの方針は取り消され、西郷ら征韓派の参議はいっせいに辞職した(明治六年の政変)。

その後、朝鮮問題は紛糾を続けたが、朝鮮を開国させるきっかけをつかもうとした日本政府は、1875(明治8)年軍艦雲揚を派遣し、朝鮮の沿岸で測量を行うなど示威の行動をとった。同艦の艦長が首都漢城(現、ソウル)に近い漢江河口の江華島にボートで近づくと、同島の砲台から砲撃を受けた。そこで雲揚はこれに反撃し砲撃により砲台を破壊し、近くの島に兵員を上陸させて永宗城を占領した。これが江華島事件である。この事件をきっかけに、日本政府は朝鮮に圧力をかけ、翌1876(明治9)年、日朝修好条規(江華条約)を結んだ。

【対朝鮮外交の基本的態度】 日朝修好条規を結ぶために、日本政府は参議黒田清隆を全権使節として6隻の艦隊とともに朝鮮に派遣し、武力を背景に交渉を進めた。ちょうどその20年余り前、ペリーが来航して日本に開国を要求したのと同様な立場に立ったわけである。事実、外務卿寺島宗則はアメリカ公使ビンガムに、この使節派遣について「仮令ば貴国のコモドール＝ペルリが下田に来る如きの処置なり」と説明し、日本政府は参考資料としてアメリカ公使館からペリーのアメリカ政府への復命書を借り出したという。この条約の締結によって朝鮮は釜山・仁川・元山を開き、片務的な領事裁判権や関税免除を日本に対して認めた。こうして日本は朝鮮に不平等条約を押しつけたが、同時に、朝鮮を一つの独立国として清国の宗主権を否定する立場に立っ

2 明治維新と富国強兵　51

◀首里をたつ琉球国王の使者(東洋文化協会『回顧八十年史』より) 1872(明治5)年，日本政府の入朝要求に応じ，琉球国王尚泰の使者が派遣された。政府は尚泰を琉球藩王とし，華族に列した。

たのである。

　清国に対して，日本は1871(明治4)年，日清修好条規・通商章程*などを結んだ。同年，台湾に漂着した50名余りの琉球民が先住民に殺される事件がおこった。清国は，台湾の先住民を「化外の民」として，漂流民保護の責任をとろうとしなかったので，事件の処理をめぐって交渉は難航し，1874(明治7)年，日本政府は西郷従道のもとに軍隊を台湾に派遣した(台湾出兵)。この事後処理のために，大久保利通が全権として清国と交渉し，イギリス公使ウェードの調停もあって，清国は日本の出兵を義挙として認め，償金50万両を支払って解決した。

　　*日本が外国と結んだ最初の対等な条約で，相互に開港し，相互に領事裁判権を認め合っていた。伊達宗城が全権として調印したが，対等主義のために日本側は不満で，その批准は1873(明治6)年，副島種臣が外務卿のときにやっと行われた。

　17世紀初頭以来，琉球は薩摩藩(島津氏)の支配下にあったが，名目上は清国にも属し朝貢するという日清両属関係にあった。明治政府は琉球を日本の領土とする方針を定め，1872(明治5)年には琉球藩をおき，琉球国王尚泰を藩王として華族に列し，ついで1879(明治12)年には軍隊を派遣して廃藩置県を断行し，沖縄県を設置した(琉球処分)。清国は琉球に対する宗主権を主張してこれに強く抗議し，前アメリカ大統領グラントは，宮古・八重山の先島諸島を沖縄県から分離して清国領とする調停案(先島分島案)を示したが，清国側はこれを認めなかった。その後も紛争は続いたが，日清戦争に

明治維新論

　明治維新が日本における近代国家形成の出発点となったことには異論はないが、その時期をいつからいつまでとするか、またその性格をどうみるかについては、いくつかの考え方がある。まず、明治維新の始まりの時期については、①天保の改革ころ、②1853年のペリーの来航とする2説がある。前者は国内的矛盾を、後者は外圧とそれに対する日本の対応を重視する見方である。その終わりの時期については、①1871～73年の幕藩体制解体の諸改革（廃藩置県・地租改正など）の実施、②1877年の西南戦争、③1889～90年の憲法発布・議会開設、などの考え方がある。しかし通例では、ペリー来航から廃藩置県・地租改正・秩禄処分などによる封建諸制度解体までの約20年にわたる一連の大きな変革について、明治維新として理解するのが一般的である。

　維新の性格については、昭和初期にマルクス主義歴史学の立場から二つの見解が対立するようになった。①「講座派」と呼ばれる人々は維新を絶対主義の形成と考え、その基礎は寄生地主制にみられる半封建的土地所有だと理解した。②「労農派」と呼ばれる人々は、明治政府が資本主義育成に全力を注いだ点を指摘し、維新は不徹底ではあるがブルジョア革命だと考え、寄生地主制も近代的土地所有のうえにできたものだと主張した。しかし、1960年代以降、明治維新の本格的な実証研究が深められるようになると、①のような見方は、史実にもそぐわず、論理的にも疑問があり、おおむね否定されるようになった。最近では、欧米諸国と歴史的条件・国際的環境がいちじるしく異なる日本の明治維新について、絶対主義とかブルジョア革命とかいった欧米流の概念を適用しようとすること自体、あまり意味がないとする考え方が支配的である。そして、外圧とそれに対する強い対外危機意識が原動力となって明治維新が達成された点を重視して、民族革命という視点からそれを理解しようとする見方も行われている。いずれにせよ、より広い国際的視野や比較研究の視点を取り入れることが要請されている。

　そこでは、欧米先進列強の東アジア進出という国際的環境にさらされた日本の対外的危機意識と国家的独立の達成の意義を強調し、外圧（「西欧の衝撃」）に対抗しつつ行われた封建的諸制度の打破という国内変革により近代国民国家の形成が進められた点を重視する視点から、その出発点として明治維新を理解しようとする見方が有力である。

おける日本の勝利によって、琉球帰属問題は事実上、日本の主張通りに解決した。

新政府への反乱

　明治政府はあらゆる分野において急速な近代化政策(＝西欧化政策)を推し進めたが，それはあまりに急激であり，国民生活の実情を無視し，国民に大きな生活の変化を強いることも少なくなかった。そのうえ反対派から，政府が少数の藩閥官僚による，いわゆる「有司専制」の政治を行っているとして，不満の声があがり，国内では政府に反抗する気運が高まりつつあった。

　ところで，明治初期の国家財政における恒常的歳入の大部分は地租であったから，政府の諸政策は農民の負担において推進されたといえる。大多数の農民は地租改正によっても依然かなり重い税を取り立てられ，さらに徴兵制度による兵役の義務や小学校設置に伴う経済的負担など，新たな負担をも負わされた。そのため彼らは，全国各地でしばしば農民一揆をおこした。とくに1876(明治9)年には，地租改正に反対して，三重・岐阜・愛知・堺の4県にまたがる大規模な農民一揆がおこり，翌年，政府は地租率を地価の3％から2.5％に引き下げた。

　一方，廃藩置県・徴兵制度・秩禄処分など相つぐ改革によって，封建的諸特権をつぎつぎと奪われた士族たちの間でも，政府への不満の気運が充満していた。明治六年の政変に際して，征韓派に与して政府を辞職した板垣退助ら旧参議の多くは，1874(明治7)年，民撰議院設立の建白書を提出して，政府の「有司専制」を鋭く攻撃したが，そのなかの一人江藤新平は郷里佐賀に帰って，同年，不平士

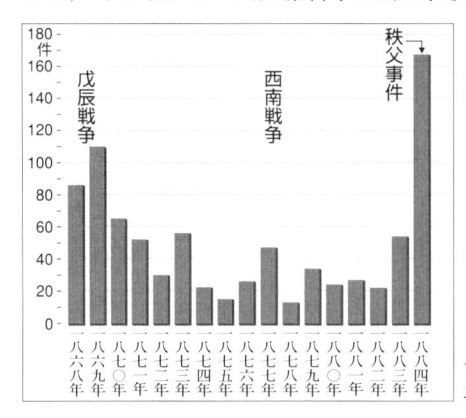

◀明治前期の農民一揆などの発生件数(青木虹二『明治農民騒擾の年次的研究』より)

▶田原坂の戦い（永濯「田原坂激戦之図」）西南戦争における最大の激戦であった。（熊本市立熊本博物館蔵）

　族に擁立され征韓党の首領となって反乱をおこした（佐賀の乱）。この反乱を武力によって鎮圧した政府は、取締りをいちだんと強化し、1875（明治8）年には、反政府的言論活動をおさえるため、讒謗律・新聞紙条例を発布した。

　ついで、1876（明治9）年、廃刀令の公布・俸禄の停止をきっかけに、熊本県で復古的な攘夷論を唱える太田黒伴雄を中心とする敬神党（神風連）の乱がおこるや、これに呼応して福岡県では宮崎車之助らによる秋月の乱、山口県では元参議・兵部大輔前原一誠を指導者とする萩の乱がおこるなど、政府の新政に不満をもつ士族たちの反乱が相ついだ。これらの士族反乱はいずれも、政府によってすみやかに鎮圧されたが、国内には少なからず動揺を与えた。

　さらに、1877（明治10）年2月、廃藩置県後も明治政府の多くの改革が実行されず、反政府勢力の拠点と目されていた鹿児島において、私学校の生徒を中心とする不平士族ら約3万人が、明治維新の最大の功労者の一人である西郷隆盛を擁して兵をあげ、ここに西南戦争が始まった。この戦争は戊辰戦争以来の大きな内乱となり、初めは勝敗の行方も予断を許さないほどであったが、西郷軍が熊本鎮台の攻略に失敗してから、戦局は政府軍に有利に傾いた。政府は約6万の兵力を動員し、8カ月近い歳月を費やして、同年9月ようやく内乱を鎮圧し、西郷をはじめとする反乱軍の指導者はいずれも戦死・自殺、または処罰された。政府軍の勝利、西郷軍の敗北は、新しい徴兵制による軍隊の威力を示し、政府の権力がもはや揺るぎないものであることを明らかにした。

　翌1878（明治11）年には、不平士族一味による大久保利通暗殺事

明治維新の指導者たち

　数多くの明治維新の指導者たちのなかで，とくに中心的役割を果たした西郷隆盛(薩摩藩出身)・大久保利通(薩摩藩出身)・木戸孝允(長州藩出身)の3人が，ふつう維新の三傑と呼ばれている。そのなかでも，西郷は大きな度量，部下に対する深い情愛，勇気と情熱，簡素な私生活などから広く世人の敬愛を得てきた。彼は清濁合わせ吞む包容力に富んだ政治家で，情にもろく，いわば日本人好みの性格のもち主だったようだ。西南戦争における悲劇的最期と相まって，現在にいたるまで，もっとも庶民に人気のある人物である。しかし，新しい国内体制の緻密な建設計画を進めることは不得意であり，西郷の積極的な役割は，1871(明治4)年の廃藩置県をもってほぼ終わったといえるであろう。

　大久保は征韓論・台湾出兵をめぐって西郷・木戸が下野したのちも，ただ一人政府の中心となって大きな権力をふるい，相つぐ近代化政策により日本における近代国民国家建設の基礎を築いた立役者である。最後まで政権の座にあったこともあって，西郷に比べると庶民的な人気は乏しく，反対派からはしばしば専制政治家として激しい非難をあびた。しかし，ときとしては冷酷と思えるほど沈着・冷静であり，優れた決断力と明晰な頭脳を備えた剛毅果断な人となりと，広い国際的視野に立ち現実主義に徹した政治的態度は，多くの反対を押し切って大胆な改革を実行しなければならない変革期の政治家にふさわしいものであった。また，出身藩にこだわらず他藩出身の多くの有能な人材を登用したことも，彼の業績の一つといえよう。

　木戸はもっとも知的な感じの強い開明的な政治家で，一種，理想家肌のところがあり，その斬新で優れた着想は，維新の改革に大いに貢献した。しかし，性格的にはやや狭量で，健康にも恵まれず，とくに晩年は相つぐ政治的激動のなかにあって病気がちで，明治政府部内での勢力は，大久保には及ばなかった。同じ長州藩出身で，木戸のもとで政治家として成長した伊藤博文や井上馨も，木戸の晩年には，むしろ大久保に接近していた。

　彼らが指導者として活躍した最盛期はおおむね30代から40代初めで，その若い活力が注目される。

件(紀尾井坂の変)，西南戦争の恩賞に不満を抱いた近衛兵の一部の反乱事件(竹橋事件)などがおこったが，いずれも関係者は検挙され事件は解決された。こうして，おおむね西南戦争を最後として士族の武力反乱は終わりを告げ，政府の全国統治は安定化したのである。

　【政府要人の暗殺】　明治の初め，不平士族の新政への反抗は，また政

府要人の暗殺というかたちをとって行われた。1869(明治2)年, 参与横井小楠・兵部大輔大村益次郎, 1871(明治4)年, 参議広沢真臣, 1874(明治7)年, 右大臣岩倉具視(未遂), 1878(明治11)年, 参議兼内務卿大久保利通らがいずれも遭難している。

3　立憲国家の成立と日清戦争

立憲政治への動き

　欧米の議会政治についての知識はすでに幕末に伝えられ*,「公議政体」という考え方も芽ばえていた。五箇条の誓文にみられるように，明治政府が公議輿論を国民統合の原理としてかかげたのは，そのあらわれであろう。

　　*例えば，幕府の蕃書調所に出仕していた洋学者加藤弘之は，文久年間(1861〜64)，ひそかに『鄰艸』(『隣草』)を書いて，欧米諸国の立憲政治を紹介し，清国の建て直しにことよせて，「大律」と「公会」(憲法と国会)の制定・設立による政治改革を主張している。彼は明治時代に入って新政府に仕え，『立憲政体略』『真政大意』『国体新論』などを著して，政府関係者の立憲思想に影響を与えた。そのほか，西周・津田真道・福沢諭吉らが幕末から明治初期にかけて，立憲政治を紹介したり，その具体案を執筆したりしている。

　明治初期の諸改革のなかで，政府は諸藩の代表を集めて公議所を開く(1869年)など，立法の諮問や建白の受理のための機関をつくったが，代表たちはおおむね保守的で，政府の新しい改革を十分に理解する能力に乏しく，あまり成果はあがらなかった。同時に，政府は中央集権化の達成に意を注いだため，公議輿論の尊重は実際には無視されがちであった。しかし，1871(明治4)年の廃藩置県以後まもなく，1872(明治5)年ころから，政府の立法諮問機関の左院を中心に憲法制定と公選(民選)の議会開設の構想が生まれたのは注目に値する。この構想は，征韓論をめぐる対立が政府内部で大きな政治問題となったので実現しなかったが，当時，政府関係者の間には，立憲政治*を「君民共治」の政治と理解し，欧米諸国と国際社会で肩を並べる強国をつくるという国家の大きな目標を達成するためには，立憲政治を実現して国民の政治参与を認め，国を自主的に支えようとする国民をつくり出し，「君民共治」の実をあげることが是非とも必要だとする認識が，かなり広まりつつあったのである。

　　*立憲政治とは国の基本法(憲法)により国民の自由と権利(とくに参

政権)を認め、国会を開き国民が国政に参与する政治システムをいう。おおむね18〜19世紀に西欧や北米を中心に形成・発展したが、日本には1820年代ころ、蘭書を通じてその知識が伝えられ、開国後の政争激化のなかで、その採用が論議されるようになった。

　そのころ、欧米諸国を視察した岩倉使節団は、議会をはじめ、官庁・兵営・工場・学校・病院などの近代的諸施設を実地に見学し、日本のいちじるしい立ち遅れを痛感して帰国したが、使節団の一行に参加した木戸孝允・大久保利通らはいずれも帰国後まもない1873(明治6)年、国内政治体制の改革を唱え、立憲政体の採用を説く意見書を起草した*。

> *とりわけ政府の実力者であった大久保の意見書は、1873年、征韓論をめぐって政府が分裂した直後の同年11月に書かれたもので、イギリスのめざましい発展の原因が、自主的に国を支えようとする国民の力とこれを伸ばすような良政が行われているところにあるとし、日本もまた君主専制に固執することなく、「君民共治」の政治(立憲君主制)を採用する方向に向かうべきことを説いている。

自由民権運動の始まり

　一方、征韓論が入れられずに辞職した板垣退助・後藤象二郎・江藤新平らは、政府関係者の間に立憲政治論が広まるなかで、1874(明治7)年1月、愛国公党を結成するとともに、民撰議院設立の建白書を左院に提出した。これは、政府の政治のやり方をひと握りの有司(上級の役人)による専制政治であるとして非難するとともに、納税者には当然国政に参与する権利があるとし、すみやかに民撰議院(国会)を設立して国民を政治に参与させ、官民一体化をはかることによって、はじめて国家・政府が強力になることができる、と主張するものであった。建白への賛否をめぐって国内には活発な論争(民撰議院論争)がおこり、世の有識者たちは国会開設問題についての関心を深め、ここに民間から自由民権運動の口火が切られたのである。

　【民撰議院論争】　民撰議院設立の建白が、イギリス人ブラックが東京で発行していた新聞『日新真事誌』に掲載されると、加藤弘之は民撰議

院設立の必要性を原則的には認めながら、それを拙速に行うことには反対し、むしろ人民の開明化をはかるための教育の普及や地方議会の開設による政治的訓練が先決だとして、時期尚早論を唱えた。これに対し、大井憲太郎や津田真道は民撰議院の開設こそ人民を開明化する第一条件だと、その即時(早期)設立を主張した。また、板垣らはこうした論争のなかで、参政権を士族や有力な農民・商人に限るべきであると述べた。当時、論争に加わった人々のなかに民撰議院の設立を原則的に否定する者はほとんどいなかったことは注目に値する。

　板垣退助は建白後、まもなく郷里土佐(高知)に帰り、片岡健吉・林有造らの同志を集めて1874(明治7)年4月に立志社を結成し、自由民権思想の普及につとめた。ついで翌年、立志社を中心に全国の民権派結社(政社)の代表が大阪に集まって愛国社を創立した。

　政府はこのような動きに対処して、1875(明治8)年、大久保利通が大阪において板垣退助及び木戸孝允(台湾出兵に反対して下野していた)と会合して協議を進め(大阪会議)、板垣・木戸を政権に復帰させて政権の強化をはかるとともに、「漸次ニ国家立憲ノ政体ヲ立テ」ることを約束する漸次立憲政体樹立の詔を発布し、立法諮問機関である元老院と司法機関である大審院を設置した。

　さらに政府は、府知事・県令を集めて地方官会議を開いて地方議会を設ける方針を定め、1878(明治11)年には、大久保利通の意見に基づいて郡区町村編制法・府県会規則・地方税規則のいわゆる地方三新法を制定した。これにより、廃藩置県後に設けられた大区・小区という行政区画が廃止になり、旧来の郡町村が行政単位として復活し、府県・郡区・町村の行政的体系化をはかるとともに、町村に一定の自治が認められた。

　また、地方官会議開催の前後から府県知事の独自の判断で、一部に民会が設置されていたが、府県会規則の制定によって全国的に統一的規則がつくられ、1879(明治12)年、全国いっせいに公選による府県会が開催された。府県会の権限は限定されたものであったが、府県の地方税によって支弁される予算案の審議権が認められ、豪農・地主など地方有力者が地方政治にかかわる機会が開かれた。

　こうして政府は自らの主導権のもとに立憲政治への準備を進めた。

しかし一方では、新聞紙条例などによって、民権派などの反政府的言論活動を厳しく取り締まった。

　【元老院の憲法起草】　元老院は左院の後身として設けられ、国家の功労者・学識者などのなかから政府によって任命された議官をもって構成され、立法の任務にあたった。1876(明治9)年には、政府の指示により憲法草案(日本国憲按)の起草が始まり、1880(明治13)年に完成した。しかし、この草案は日本の国柄にあわず、西洋先進諸国の憲法を十分に研究していないなどの理由で、岩倉具視ら政府首脳の反対にあい、結局は廃案となった。

国会開設運動

　立志社は西南戦争が行われている1877(明治10)年、専制政治・地租の過重・外交政策の失敗など8カ条にわたって政府を批判し、国会開設を説いた建白(立志社建白)を天皇に提出しようとするなどの活動を示したが、愛国社はそれほどふるわなかった。しかし、西南戦争の鎮圧によって士族の武力反抗が終わると、反政府運動は言論活動に絞られるようになり、1878(明治11)年、大阪で愛国社再興大会が開かれた。ちょうどそのころ、地方では府県会が開かれて地方民の政治的関心が増大し、それまでの士族中心の運動(士族民権)は農民の地租軽減要求などとも結びついて、豪農・地主や商工業者らの参加する広範な運動(豪農民権)に発展するようになった。

　こうした情勢を背景に1880(明治13)年、愛国社は全国の民権派政社の代表を集めて、大阪で第4回大会を開き、国会期成同盟を結成して、河野広中・片岡健吉が代表となり、2府22県8万7000余人の署名を得て国会開設を請願しようとはかった。政府は集会条例を制定して取締りの強化をはかったが、続いて全国の地方政社からも請願が相つぎ、国会開設運動は大きな盛りあがりを示した。当時の新聞をみると、この請願に参加しない地方は世間で肩身の狭い心地がするように思い、われもわれもと競い合って請願・建白を行ったと述べている。

　この時期、国会開設運動が全国的に高まった背景には、政府が推進する急速な近代化政策が、士族や農民に対して急激な生活習慣の

◀開拓使官有物払下げ事件の風刺画(『団団珍聞』1881年10月22日号) 開拓長官黒田清隆(タコ)と、これに対する大隈重信(クマ)の対決をあらわしている風刺画。(東京大学法学部明治新聞雑誌文庫蔵)

変更を強制したことなどによる政府への不満に加えて、1870年代末から80年代初めにかけて、インフレーションの傾向が進み、米をはじめ農産物価格が上昇したため、農民の家計にも余裕が生じて政治活動資金の調達が容易になったことが考えられる。

政府部内でも、1879〜81(明治12〜14)年にかけて、政府首脳が相ついで立憲政治の実現について意見書を提出したが、その多くは準備のためかなり時間をかけて国会を開設する(漸進的国会開設)というものであった。

ところが、参議大隈重信が1881(明治14)年3月、1年以内に憲法を制定して翌年中に総選挙を実施し、2年後には国会を開設して、イギリス流の政党政治(議院内閣制)を取り入れるべきであるという内容の意見書を上奏した。これは漸進的国会開設を主張する他の参議との対立を深めた。しかも、同年夏、開拓使官有物払下げ事件がおこったことは、民権派の政府攻撃をいっそう高めることになった。こうした出来事により、これまで政府内部の開明派として、立憲政治をめざす改革を協力して進めようとしていた井上馨・伊藤博文・大隈重信の3人の協力体制にひびが入ることとなった。その結果、政府は、漸進的な国会開設と君主の権限が強大なドイツ(プロイセン)流の憲法をつくる方針を固め*、1881(明治14)年10月、民権派の機先を制して大隈重信を辞職させるとともに、1890(明治23)年に国会を開設すると約束する勅諭(国会開設の勅諭)を発した。これが、いわゆる明治十四年の政変である。こうして政府は、岩倉具視・伊藤博文らが中心となり、民権派の攻撃の矛先をかわすとと

もに，自らの主導権のもとに立憲政治の実現をはかることになったのである。

> ＊このとき岩倉具視は，大隈の意見に反対して，プロイセンにならって，統帥権や文武官の任免権を含む天皇の強大な大権，二院制の議会，議院内閣制の不採用，制限選挙制などを盛り込んだ憲法をつくるべきだとする意見書（井上毅の起草）を提出し，伊藤博文も同調してこれが政府の基本方針となった。

【開拓使官有物払下げ事件】　薩摩出身の開拓長官の黒田清隆は，1872（明治5）年からの開拓10年計画終了にあたり，1400万円余りの巨費を投じて北海道開発を進めてきた官営事業を，わずか39万円，無利息30年賦で薩摩出身の政商五代友厚らの関西貿易社に払い下げようとした。政府は，いったんこれを承認したが，これが藩閥政治と政商との結びつきを示すものとして民間から攻撃され，政府内部でも大隈が反対した。大隈が民権派と手を結んで政府の打倒をはかろうとしていると判断した政府首脳は，払下げ中止を決定するとともに，大隈を辞職させて事の収拾をはかったのである。

政党の成立

　国会期成同盟では，かねてから自由主義を標榜する政党の結成を進めていたが，国会開設の勅諭が出されたのを契機に，自由民権派の政党がつぎつぎに生まれた。まず1881（明治14）年10月，国会期成同盟を母体に，板垣退助を総理（党首）とする自由党が結成され，翌1882（明治15）年4月には，下野した大隈重信を党首として立憲改進党が成立した。これらに対抗して政府を支持する勢力も，同年，福地源一郎を党首とする立憲帝政党をつくった。また，地方にもそれぞれの系統を引く民権派などの政党がつぎつぎとつくられていった。

【3党の性格】　自由党は「自由ヲ拡充シ権利ヲ保全シ幸福ヲ増進シ社会ノ改良ヲ図ル」こと，「善良ナル立憲政体ヲ確立スル」ことなどを綱領とし，自由主義の立場に立って行動は比較的急進的であった。党員も悲憤慷慨の志士型が多く，代言人（弁護士）・新聞記者などの知識層（主に士族）や，豪農・地主・商工業者ら地方有力者層を地盤としていた。幹部には板垣以下，後藤象二郎・片岡健吉・河野広中・大井憲太郎・星亨・植木枝盛らがいた。

　立憲改進党は「王室ノ尊栄ヲ保チ，人民ノ幸福ヲ全フスル事」「内治ノ改良ヲ主トシ，国権ノ拡張ニ及ボス事」などを綱領とし，イギリス

私擬憲法

　国会開設運動の高まりとともに，1870年代末から80年代初めには，自由民権派をはじめ民間の人々が，政府の開明派官僚たちとも協力して，盛んに自分たちの理想とする憲法案を起草した。これが，私擬憲法である。現在，1879〜82（明治12〜15）年の4年間に起草されたものとして約50編が明らかにされている。これらはいずれも立憲君主制を定め，国民の権利と自由を認めているが，国会の選挙制度では制限選挙を採用している。福沢諭吉の門下生を中心とした交詢社「私擬憲法案」のように，イギリス流の二院制の議会による議会政治を取り入れ，君主は行政権を政府にゆだね，政府が議会の支持に基づいて政治を運営するという構想のものが主流であった。また，高知出身の民権家植木枝盛の「日本国国憲按」（「東洋大日本国国憲按」）や立志社の「日本憲法見込案」は，君主が行政権や統帥権を握るとともに，一院制の議会のもとで人民が立法権をもち，人民の自由と権利を大幅に認めている。さらに，君権主義の立場からの私擬憲法もあった。

流の立憲主義の立場に立って，行動も比較的穏健な漸進主義で，知的・合理的なインテリ的性格が強かった。自由党と同じく豪農・地主・商工業者ら地方有力者層が地盤であったが，党の指導者には都市の知識層が大きな比重を占め（いわゆる都市民権派），とくに大隈とともに下野した旧官吏や慶應義塾出身者が多く加わっていた。幹部には大隈以下，河野敏鎌・矢野文雄・沼間守一・小野梓・島田三郎・犬養毅・尾崎行雄らがいた。
　立憲帝政党は政府系の政党で，支持者は神官・僧侶・国学者・儒学者などの一部に限られ，その主張は天皇中心主義の保守的なものであり，政府の政党否認の方針によって翌年解散してしまったので，みるべき活動はなかった。

　こうして成立した民権派の政党や諸団体は，立憲君主制のもとにおいて政党政治（政党内閣）の実現をめざすという点ではおおむね一致した考え方をもち，憲法の私案である私擬憲法をつくったり，地方遊説によって党勢拡張につとめるなど，盛んに運動を進めたが，国会開設という統一的目標が政府側に先どりされたうえ，自由・立憲改進両党の対立の激化や，農村の不況による活動資金の調達難などのため，運動はしだいに停滞気味となった。

松方財政

　日本の資本主義は，政府の保護・育成のもとで明治初年以来しだいに成長し始めた。しかし，政府は近代化政策を進めるために，巨額の経費を必要としながら，十分な財源をもたなかったので，盛んに太政官札などの不換紙幣を発行した。とくに1877(明治10)年の西南戦争に際して，その戦費にあてるため多額の不換紙幣を増発し，民間の国立銀行も盛んに不換銀行券を発行したので，インフレーションがおこって物価が騰貴した。その結果，政府の歳入は実質的に低減し，財政は困難になり，また貿易面でも，明治初期以来，おおむね輸入超過が続いたため，正貨保有は大幅に減少してしまった。

　このような財政の混乱や経済の不安定化は，近代産業の健全な発展を阻害するものであった。そこで政府は，1881(明治14)年，参議兼大蔵卿(のち大蔵大臣)となった松方正義を中心に，インフレーション収拾と，安定した貨幣・金融制度の確立による財政の立て直しをめざして，紙幣整理に着手した。まず，緊縮財政を実行して歳出を切り詰めるとともに，増税などによって歳入の増加をはかり，歳入の余剰金で正貨の買入れと不換紙幣の消却を行った。これによってインフレーションは収拾され，物価は下落し，1882(明治15)年以降かえって不況が訪れた。

　さらに政府は，国家の金融政策を運営する中枢機関を樹立するため，1882(明治15)年，国家の中央銀行として日本銀行を設立した。そして，翌1883(明治16)年には国立銀行条例を改正して，これまでの国立銀行を徐々に普通銀行に転換させるとともに，紙幣発行権を日本銀行に集中し，1885(明治18)年から兌換券＊を発行させた。翌年から政府紙幣の銀兌換も始まり，ここに銀本位の貨幣制度が確立した。

　　＊兌換券とは，正貨(この当時は銀)と引き換えることを義務づけられている紙幣をいう。

　【日本銀行】　日本銀行は，日本銀行条例に基づいて設立された。形式的には民間の私法人であったが，資本金1000万円のうち半額は政府出資で，総裁が政府によって任命されたのをはじめ，政府の監督のもとにおかれた。業務は日本銀行券の発行，手形割引・買入れ・国庫金の

▲最初の日本銀行兌換銀券　日本銀行は兌換銀行券条例により，100円・10円・5円・1円の4種類の兌換銀行券を発行した。写真は最初の100円の兌換銀行券である（横20.2cm，日本銀行金融研究所貨幣博物館蔵）。

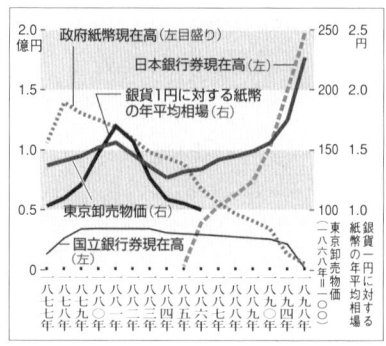

▲紙幣整理の動向（『近代日本経済史要覧』より）

取扱いなどで，設立の意図は金融の円滑化・金利低下による産業振興をはかるとともに兌換制度確立にあった。

一方，政府は財政整理と民間産業育成のため，1880（明治13）年，工場払下げ概則を制定し，軍事産業を除いた各種産業部門における官営事業の多くを民間に払い下げることにした。これは，1880年代後半から本格的に進められ，民間における近代産業の発展に大きな役割を果たした。

1870年代終わりから80年代初めには，インフレーションのなかで米価をはじめ農産物の価格がかなり上昇したのに，地価と地租率（2.5％）は固定されていたので，地租の負担は相対的に軽くなり，農民の生活は楽になったが，下級士族の困窮はいちだんと激しくなった。ところが，1882（明治15）年から本格的に進められた以上のような政府の緊縮財政は，農村に深刻な不況をもたらした。米をはじめ農産物価格の下落はいちじるしく，地租は相対的に重くなった。そのため一般の農民の間には，生活が苦しくなって土地を手放して没落し，貧農・小作人になったり，貧民として都会に流れ込む者もあらわれ，農民層の分解が進んだ。

【農民層の分解】　1883（明治16）年には全国の農地のうち小作地が35.5％だったのに，1892（明治25）年には40.1％に増えた。また，地租5〜10円を納める人の数を調べてみると，1881（明治14）年には93万人だったのが，1887（明治20）年には68万5000人と大きく減っている。地租10円以上を納める人の数も減っているから，とくに中農層が没落

したことがわかる。

このようにして，1880年代の深刻な不況を通じて資本の原始的蓄積(原蓄)が強力に進行し，少数の地主・富農・富商などの手に資金が集中するとともに，資本主義の発達のために不可欠な労働力が農村のなかに生み出される条件ができつつあったのである。

民権運動の激化

自由民権運動の展開に対して，政府は新聞紙条例・集会条例を改正するなど，さまざまな手段によってこれを取り締まるとともに，一方では，民権派のなかから，有能な人材を官吏に登用するなどの対応を進めたので，民権運動はしだいに分裂する方向に向かっていった。1882(明治15)年ころから政府の緊縮財政によって農村に深刻な不況が訪れ，運動資金源が枯渇したり農民層の分解が進んで，民権運動の支持階層の分裂を招いたことも運動退潮の一因と考えられる。

とくに自由党では1882(明治15)年4月，板垣退助が遊説中の岐阜で暴漢に傷つけられる事件がおこった。その後，政府の働きかけで，同年末から翌年にかけて，党の最高指導者である板垣退助と後藤象二郎がヨーロッパへ外遊の途に着くと，自由党は内紛を生じ，また自由党と立憲改進党との対立も激しくなった。指導者を失った

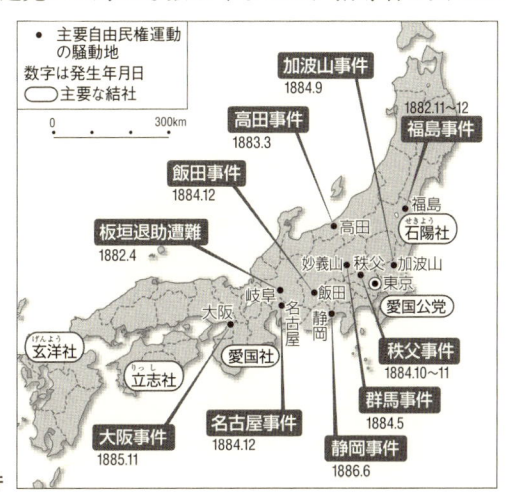

▶自由民権派の騒擾事件

主要自由民権運動の騒動地
数字は発生年月日
主要な結社

- 加波山事件 1884.9
- 福島事件 1882.11〜12
- 高田事件 1883.3
- 飯田事件 1884.12
- 板垣退助遭難 1882.4
- 石陽社
- 愛国公党
- 秩父事件 1884.10〜11
- 玄洋社
- 立志社
- 愛国社
- 群馬事件 1884.5
- 大阪事件 1885.11
- 名古屋事件 1884.12
- 静岡事件 1886.6

3 立憲国家の成立と日清戦争

「板垣死すとも自由は死せず」

1882(明治15)年4月6日,岐阜で遊説中の板垣は,白刃をきらめかした一人の男に襲われた。このとき,板垣が負傷にめげず刺客をにらみすえ,「板垣死すとも自由は死せず」と叫んだという話が全国に伝えられ,自由の神様とたたえられた。しかし,彼の回顧談によると「アッと思うばかりで声が出なかった」ということで,どうやらこの言葉は,病床の板垣が「自分は死んでも自由の精神は滅びないだろう」と語ったのを,側近の者が名文句にこしらえあげたものらしい。

自由党員のなかには,政府の取締りに対抗して,政府転覆や政府高官暗殺計画などの暴力的な直接行動に走る急進分子もあらわれてきた。

【板垣外遊問題】 板垣と後藤の外遊資金は,政府の井上馨らの斡旋により三井が提供した。政府首脳は自由党の最高指導者を外遊させることによって党の弱体化をねらうとともに,彼らにヨーロッパ諸国の社会や政治のあり方を実地に見学させて,自由党の政策がより現実的になることを期待した。事実,板垣は自由民権の母国と考えられていたフランスの対立の激しい政治社会の「遅れ」と不自由・不安定さに幻滅を感じたらしく,のちには,フランスよりイギリスに学ぶべきだとしきりに説くようになった。なお,板垣外遊に際して,資金の出所に疑念を抱いた自由党員の一部がこれに強く反対して脱党した。また,立憲改進党は自由党が政府に買収されたとして非難し,一方,自由党は大隈重信と三菱の密接な関係を激しく攻撃した。こうして,両党の対立は一種の泥仕合的様相を呈した。

こうしたなかで,1882(明治15)年の福島事件をはじめ,1883(明治16)年には高田事件,ついで1884(明治17)年には群馬事件・加波山事件など,東日本各地で騒擾事件がつぎつぎにおこった。そして同年10〜11月には埼玉県秩父地方で自由党急進派の影響のもとに,生活に困窮した農民たち(困民党・借金党)がいっせいに蜂起するという大規模な暴動事件がおこり,政府は軍隊を出動させて鎮圧にあたったほどであった(秩父事件)。このような混乱のなかで自由党は統制力を失い,正常な政党活動が困難になったため,1884(明

自由民権運動の性格

　自由民権運動は，立憲政治の実現を求めた全国的な政治運動であった。その性格については，かつてはこれを絶対主義的専制政府打倒をめざすブルジョア民主主義革命の運動であるとする考え方があり，第二次世界大戦前から戦後にかけて，マルクス主義の歴史研究者やその同調者の間に一時かなり流行した。それによれば，当初の士族民権から国会開設運動の高まった段階の豪農民権を経て，1884（明治17）年の諸暴動事件（激化事件）をピークとする農民民権へ発展したものとする。これに対し，運動内部にみられるさまざまな封建的要素を強調し，これを急速な近代化政策が村落共同体を破壊するのに抵抗した農本主義的運動とする説や，民権論と国権論が不可分に結びついているところから，これを国家の強大化と独立強化をめざす運動とみなす考えも行われた。しかし最近では，自由民権運動について，実証的で丹念な研究が進められるとともに，ブルジョア民主主義革命運動説はほとんど唱えられなくなった。そして，立憲政治の実現・議会制度の設立が，民権派よりむしろ政府側によって早くから意図されていたという歴史的事実を重視し，政府と民権派の抗争が立憲政治・議会制度の実現という共通の政治目的をめざしたもので，いわば近代国民国家の形成の過程におこった対立・競合であったとする見解が有力である。そこでは，自由民権運動を帝国議会開設以後の議会における政党活動の前史として再検討しようとする見方が強くなってきている。また，諸暴動事件，とりわけ秩父事件については，政治的要求をかかげた自由民権運動との結びつきは弱く，むしろ農民の負債の返済をめぐる騒動として，生活に根ざした明治維新以前の伝統的な農民一揆につながる事件であるという見方も広まっている。

治17)年10月，自由党は解党し，同年12月には，立憲改進党も大隈重信・河野敏鎌ら幹部が脱党して活動を停止し，ここに自由民権運動はいったん衰退したのである。
　自由民権運動はもともと，国家の独立と対外的な勢力拡張をめざす国権論の主張と深く結びついていたので，1884（明治17）年ころから日本と朝鮮や清国との関係が緊迫するにつれて，その傾向はより深まった。同年12月，朝鮮で甲申事変がおこると，民権派はいっせいに朝鮮・清国に対する強硬な武力行使を主張した。しかし政府が翌年，清国との武力衝突を避けるため，天津条約を結んで解決を

はかったことから，大井憲太郎ら自由党系の急進的な民権活動家のなかには，政府の「弱腰」を激しく非難し，自ら武器をたずさえ朝鮮に渡って朝鮮の内政改革にあたろうとする者もあらわれた。そして，彼ら一派が渡航の直前に大阪で検挙される事件がおこった（大阪事件）＊。

> ＊この事件に連座した景山(福田)英子は，岸田(中島)俊子とともに数少ない女性民権家で，のち『世界婦人』を発刊して女性の啓蒙につとめた。

ついで1886(明治19)年末ころから，民権派は後藤象二郎・星亨らが中心となり，国会開設に備えて藩閥政府と対抗するため，在野の反政府勢力を結集して衆議院の過半数を制する政党(のちのいわゆる民党)を結成しようと大同団結運動を進めた。翌1887(明治20)年，井上外相の条約改正案が屈辱的内容を含むものであるとして，民権派の政府攻撃が盛んとなり，外交失策の挽回・地租軽減・言論集会の自由をスローガンにかかげた三大事件建白運動がおこり，大同団結運動と結びついて反政府的気運が高まった。

これに驚いた政府(第1次伊藤内閣)は，同年12月25日，突如として保安条例を発し，450余名にのぼる反政府派の人々を東京外に追放して，運動をおさえようとした。

【保安条例】　保安条例は全7条からなり，(1)いっさいの秘密結社及び集会の禁止，(2)許可された屋外集会でも必要に応じて警察官による禁止，(3)「内乱ヲ陰謀シ，又ハ教唆シ又ハ治安ヲ妨害スル」恐れがあると認められた人物の皇居から3里以遠への追放と3年間以内の立入禁止，などを定めた。これによって，中江兆民・尾崎行雄・星亨・片岡健吉らが追放された。しかし，悪法であるとして政府反対派から強い非難をあび，1898(明治31)年，第3次伊藤内閣のときに廃止された。

国家体制の整備

政府は急進的な自由民権運動を取り締まるとともに，自らの主導権で立憲政治の実現をはかった。1882～83(明治15～16)年，ヨーロッパに渡った伊藤博文らは，ドイツのグナイスト・モッセやオーストリアのシュタイン，イギリスのスペンサーら一流の公法学者・

政治学者・社会学者たちから，君権主義の原則に立つプロイセン（プロシア）憲法やドイツ諸邦の憲法をはじめ，オーストリア・イギリス・ベルギーなどヨーロッパの立憲国家における政治・法律諸制度とその運営の実際を学んだ。そして帰国するや，宮中に制度取調局（のち内閣法制局）をおき，伊藤自身は参議のまま局長となり，宮内卿（のち宮内大臣）を兼任して立憲政治の前提となる政治改革に着手した。

[華族制度の整備]　1884（明治17）年，華族令が公布され，華族は公・侯・伯・子・男の5爵にわけられ，これまでの旧大名・公家らに加えて，明治維新以後，国家に功労のあった人々を新しく華族に列した。これにより，政府の首脳はほとんど爵位を授けられた。さらに1887（明治20）年には，民権派の指導者や旧幕臣の有力者にも爵位が授与された。これは，国会が開かれた場合の上院（貴族院）の選出母体とするためのものであり，そこには立憲政治の実現に向けての国内の対立をやわらげようとする政府の意図がうかがえる。また，伊藤はこれと並行して，天皇をこれまでの芸術や学問などにかかわる「文化的君主」から西洋流の「政治的君主」に育てるため宮中改革を進め，日本の伝統的な宮廷の制度や慣行を西洋式に改め，ヨーロッパ風の立憲君主制の導入に備えた。

[内閣制度の確立]　1885（明治18）年12月，政府機構の改革が行われ，太政官制が廃止となり，それにかわって近代的な内閣制度が創設された。すなわち，これまで皇族及び公家・大名出身者をもってあてていた太政大臣・左大臣・右大臣や，「藩閥」政治家の有力者が就任していた参議の職を廃し，各省の行政長官を国務大臣として，新しく内閣総理大臣をおき，その統轄のもとに各国務大臣をもって内閣を構成し，政治運営の中心とした。

これは国会開設に備えて行政府の強化・能率化・簡素化をはかるとともに，責任体制を確立するのが目的で，これによって，主に薩長出身の藩閥政治家たちが名実ともに実力者として，政治の中枢部を占めることになった。

また内閣制度の制定に伴い，天皇の側近にあって相談相手（常侍

官職	氏名	出身	年齢	爵位	官職	氏名	出身	年齢	爵位
総理	伊藤博文	長州	45	伯	海軍	西郷従道	薩摩	43	伯
外務	井上馨	〃	51	伯	司法	山田顕義	長州	42	伯
内務	山県有朋	〃	48	伯	文部	森有礼	薩摩	39	
大蔵	松方正義	薩摩	51	伯	農商務	谷干城	土佐	49	子
陸軍	大山巌	〃	44	伯	逓信	榎本武揚	幕臣	50	

▲第1次伊藤内閣の閣僚(1885〈明治18〉年12月22日成立)　閣僚の平均年齢46.5歳(数え年)という若い実行力に富んだ実力派内閣であった。総理の45歳は，今日まで史上最年少である。

輔弼)の任にあたる内大臣(初代三条実美)をおいて，御璽・国璽の保管など宮中の所務を管轄させ，また宮内省を内閣の外においた。こうして，府中と宮中の別を明らかにし，宮中を政治から切り離すようにした。

　なお，内閣制度の制定とともに，伊藤博文が初代の内閣総理大臣に就任して，内閣を組織した。上の表のごとく，その10名の閣僚中4名が旧薩摩藩，4名が旧長州藩出身者で，閣僚の平均年齢は46歳余り(数え年)と壮年の実力派内閣であったが，反対派からは旧薩長出身者中心の藩閥内閣であるとして攻撃された。閣僚に占める旧薩長出身者の比率は，その後しだいに減少したが，大正の半ば(1910年代半ば)まで，公家出身の西園寺公望，旧肥前藩出身の大隈重信を除けば，総理大臣はいずれも旧薩長出身者で占められた。

　[皇室財産の設定]　政府は皇室が議会の制約を受けないようにするため，1885(明治18)年から1890(明治23)年までに，約365万haに及ぶ山林・原野やばく大な有価証券を皇室財産とした。

　[地方自治制度]　地方制度の面においても，大きな改正が加えられた。政府は議会開設に先立ち，内務大臣山県有朋を中心に，ドイツ人顧問モッセの助言を受けてドイツに範をとる地方自治制を取り入れ，地方自治の確立につとめ，1888(明治21)年に市制・町村制を公布し，翌年施行した。ついで1890(明治23)年，府県制・郡制を公布した。地方三新法にかわるこれら一連の新法令の公布によって，強い官僚統制のもとに地方有力者を組み込むかたちをとって，官治主義的な地方自治制度が確立された*。

　*府県知事や郡長は，これまで通り政府によって任命された。

市制・町村制 1888(明治21)年

- 内務大臣 ← 選任 → 市長(任期6年有給)
- 市長候補者3名推薦 ← 市会(市会議員) ← 議長は互選
- 市参事会
- 市会 ← 選挙 ← 公民(25歳以上の男性、直接国税2円以上納入)
- 町村長・助役(ともに名誉職、任期4年無給) ← 議長は町村長 ← 町村会(町村会議員)
- 町村会 ← 選挙 ← 公民(25歳以上の男性、直接国税2円以上納入)
- 郡長・府県知事・内務大臣が監督

府県制・郡制 1890(明治23)年

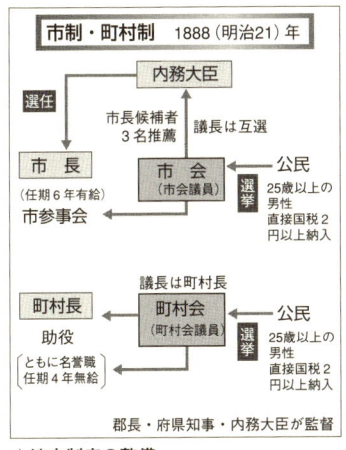

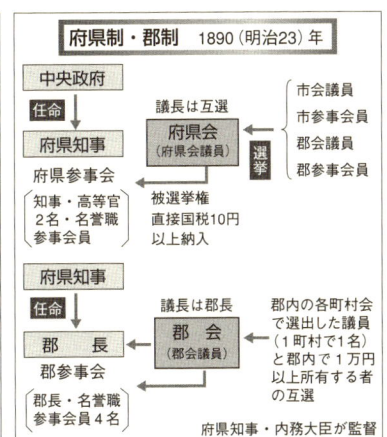

- 中央政府 ← 任命 → 府県知事
- 府県会(府県会議員) ← 議長は互選 → 市会議員・市参事会員・郡会議員・郡参事会員 → 選挙
- 府県参事会(知事・高等官2名・名誉職参事会員)
- 被選挙権：直接国税10円以上納入
- 府県知事 ← 任命 → 郡長
- 郡会(郡会議員) ← 議長は郡長 ← 郡内の各町村会で選出した議員(1町村で1名)と郡内で1万円以上所有する者の互選
- 郡参事会(郡長・名誉職参事会員4名)
- 府県知事・内務大臣が監督

▲地方制度の整備

　地方自治制を帝国議会開設に先立って定めたねらいの一つは，議会開設後，当然予想される政府と政党との衝突や政争の激化を地方政局へ及ぼさないためのものであった。そのため，県会議員の選挙ではこれまでの住民による直接選挙の方式を改めて，郡会・市会などからの間接選挙によることとし，郡会議員の選挙では一部に大地主の互選の制度を定め，また市会議員・町村会議員の選挙は，直接国税2円以上を納める有権者の直接選挙で選ばれた。その選挙では，有産者に有利な等級選挙法を採用するなどの配慮をし，"財産と教育ある名望家"が議員に選ばれるような制度をつくって，地方自治の基礎としたのである。なお，郡制・郡会や市町村会議員の等級選挙制度は，その後批判が高まり，1920年代に廃止された。

　[諸法典の編纂]　近代的諸法典の編纂は，条約改正のための必要もあって，明治初期から着手された。フランスから招いた法学者ボアソナードらの助言のもとに，ヨーロッパ流の法体系を取り入れ，まず1880(明治13)年，これまでの新律綱領・改定律例にかわって，刑法・治罪法を制定・公布した(1882年より施行)*。ついで，1890(明治23)年には民法の一部が公布され，1893(明治26)年から実施することになった。

　しかし，その内容がフランス風で自由主義的であったため，日本古来の伝統たる家族制度を破壊するものとして，法曹界・政界の保

守的な人々の間から強い反対がおこり,「民法出デヽ,忠孝亡ブ」と極言する者まであらわれ,いわゆる民法典論争が白熱化した。このために民法実施は延期され,改めて断行派の梅謙次郎や反対派の穂積陳重らが協力して原案を修正し,新たに民法起草にとりかかり,1896〜98(明治29〜31)年に修正民法(明治民法)が公布された**。これにより西洋流の一夫一婦制度が確立され,妻の地位は安定したものになった。しかし,一方では伝統的な家の制度を存続させ,戸主と長男の権限が大きく,夫権・親権の強い儒教的道徳観を反映した内容が盛り込まれ,男性に比べて女性の地位は低かった。商法も1890(明治23)年に公布されたが,民法典論争の余波を受けて実施延期となり,1899(明治32)年になって修正のうえ公布された。そのほか,民事訴訟法・刑事訴訟法もつくられ,憲法と合わせて六法が整備されることになったのである。

　　＊新律綱領は1870(明治3)年,明・清律を参考にして暴力刑を廃した刑法で,改定律例は1873(明治6)年にナポレオン法典を参考にして残虐刑をゆるめたものであるが,江戸時代以来の法体系の性格を強く残していた。治罪法は,刑事訴訟法にあたるものである。また,刑法はのちにドイツ流の要素をも取り入れた新刑法に改正された。
　　＊＊修正民法を明治民法というが,満30歳以下の男性,満25歳以下の女性は父母の同意なしには結婚できないとか,妻の法的無能力規定などの条項があった。しかし,一方で女性の戸主も認められた。

憲法の制定

　近代的国家体制確立の根幹をなすものは,いうまでもなく憲法の制定であった。ヨーロッパでの立憲政治の調査を終えて1883(明治16)年に帰国した伊藤博文は,1886(明治19)年から井上毅・伊東巳代治・金子堅太郎らとともに,ドイツ人の法律顧問ロエスレル・モッセらの助言を得て,憲法及び付属諸法令の起草にとりかかった。完成した憲法草案は,1888(明治21)年4月に新設された枢密院*において,明治天皇の親臨のもとに非公開で審議された**。伊藤は首相を辞して枢密院議長となり,憲法草案の審議を主宰した。ここで多少の修正を経たのち,1889(明治22)年2月11日,大日本帝国憲

法(いわゆる明治憲法)が発布された。

＊天皇の諮問機関で，国家に功労のあった長老級の政治家を集めて枢密顧問官とした。憲法上の疑義，憲法付属法令，条約の締結，緊急勅令などについて審議する広範な権限をもっていたが，のちには，政府と衝突して内閣を総辞職させたこともあった。

＊＊非公開の審議は，18世紀末のアメリカ合衆国憲法制定の審議の方法を模倣したものだったという。

　この憲法は制定・発布の形式において，主権者たる天皇が定めて，これを国民に下し与えるといういわゆる欽定憲法であり，7章76条からなっていた。君権主義と立憲主義の理念を融合させたもので，その内容は，1850年のプロイセン憲法(1848年の憲法を改正したもの)をはじめ，ドイツ諸邦・オーストリア・ベルギー・イギリスなどヨーロッパ諸国に多く学んでいた。

　天皇は神聖不可侵とされ＊，国の元首として統治権を総攬するものと定められ，陸海軍の統帥＊＊，編制・常備兵額の決定，行政各部の官制の制定・官吏の任免，法律の裁可・公布・施行，帝国議会の召集・衆議院の解散，宣戦布告・講和・条約締結などの権限を有し，また緊急の必要により議会閉会の場合は法律にかわる勅令を発することができる(緊急勅令発布権，ただし次期の議会で同意が得られなければ，その時点以後勅令は失効となる)など，広範な大権を保持していた。しかし，同時にこれら天皇の統治権は無制限ではなく，あくまで憲法の条文にしたがって行使されなければならないという立憲主義の原理も明記された(第4条)＊＊＊。

＊君主を神聖不可侵とする考え方は，いわゆる君主無答責の理念に基づくもので，当時，ヨーロッパの立憲君主国の多くが憲法上に明文化していたので，日本もこれに倣ったものである。

＊＊統帥権とは軍隊の作戦用兵の権限を指し，これは天皇の大権として，陸海軍の統帥部(陸軍は参謀本部，海軍は軍令部)の補佐によって発動され，政府や議会が統帥権に介入することは認められない慣行であった。これがいわゆる統帥権の独立で，すでに1878(明治11)年の参謀本部の設立や，1882(明治15)年の軍人勅諭で天皇の軍隊という性格を強調したことに，その考え方はあらわれていた。

＊＊＊伊藤博文は，憲法草案審議にあたって，「第4条　天皇ハ国ノ元首ニシテ統治権ヲ総攬シ此ノ憲法ノ条規ニ依リ之ヲ行フ」を憲法の

伊藤博文の立憲政治調査と議会の予算審議権

　伊藤博文らは1882〜83(明治15〜16)年, ヨーロッパで憲法やその運用の調査にあたったが, 大半をドイツ(プロイセン)のベルリンとオーストリアのウィーンですごし, ベルリンではグナイスト・モッセ, ウィーンではシュタインらの講義を聴いた。また, のちにベルギー・イギリスなどに渡り, ロンドンではスペンサーらから助言を受けた。

　立憲政治の実現に意気込んでいた伊藤らを困惑させたのは, ヨーロッパ諸国の政治家や学者たちの多くが, 明治維新以来の日本政府の改革が急進的すぎることを懸念して, 封建制度を廃止したばかりの日本にとって, 立憲制採用はまだ早すぎるという否定的な見解を示したことである。そして彼らは伊藤たちに, たとえやむなく議会を開いても, 軍事権や財政権(予算議定権)に議会の介入を認めてはならないとする予想以上に保守的・専制的な考えを助言した。

　伊藤らがそこに, 有色人種には真の立憲政治を行えないとする白人の有色人種に対する蔑視を感じたことは否定できない。しかし, ヨーロッパでもイギリス以外では立憲政治が必ずしも安定的に実施されてはいないという現実に直面した伊藤らにとって, こうした助言は立憲政治の運営が必ずしも簡単ではないことを理解するうえでは役立ったであろう。

　なお, そのころドイツではビスマルクが政府の実力者として政権を担当していたが, 伊藤は, 議会の反対を無視するようなビスマルクの政治運営のあり方を厳しく批判している。

　そしてまた, 日本側は, ヨーロッパ側の助言・忠告を鵜呑みにしたわけではなかった。例えば, 憲法起草に際してドイツ人顧問ロエスレルは, 政府提出の予算案が議会で否決された場合でも, 天皇の裁断で政府がその予算を施行できるように憲法で定めておくことを主張した。またモッセは, 議会に予算議定権を与えてはならないと強調した。もしこれらの意見が取り入れられていたならば, 議会の予算審議の権限は有名無実になり, 議会や政党の力もずっと弱くなっていたであろう。

　しかし, 起草者の一人井上毅は, そのような立憲主義に反する条項を日本の憲法に取り入れるわけにはいかないと強く反対し, 結局, 日本側はロエスレルやモッセの意見を受け入れず, 議会の予算議定権を認めるとともに, 予算案不成立の場合は前年度の予算を施行することと定めた。その結果, 政府は議会に反対されれば, 軍事費の増額や新しい事業の実施, 増税などができないことになったのである。

なかの最重要の条文であると強調した。
　憲法と同時に制定された皇室典範により, 皇統の男系の男子(長

子)が皇位を継ぐことが定められ，これまでのように女性が天皇となることは認められなくなった。

　天皇を補佐する国務大臣の天皇に対する責任は明文化されていたが，議院内閣制は採用されず，議会・国民に対する国務大臣の責任は憲法上には明らかにされず，判然としていない。

　帝国議会は貴族院・衆議院の両院からなり，天皇に協賛して立法権を行使し，また政府提出の予算案の審議・議決にあたることとされたが，現在の日本国憲法のもとでの国会に比較すれば，その権限はいろいろと制約されていた。

　例えば，宣戦・講和・条約締結・軍隊の統帥・首相の任命などについては，議会の権限外であった。また，その予算審議権についても，「憲法上ノ大権ニ基ツケル既定ノ歳出」などは政府の同意なしには削減できないという制限があり(第67条)，予算不成立の場合は，政府は前年度の予算を施行することができた(71条)。皇族・華族・勅任議員(国家功労者・学士院会員・多額納税者)からなる貴族院が，国民の代表機関たる衆議院とほぼ同等の権限をもっていた。

　憲法と同時に公布された衆議院議員選挙法では，衆議院議員の選挙権者は直接国税(地租・所得税など)15円以上を納める満25歳以上の男性(被選挙権者は30歳)に限るという，かなり高度な納税額による制限選挙が採用され，1890(明治23)年の第1回の総選挙のときの有権者はわずか45万人余りで，全人口4000万人の1.1％強にすぎなかった*。その当時の有権者は，おおむね2〜3ha以上の田畑を所有する中程度以上の地主・豪農であった。

　　　*立憲政治を実現した初期には，欧米先進諸国でも高度な制限選挙が
　　　　一般的であった。例えば，フランスでは大革命で立憲政治を実現し
　　　　て半世紀以上を経た1840年代半ばころでも，人口に対する有権者の
　　　　比率は0.6％弱にすぎなかった。したがって，日本だけがとくに厳
　　　　しい制限選挙だったわけではない。

　国民は臣民と呼ばれ，兵役・納税の義務を負うとともに，言論・集会・結社・信教・居住・移転などの自由，公務についたり，請願をしたりする権利，所有権や信書の秘密の不可侵，法律によらない逮捕・監禁の禁止などが認められた。ただし，これらの自由・権利

には，いずれも「法律ノ範囲内ニ於テ」とか「臣民タルノ義務ニ背カサル限ニ於テ」とかいうような条件がつけられており，今日からみれば国民の基本的人権の尊重という観念はいまだ十分なものとはいえなかった。

とはいえ，この憲法の発布と帝国議会開設（1890〈明治23〉年11月）によって，国民の国政への参加の道が開かれることとなり，19世紀末において日本はほかのアジア諸国に先駆けて，近代的な立憲国家としての第一歩を踏み出したのである＊。

> ＊アジアの国としては，1876年にオスマン帝国（トルコ）が初めて立憲政治を実現したが，1年余りで憲法は停止され，議会は閉鎖させられてしまった。明治憲法発布当時は，アジアには立憲国家は一国もなかった。なお，ヨーロッパ諸国では多くの国で立憲政治が実現していたが，ロシアなどまだそれを取り入れていない国もあった。

明治憲法体制の特色

大日本帝国憲法を中心とする国家体制は，明治憲法体制，あるいは明治立憲制と呼ばれている。それは前述のように，天皇の大権を機軸として成立した。しかし，制度上，天皇が統治権の総攬者としてもろもろの大権を保持していたからといって，明治憲法体制を第二次世界大戦後の日本のマルクス主義歴史学者などが主張したように「絶対主義的本質をもつ外見的立憲制にすぎない」とみなすのは適切ではない。

確かに日本を含む今日の民主主義諸国に比べれば，国民の基本的人権の尊重は十分とはいえず，議会の権限も大きいとはいえなかっ

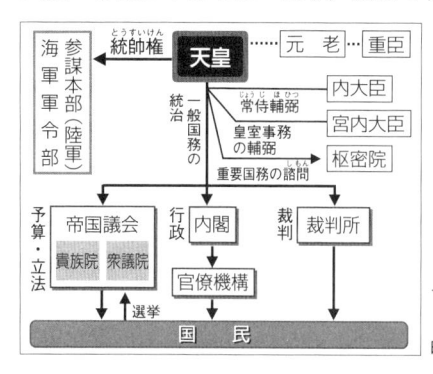

◀大日本帝国憲法下の国家機構　大日本帝国憲法下に中央集権的な近代的国家機構がつくりあげられた。

憲法発布と国民の態度

憲法発布を前にして，国民はその内容も知らないままに沸き返っていた。かねてから，日本国民はまだ立憲政治を運営できる水準に達しておらず，日本政府による憲法制定と国会開設はまだ早すぎると批判していたドイツ人の医学者ベルツは，皮肉を込めて日記のなかにこう書いている。「二月九日（東京），東京全市は十一日の憲法発布をひかえてその準備のため，言語に絶した騒ぎを演じている。到るところ奉祝門，照明，行列の計画。だが滑稽(こっけい)なことには，誰も憲法の内容をご存じないのだ」。

その当時，多くの外国人は日本政府の改革があまりに急進的すぎると考えた。ベルツは「日記」のなかで，日本が立憲政治を実施するのは，20年は早すぎると書いている。しかしすみやかに欧米列強諸国に追いつくために，政府は立憲政治実現を急ぎ，日本国民は歓呼して憲法発布を迎えた。自由民権派もおおむねこの憲法に満足の意を示し，予想以上に良い憲法だと歓迎する声が高かった。当時，アジアで立憲政治を実施している国がなかったなかで，日本が立憲国家となり，欧米諸国に仲間入りできる政治的条件を整えたこと，憲法が明文(めいぶん)をもって議院内閣制を否認しておらず，憲法の運用しだいで政党内閣の実現が可能であること，などを民権派は積極的に評価したのであろう。むろん，なかには中江兆民のように憲法に批判的で，これを議会で「点閲(てんえつ)」することを主張した者もあった。しかし，彼の考え方はほとんど受け入れられず，兆民は孤立してしまった。

た。とはいえ，国民のなかから公選をもって選ばれた議員からなる一院を含む帝国議会が少なくとも毎年1回は開かれ，その議決なしには政府は新しい予算案を確定したり，法律を制定・改廃したり，増税を実施したりすることはできなくなったのである。その点で公選の議会が存在しないか，存在しても実際にはほとんど開かれなかったヨーロッパ流の絶対主義国家とは明らかに大きく異なっていた。天皇の統治権があくまで憲法の条文に基づいて行使されなければならない点を強調した伊藤博文ら政府の指導者たちの多くが，憲法の実際の運用において君主権の制限と民権の保護という立憲政治の意義を重視し，統治権の濫用を戒(いまし)めた点は注目に値しよう。そして，枢密院の憲法草案審議に際して，伊藤議長は，国務大臣は天皇に対してばかりではなく，議会に対しても責任を負わなければなら

ないことを明言している。

　憲法発布当時，日本政府は憲法のなかで国民に大きな自由と権利を与えすぎているという外国人学者の批判(例えば英の社会学者スペンサーの見解)も多かったくらいである。要するに明治憲法には君権主義の原理と立憲主義の原理とが混在していたのであり，実際にどちらの原理が優位に立ったか，その後の時代状況と運用のあり方にゆだねられていたといえよう。

　明治憲法体制のもとでは，諸国家機関は相互の横のつながりをあまりもたないままに独立して存在し，統治権の総攬者たる天皇のもとでのみ統合される仕組みになっていた。しかし現実には，天皇が国家統治の大権を自らの積極的意志によって発動し，統合機能を発揮することはほとんどなく，もっぱら国務大臣や帝国議会の輔弼(ほひつ)と協賛(助言と同意)によって，それを行使する慣行であった。そして明治時代には，天皇の最高の相談相手として，有力な長老政治家たち(元老(げんろう))が実質的に集団で天皇の代行的役割を果たしていたといえよう。それゆえ，大正期以後，元老の勢力が後退するようになると，実際の政治運営においては内閣・議会・軍部などの諸勢力による権力の割拠性(かっきょせい)の弊害が進み，やがて1930年代には，天皇の名のもとに軍部などの発言力が増大し，いわゆる「天皇制の無責任の体系」が表面化することになるのである。

初期議会

　帝国議会の開設は，「藩閥」政府と政党にとって新しい共通の政治的舞台の幕あけであった。議会の力は十分なものとはいえなかったが，政党勢力はともかくも新しい政治的活動の場をもつことになったのである。

　政府は憲法発布に際していわゆる超然(ちょうぜん)主義*を標榜(ひょうぼう)し，政党の意向に左右されることなく，不偏不党(ふへんふとう)の立場から国家本位の政策を遂行することを宣言した。

　　*大日本帝国憲法発布の翌日，黒田清隆首相が「政府は……超然として政党の外に立ち」と演説したことからこの名称がある。

▶「帝国国会議事堂之図　貴族院議場」(歌川国利筆)　第一議会の開院式は，1890(明治23)年11月29日に玉座のある貴族院で行われた。現在の国会開会式が参議院で行われるのは，その名残りである。(衆議院憲政記念館蔵)

しかし，1888～89(明治21～22)年には，後藤象二郎を中心として民権派の流れをくむ諸勢力を結集した大同団結運動が全国的に広まり，地方には議会開設に備えて政社が続々と結成された。その後，運動は，後藤が1889(明治22)年に政府の呼びかけで入閣したことなどから一時混乱したが，1890(明治23)年7月の第1回衆議院議員総選挙では，民党(民権派の流れをくむ野党勢力)各派は吏党(政府系の党派)をしのいで過半数の議席を占めた。そのうちの主だった党派は，同年9月立憲自由党を結成し(1891年3月自由党と改称)，立憲改進党とともに民党の中心となった*。

*第一議会では衆議院議員定員300名中，民党は立憲自由党130名，立憲改進党41名の計171名，吏党は大成会79名，国民自由党5名のほか，無所属45名の大部分は吏党系で計129名であった。

第一議会(1890～91年)から第六議会(1894年)までのいわゆる初期議会においては，民党は衆議院の予算審議権・議定権などを武器として，しばしば政府と激しく対立した。第一議会では民党は「民力休養・政費節減」をスローガンに政府に行政整理を迫り，政府提出の予算案を大幅に削減しようとして，政府(第1次山県内閣)と対立した。政府は民党の要求を一部認めることにより妥協をはかり，立憲自由党の土佐派(竹内綱・林有造・植木枝盛ら)の協力を得て予算案を成立させ，かろうじてこの難局を切り抜けることができた。第一議会で政府側と民党側が，相互に譲歩して妥協的態度をとったのは，最初の議会から双方が正面衝突して衆議院が解散され，予算案が不成立に終わるようでは，欧米の先進国から日本人の立憲政治

3　立憲国家の成立と日清戦争

運営能力に疑問をもたれることになるので,双方ともにそうした事態を避けようという自制心をいだいていたことが大きな理由であろう。

　しかし第二議会(1891年)では,海軍拡張をはじめ政府(第1次松方内閣)の新規事業計画の多くが否決され,予算案を大削減されたことから,最初の衆議院解散が行われた*。

> *海軍拡張予算案審議に際して,海相樺山資紀が,「日本の今日あるは薩長政府のおかげではないか」という趣旨のいわゆる蛮勇演説を行って民党の非難をあびたのも第二議会のときである。

　内相品川弥二郎は第2回総選挙のときに激しい選挙干渉を行って民党候補者の選挙活動を妨害したが*,結果は依然として,吏党が過半数の議席を占めることはできなかった。それにより,政府が民党勢力を無視して超然主義に基づく強引な政治運営を進めることは,しだいに困難となった。

> *この選挙干渉で全国各地において吏党候補と民党候補が衝突し,死者は25名,負傷者は388名にのぼり,民党の有力候補者もかなり落選した。なお,伊藤はこの選挙干渉に反対して枢密院議長を辞任し,自ら政党をつくろうとしたが,政府首脳・元老たちの反対で実現しなかった。

　第三議会(1892年)では松方内閣は選挙干渉の責任を追及され,閉会後は閣内の対立から総辞職し,第2次伊藤内閣が成立した。続く第四議会(1892～93年)でも第2次伊藤内閣は軍艦の建造などの軍事予算削減を迫られたが,天皇の詔勅(和衷協同の詔)によって自由党と妥協してこれを乗り切った*。第五議会(1893年),第六議会(1894年)は立憲改進党などの対外硬派が条約改正問題で伊藤内閣を弾劾し,ついに2度とも衆議院解散が行われた。

> *このとき宮中では皇室費の一部の30万円を6年にわたって支出して軍艦建造費の財源とすることとし,政府は高級官吏の俸給の10%を削減するなど民党の要求する行政費の減額に応じ,衆議院の第一党自由党も予算案に賛成した。いわゆる「三方一両損」的譲歩により,予算紛争を解決したのである。

　この間に,政府部内では伊藤博文や陸奥宗光らが民党と妥協し,積極的にこれと手を握って政治を運営していくことを主張するよう

になった。一方，政府に反対するだけでは「民力休養」の実があがらないことを悟った民党側のなかにも，政党を政策能力を身につけた現実主義的なものに改革し，政府と協力して政治の責任を分担していこうとする空気が生まれてきた。こうして1892(明治25)年の第2次伊藤内閣成立のころから，衆議院の第一党である自由党はしだいに伊藤内閣に接近するようになり，これに反対する立憲改進党は自由党と対立して，政党相互の対立が目立つようになってきた。

条約改正
　幕末に幕府が欧米諸国と結んだ不平等条約を平等な条約に改めようとする条約改正問題は，明治維新以来，常に欧米列強と国際社会で肩を並べることを目標に近代化につとめてきた日本にとって，非常に重要な課題であった。その中心問題は関税自主権の獲得(税権回復)と領事裁判制度の撤廃(法権回復)にあった。これは政府ばかりか，政府反対派によっても取りあげられ，しばしば政争の焦点にさえなった。
　明治初期に岩倉具視特命全権大使がアメリカとの条約改正交渉に失敗したのち，政府は外務卿寺島宗則に交渉させ，1878(明治11)年税権回復につきアメリカの同意を得て，新しい条約に調印(翌年批准(ひじゅん))した。しかし，当時の日本にとって最大の輸入相手国だったイギリスなどの反対により，新条約は実施されるにはいたらなかった。そのころの日本は，まだ国会や憲法をもたず，国内の諸制度・諸法律なども整っていなかったうえ，国際的地位も低かったので，欧米諸国はなかなか条約改正を認めようとはしなかったのである。
　井上馨外務卿(のち外務大臣)は，1879(明治12)年から1887(明治20)年までその職にあり，条約改正の任にあたった。彼は法・税権の一部回復をめざして，まず1882(明治15)年に東京で列国共同の条約改正予備会議を開き，その結果に基づいて1886(明治19)年から翌年にかけて正式交渉を開始した。その案の要点は，2年以内に外国人に内地を開放し，営業活動や旅行・居住の自由を認めること(いわゆる内地雑居(ないちざっきょ))，外国人判事を任用すること，西洋風の近代的

◀鹿鳴館の舞踏会（錦絵）　1883（明治16）年，東京日比谷に建てられた鹿鳴館では，政府高官や外国の外交官などによる西洋風の舞踏会がしきりにひらかれ，政府の欧化政策の象徴となった。(神戸市立博物館蔵)

諸法律を2年以内に制定することなどを条件に，領事裁判制度を廃止し，輸入税率を引き上げるというものであった。井上はこの交渉を成功させるためもあって，いわゆる欧化政策をとり，盛んに欧米の制度や風俗・習慣・生活様式などを取り入れて，欧米諸国の関心をひこうとした。鹿鳴館では，連日のように政府の高官が内外の紳士・淑女を招待して西洋式の大舞踏会をひらいたり，バザーを行ったりした。

【鹿鳴館】　イギリス人コンドルの設計によるもので，1883（明治16）年，東京日比谷内幸町に落成した。総工費は当時の金で18万円，建坪約1350㎡，煉瓦造2階建で，政府高官・内外貴顕の社交場として，また，政治的な会合の会場として用いられた。しかし，民間からは「鹿鳴館夜会の燭光は天に冲するも重税の為めに餓鬼道に陥りたる蒼生（庶民のこと）を照す能はず」と厳しい非難の声が向けられた。

しかし，このような内地雑居や外国人判事任用を認めた条約改正案に対して，政府部内から激しい反対の声がおこった。国権論者の農商務大臣谷干城は井上の改正案に反対して辞任し，フランス人法律顧問ボアソナードも改正案が日本にとって不利であることを説いた。井上はついに1887（明治20）年7月，交渉の無期延期を通告してまもなく辞職したが，民間では，民権派や国権派が中心となって反政府気運が高まり，同年，外交失策の挽回・地租軽減・言論集会の自由を要求する三大事件建白運動がおこるにいたった。

ついで外相となった大隈重信は，列国間の対立を利用して国別に交渉を進める方式を取り，税率に関しては井上案同様，法権に関し

ノルマントン号事件

　1886(明治19)年10月24日夜，暴風雨のなかを横浜から神戸に向かっていたイギリス汽船ノルマントン号(240トン)が，紀伊半島沖合で沈没した。30人の乗組員中，イギリス人船長以下ヨーロッパ人26人は救命ボートで脱出して救助されたが，インド人火夫や25人の日本人乗客は全員死亡した。日本国内では，激しくこれを非難する声があがった。領事裁判制度のため，神戸のイギリス領事による海事審判が行われた。船長らは，人命救助に努力したが日本人乗客は英語がわからずボートに乗り移ろうとしなかったと陳述し，過失責任なしと判定された。国論は沸騰して日本政府が船長らを告発し，裁判はイギリスの横浜領事裁判所に移され，同年12月8日，職責怠慢で船長に禁固3カ月の判決が下った。この事件は不平等条約のもとでの領事裁判の不当性を明白にし，法権回復を求める世論を高めるきっかけとなった。

ては外国人判事任用を大審院に限ることとして，まず1888(明治21)年にはメキシコとの間の条約締結に成功した。ところが翌年，改正案の内容がロンドンのザ＝タイムス紙上に明らかにされると，日本国内には外国人判事任用は憲法違反だと攻撃する声が高まり，民権派と国権派は共同して反対運動を展開した。そして1889(明治22)年10月，大隈は九州の国権主義の結社である玄洋社の活動家に爆弾を投じられて重傷を負い，ときの黒田内閣は総辞職して条約改正交渉は失敗に終わった。
　あとを受けた外相青木周蔵は，関税協定制・法権回復の案をもってイギリスと交渉にあたった。多少の難色を示しながらイギリスが同意に傾いていったとき，突然大津事件がおこり，青木は引責辞職して交渉はまたもや中断された。
　【大津事件】　ウラジヴォストークにおけるシベリア鉄道起工式に出席する途中，日本に立ち寄ったロシア皇太子ニコライ＝アレクサンドロヴィッチ＝ロマノフ(のちのニコライ2世)が，1891(明治24)年5月，滋賀県大津で警固の巡査津田三蔵に襲われて負傷した。これが，いわゆる大津事件である。ロシアの報復を恐れて，日本の朝野は色を失い，明治天皇自ら皇太子を見舞った。政府は日本の皇室に対する犯罪の刑罰を適用して犯人を死刑にするよう司法部に圧力をかけたが，大審院

(院長児島惟謙)はこれを拒否し，部下を指揮して一般の謀殺未遂罪として無期徒刑の判決を下して，司法権の独立を守った。

第2次伊藤内閣になって，外相陸奥宗光のもとで，改正交渉はようやく本格的に軌道に乗った。第五・六議会では，国民協会・大日本協会・立憲改進党などが対外硬派の連合戦線をつくって，外国人の内地雑居などに反対し，政府の改正交渉が「軟弱外交」であるとして政府を攻撃したが，政府はこれをおさえる一方，青木周蔵を駐英公使としてイギリスとの交渉を進めた。イギリスは，シベリア鉄道の敷設を進めていたロシアが東アジアに勢力を拡張することを警戒し，それと対抗する必要もあって，憲法と国会をはじめ近代的諸制度を取り入れるなど改革を進め，国力を増大しつつある日本の東アジアにおける国際的地位を重くみて条約改正に応じ，1894(明治27)年7月，日英通商航海条約が締結された。その内容は，領事裁判制度の撤廃・最恵国条款の相互化のほか，関税については日本の国定税率を認めるが，重要品目の税率は片務的協定税率を残すというもので，この点ではまだ不十分で完全な対等条約ではなかった。イギリスに続いて欧米各国とも新しい通商航海条約が結ばれ，いずれも1899(明治32)年に発効した。

1911(明治44)年，改正条約の満期を迎え，外相小村寿太郎は再び交渉を始めたが，日本が日露戦争の勝利を経て国際的地位を高めているだけに列国の反対もなく，関税自主権の完全回復が実現した。

このような経過をみるとき，改正が成功した理由は，立憲政治の実現，近代的法制度の確立や近代産業の発達による国力の増大など，近代国家建設の歩みが着々と実現していったところに求められるが，改正事業が国民的要望に支えられていたことも見逃せない。

朝鮮問題

明治維新以来，日本の対アジア外交の中心は朝鮮に向けられていた。欧米列強の東アジア進出に強い危機感を抱いていた日本政府は，朝鮮が列強，とくにロシアの勢力下に入れば日本の国家的独立もまた危うくなると恐れた。そして，それ以前に日本の主導権で朝鮮を

▲壬午軍乱（橋本周延画）　日本に頼ろうとした閔妃政権に対し，大院君らがクーデタをおこし，日本公使館も襲われた。（東京経済大学図書館蔵）

▲「漁父の利」（ビゴー「トバエ」1887年2月15日号）　朝鮮と書かれた魚を釣りあげようとする日清に対し，その横取りをたくらむロシアの野心を描いた風刺画。（川崎市市民ミュージアム蔵）

　　独立させて日本の影響下におき，列強と対抗しようと考えていた。征韓論や日朝修好条規の締結もそのあらわれであった。しかし，朝鮮を属国とみなして宗主権を主張する清国は，こうした日本の朝鮮政策を認めず，両国はしだいに対立を深めることになった。日清戦争の主要な原因は，このような朝鮮問題をめぐる日清間の政治的・軍事的対立にあった。

　1880年代初め，朝鮮国内では閔妃派の政府が，日本から軍事顧問を招くなど国内改革を進めていたが，これと対立していた保守的な王父の大院君は，1882（明治15）年にクーデタを企て，漢城（現，ソウル）の日本公使館が焼き打ちされ，日本人軍事顧問などが殺された。これが，いわゆる壬午軍乱（壬午事変）である。このクーデタは清国の出兵により鎮定され，日本は朝鮮と済物浦条約を結んで守備兵駐留を認めさせたが，これ以後，閔妃派（いわゆる事大党）は急速に清国に接近した。これに対し，金玉均・朴永孝ら開化派（いわゆる独立党）は，専制政治を打破して国内の改革を行うため，日本に接近した。1884（明治17）年，清仏戦争が始まり，清国の劣勢が続くと，開化派はこれを好機と判断して，同年12月，日本公使の援助のもとにクーデタをおこした。しかし，清国軍の出動によって結局クーデタは失敗に終わり，金・朴らは日本に亡命し*，日本公使館は焼き払われた。これが甲申事変で，日本は漢城条約を結んで朝鮮の謝罪と賠償金支払いなどを約束させた。

3　立憲国家の成立と日清戦争　87

福沢諭吉の「脱亜論」

　福沢諭吉は，壬午軍乱ののち朝鮮における清国の勢力が強まったのに対し，朝鮮の改革派を援助し，彼ら自身の力で朝鮮の国内改革が推進されることを期待した。

　しかし，1884(明治17)年の甲申事変のとき，清国の軍事介入で改革派の勢力が朝鮮から一掃されたため，福沢の期待は失われた。

　翌年3月，福沢は『時事新報』紙上に「脱亜論」を発表した。その趣旨は，西洋諸国の急速な東アジアへの勢力拡張のなかで，西洋文明を取り入れて近代化しない限り国家的独立は維持できないという認識に立ち，近代化をなしえない近隣諸国を見捨てても，日本は独自に近代化を進めて西洋諸国の仲間入りをし，朝鮮・清国にも西洋流のやり方で接するほかはないというものであった。

　このような脱亜論は，清国との軍事的対決の気運を高めていくことになった。

　＊10年近く日本での亡命生活を送っていた金玉均は，1894年に上海に渡ったが，そこで朝鮮政府の刺客に暗殺され，死体は漢城でさらしものにされ，日本人の憤激をかった。

　1885(明治18)年，甲申事変の事後処理のため，伊藤博文が天津に赴いて李鴻章と交渉した結果，日清間に天津条約が結ばれ，両軍の朝鮮からの共同撤兵，軍事顧問の不派遣，今後の出兵に際しての相互通告などが取り決められた。この結果，日清両国の衝突はひとまず回避され，日清関係は小康を得た。

　これ以後，朝鮮は清国の影響下におかれ，日本の勢力は大きく後退した。甲申事変に際して，自由民権派は武力出兵を唱えて対朝鮮・対清国強硬論を説き，天津条約を結んで清国との衝突を避けた日本政府の外交を弱腰であると非難した。そして，急進派の大井憲太郎らは，朝鮮から清国の勢力を一掃してその独立を達成させようとする運動を進めた＊。こうしたなかで，日本政府は，朝鮮の国内改革を行って日本の指導のもとに独立させようという方針をしだいに強めた。

　＊大井らは武器を携えて朝鮮に渡り，クーデタをおこして朝鮮の改革を進めることを計画したが，事前に発覚して1887(明治20)年大阪で

検挙された(大阪事件)。

このように,朝鮮をめぐる日清両国の利害の対立はますます深まり,両国間の空気はだんだん険悪となった*。すでに日本政府は1880年代の前半から,清国との衝突に備えて,対外戦争に耐え得るように着々と軍備の改革と拡張を進めていたが,1878(明治11)年には全体の支出(一般会計歳出)の約15％だった軍事費は,1892(明治25)年には約31％を占めるにいたった。この間,1889(明治22)年には朝鮮の地方官が防穀令(ぼうこくれい)を出して米穀・大豆などの輸出を禁止したので,日本は朝鮮に迫って翌年これを解除させた。

*1890(明治23)年,山県有朋首相は「外交政略論」という意見書を執筆し,国の防衛には「主権線」(国土)と「利益線」(国土の安全と密接不可分な近隣地域)をともに守る必要があるとしたうえで,日本にとって朝鮮こそが「利益線」であると主張した。

日清戦争と三国干渉

1894(明治27)年5月,朝鮮で民族主義的な東学(とうがく)*を中心に,減税と排日を要求する大規模な農民の反抗がおこった(甲午(こうご)農民戦争,東学の乱)。朝鮮政府は鎮圧のために清国に派兵を要請し,同年6月,清国は軍隊を送った。日本もこれに対抗してただちに出兵した。両国の出兵もあり,農民の反抗は収まったが,日本は日清両国で朝鮮の内政改革にあたることを提案した。しかし,清国政府はこれを拒否したので交渉はついに決裂した。ちょうどそのころ,日英通商航海条約が締結され,イギリスが日本に好意的な態度を示したので,日本政府(第2次伊藤内閣,陸奥宗光外相)も開戦を決意し,7月には豊島沖(ほうとうおき)の海戦によって日清戦争が始められ,8月には正式に対清国宣戦が布告された。

国内では,それまでしばしば対立・抗争を続けていた政府と政党が一致協力の態勢をとり,議会では巨額の軍事予算も満場一致で可決されるなど,清国との戦争を遂行するため挙国一致の動きが進められた。日本側が明治維新以来,強い対外危機意識のもとで国内の改革を進めて立憲政治を実現し,国をあげて十分な準備を整え,よ

3 立憲国家の成立と日清戦争　89

▲日清講和会議　1895（明治28）年4月、下関の春帆楼にて会談が開かれた。日本全権伊藤博文・陸奥宗光と清国全権李鴻章との間で、下関条約が調印された。（聖徳記念絵画館蔵）

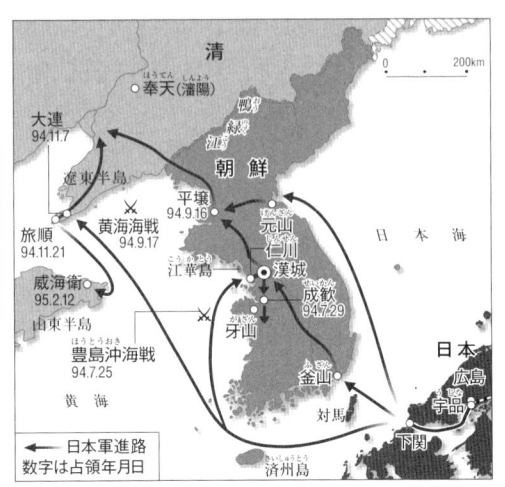

▲日清戦争要図

く訓練され近代的に組織化された軍隊をもっていたのに対し、清国側は国内の改革に立ち遅れ、西太后派（后党）と光緒帝派（帝党）間の政治的対立も激しく、専制政治のもとで国力を十分に発揮できなかった。そのため戦争は圧倒的に日本の優勢のうちに進められた。

　まもなく、日本海軍は黄海海戦で清国艦隊（北洋艦隊）を撃破し、陸軍は清国軍を朝鮮から一掃して、さらに遼東半島・山東半島の一部などをも制圧した。こうして、約2億円余り**の戦費と約10万人の兵力を動員した戦争は、約8カ月で日本の勝利に終わった。戦争における日本軍の死者は約1万7000人で、その約7割が戦病死であった。

＊儒教・仏教や朝鮮の伝統的信仰を混在した信仰で、キリスト教（西学）に対抗し、農民層に広まった。
＊＊この金額は日清戦争直前の国家予算で約2年半分の歳入（一般会計）にあたる。

　1895（明治28）年4月、伊藤博文首相・陸奥宗光外相が全権となり、清国全権李鴻章との間に下関において日清講和条約（下関条約）が調印された。この条約によって、清国は日本に対して、①朝鮮の独立の承認、②台湾・澎湖諸島・遼東半島の割譲、③賠償金2億両（日本円で約3億1000万円）の支払い、④日清通商航海条約の締結と沙

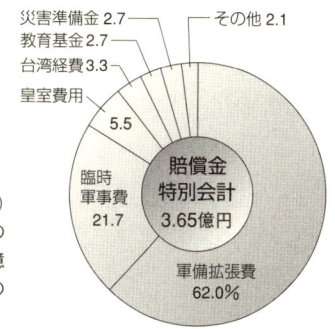

▶日清戦争の賠償金の使途(『明治財政史』より)
日清戦争の戦費は約2億円であったが，日本の得た賠償金は遼東半島還付の代償を含めて2億3000万両(日本円で約3億6000万円)，開戦前の日本の一般会計歳出額の4年分を超えた。

災害準備金 2.7
教育基金 2.7
台湾経費 3.3
その他 2.1
皇室費用 5.5
臨時軍事費 21.7
賠償金特別会計 3.65億円
軍備拡張費 62.0％

市・重慶・蘇州・杭州の開市・開港，租界での治外法権などの承認，などを約束した。こうして，日本は朝鮮から清国の勢力を一掃して，大陸進出の第一歩を踏み出した。

　それまで"眠れる獅子"といわれ，恐れられていた清国が，東アジアの新興国日本に敗れ，弱体ぶりを暴露したことは，国際政局に大きな波紋を呼んだ。欧米列強はこぞって中国分割に乗り出した。なかでも，南満州へ進出の機会をうかがっていたロシアは，日本の進出を警戒して，下関条約が結ばれるや，ただちにドイツ・フランスとともに遼東半島を清国へ返還するように日本政府に申し入れてきた。これが，いわゆる三国干渉である。

　日本はまだ，これらの大国に対抗できるだけの実力がなかったので，政府はやむなく清国から3000万両(日本円で約4700万円)の賠償金を追加して，遼東半島の返還に応じることにした。国内では三国干渉に対する憤激の声が高まり，「臥薪嘗胆」*の合言葉が叫ばれるようになり，政府もそうした気運のなかで軍備拡張と国力の充実をはかった。

　　*中国の故事に基づくもので，現在の苦境を耐え忍んで将来の発展をはかるという意味である。

　下関条約により植民地となった台湾を統治するため，日本は海軍大将樺山資紀を台湾総督に任命した。台湾では「台湾民主国」が宣言されるなど，日本の統治への抵抗運動がおこったが，日本は軍政をしき軍隊を出動してその鎮圧にあたった。現地住民の抵抗はその後も続いたが，台湾総督府条例(1896年制定，97年改正して台湾総督

3　立憲国家の成立と日清戦争　91

府官制）によって民政に切りかえた日本は，軍人の総督を補佐した民政局長後藤新平のもとで，「旧慣尊重」の方針をとると同時に，警察力の強化，土地調査事業の実施，アヘン・樟脳の専売の施行，度量衡の統一など，植民地経営の事業を本格的に推進し，抗日ゲリラはひとまず鎮静化して，台湾に対する植民地支配は比較的安定したものとなった。

4　日露戦争と国際関係

日清戦後の政府と政党

　日清戦争は，政府と政党との関係に大きな変化をもたらした。戦争中，政府と政党は政争を一時中止して，「挙国一致」で戦争遂行にあたったが，戦後になると，政府（第2次伊藤内閣）と衆議院の第一党である自由党は戦後経営をめぐって共同歩調をとり，1895（明治28）年11月，両者は公然と提携を宣言し，軍備拡張などを盛り込んだ予算案を認めた。そして，翌年4月には自由党の党首板垣退助が内務大臣として第2次伊藤内閣に入閣した。この結果，同内閣は事実上，自由党との連立内閣となった。また，この年に伊藤内閣のあとを受けて成立した第2次松方内閣は，進歩党（立憲改進党の後身）と提携して，大隈重信が外相となった（松隈内閣）。こうした藩閥と政党との連立内閣の出現を通じて，政党はしだいに勢力を伸長していった。

　1898（明治31）年には，第3次伊藤内閣は，戦後経営のための恒常的な財源を確保するため，地租増徴案を議会に提出したが，自由党と進歩党はともにこれに反対し，同案は否決された。衆議院は解散されたが，同年6月，自由党と進歩党は合同して憲政党を結成し，来るべき総選挙で衆議院の絶対多数を制する形勢となった。それにより，伊藤内閣は退陣し，伊藤はじめ元老たちの推薦を受けた大隈重信と板垣退助が組閣を命ぜられ，大隈を首相，板垣を内相とし，憲政党を与党とする日本で最初の政党内閣を組織するにいたった。このいわゆる隈板内閣（第1次大隈内閣）は，首相大隈・内相板垣以下，陸相・海相以外はすべて憲政党員からなっていた。しかし，憲政党は同年8月の総選挙で衆議院の絶対多数を占めたにもかかわらず，自由党系と進歩党系の対立が激しく，文相尾崎行雄がいわゆる共和演説*を非難されて辞職に追い込まれたりした。結局，旧自由党系の星亨が暗躍して憲政党を解党させたために**，同内閣はわずか4カ月余りの短命に終わった。

＊尾崎が帝国教育会で道義高揚を説く演説をしたとき,「もし日本が共和制となれば三井・三菱らは大統領になるだろう」と拝金主義の流行を戒めたのが逆用され,旧自由党系や宮中勢力の間から天皇に対する不敬の言動として攻撃され,辞職に追い込まれた。
＊＊このとき,旧自由党系は新しく憲政党を結成し,旧進歩党系は憲政本党をつくった。

立憲政治の定着

　あとを継いだ第2次山県内閣は,いったん憲政党(旧自由党系)と手を結んで,1898(明治31)年,地租増徴案を成立させ,地租率を地価の3.3%に引き上げた。山県内閣は,その後,政党の力をおさえるため,1899(明治32)年には文官任用令を改正して政党員が官吏になる道を制限し,翌1900年には軍部大臣は現役の大将・中将に限る軍部大臣現役武官制を確立し,また治安警察法を公布して社会・労働運動を規制するなどの政策をとった。

　しかし,超然主義がもはや不可能であることは明らかであった。懸案となっていた衆議院議員選挙法の改正が山県内閣のもとで1900(明治33)年に行われ,選挙権については直接国税の制限額が10円以上に引き下げられて有権者は倍増し,被選挙権における納税額による制限が撤廃されるなど,国民の参政権は拡大された。投票方法も無記名秘密投票制が採用された。このような情勢のなかで,憲政党は文官任用令改正問題で対立を深めていた山県内閣との提携を打ち切って伊藤博文に接近し,伊藤も自ら積極的に政党結成に乗り出した。こうして星亨らの指導により憲政党(旧自由党系)は解党し,伊藤を総裁に擁立して,1900(明治33)年9月,立憲政友会が結成された。

【立憲政友会】　初代総裁は伊藤博文,幹部には西園寺公望・星亨・松田正久・片岡健吉・尾崎行雄・原敬・大岡育造らが名を連ねた。かつて自由民権派として活躍した旧自由党系政治家や伊藤系の官僚が中心メンバーとなったが,伊藤は結党にあたって広く実業家・地方議員などにも入党を呼びかけ,また地主層などに多くの支持者を得た。1902(明治35)年の総選挙では190名の議員を衆議院に送り込んで,過半数を制した(衆議院の定数は376名)。しかし,山県有朋は伊藤の立憲政

▶立憲政友会発会式 1900(明治33)年9月15日、帝国ホテルで行われ、伊藤博文が総裁におされた。伊藤はこれまで2度にわたって政党結成を意図しながら、元老らの反対で実現できなかったが、ここにようやく初志をつらぬくことができた。(日本近代史研究会提供)

友会結成に批判的立場をとり、山県系の官僚やその影響下にあった貴族院議員などは立憲政友会に参加せず、貴族院は立憲政友会と伊藤内閣の反対勢力の拠点となった。

　立憲政友会を基礎として1900年10月に成立した第4次伊藤内閣は半年余りで終わったが、これを機に伊藤・山県らは第一線を退き、元老として内閣の背後から政治を動かすようになった。そして、1901(明治34)年の第1次桂太郎内閣成立以後、山県を後ろ盾に藩閥・官僚勢力に基礎をおく桂と、伊藤のあとを継いだ立憲政友会総裁西園寺公望が、交代して内閣を組織するいわゆる桂園時代が始まった。

　このように、帝国議会開設以来10年ほどで立憲政治は定着し、自由民権運動の流れをくむ政党は、明治憲法体制下に大きな地位と勢力を占め、日本における政党政治発展の基礎が築かれることになった。憲法制定に際して日本が多くを学んだドイツ(プロイセン)では、議会の多数党が政権をとることはなかったから、日本の場合、憲法の運用がドイツとはかなり違っていたことがわかるであろう。また、欧米先進国では、おおむね19世紀半ばころまでには、立憲政治が実現したが、その過程で、しばしば大きな流血の騒乱がおこった。しかし日本の場合は、比較的短時間にそれほど大きな混乱もなく、藩閥勢力と政党勢力(自由民権派)の協力・妥協により、立憲政治が定着した。この点は、日本の大きな特色といえよう。

【元老】伊藤博文・山県有朋・黒田清隆・松方正義・井上馨・西郷従

道・大山巌の7人に，明治末期以降，桂太郎・西園寺公望の2人が加わった。公家出身の西園寺を除けばいずれも薩長両藩出身の藩閥政治家であり，明治時代に首相を経験した政治家は大隈重信を除いて，すべて元老に列せられた。元老については，憲法はもとよりそのほかの法令でも何ら明文上の規定はなかったが，彼らはいずれも明治国家の建設に大きな力があった長老級の有力政治家で，天皇の諮問に応じて重要な国務，とくに内閣更迭にあたって後継の首相を推薦したり，重要な外交問題に参画するなど，事実上，明治国家運営の最高指導者の役割を果たした。

官僚制の確立

　日本における近代国家の形成は，政府の主導による改革を通じて進められることが多かったが，その際，もろもろの改革を行政面において実際に推進するうえで，大きな役割を果たしたのは政府の官僚であった。明治初期には，政府の高級官僚は人的構成において，明治維新の原動力となった薩長土肥4藩，中堅・下級官僚は幕臣出身者が高い比率を占めた。

　1880年代以後，内閣制度・各省官制の制定などによって官僚機構の整備が進められると同時に，文官任用令の制定(1893年)など，これまでの情実任用(自由任用)にかわって，近代的な資格任用(試験による官吏の任用)の制度が確立された。また，これと並行して帝国大学をはじめとする官吏養成の教育機関が整備された。藩閥と政党の連立内閣ができるようになると政党員の間に猟官熱が高まったが，これを封じようとした第2次山県内閣は，1899(明治32)年に文官任用令を改正し，資格任用制度をいっそう強化するとともに，文官分限令を公布して官吏の身分保障を強化した*。

　　*このとき，政党側，とくに憲政党は文官任用令の改正による資格任用制度の強化に強く反対し，政府は一部譲歩して，警視総監・警保局長・官房長・大臣秘書官などについて自由任用を認めることにした。

　そののち，行政官僚における藩閥色はしだいに薄らぎ，明治末期には，帝国大学，とくにその法科大学(現在の東京大学法学部)出身者が高級官僚のなかで大きな比重を占めるようになった。こうして

官僚は，その出身地や身分・出身階層などに関係なく，帝国大学卒業という学歴を通じて，国家の指導者的地位につくようになった。彼らは行政面における専門的な知識・技能の保持者として，国家の実質的な政策決定とその執行に大きな力を発揮し，新しい一種の特権的集団として，しばしば政党勢力と対抗する強力な政治勢力となったのである。

列強の中国分割

19世紀末期，日本が近代国家形成を全力で推進しつつあったころ，欧米先進資本主義諸国は早くも帝国主義段階に突入しようとしていた。諸列強は生産物の販路を海外に広げ，また直接に資本を輸出して利益を収めるために，こぞって積極的な対外進出政策をとり，植民地獲得を競い合ったが，その矛先は，アジア・アフリカなどの発展途上諸地域に向けられた。

【列強の世界政策】 イギリスはすでに1875年にエジプトからスエズ運河株を買収し，1877年にはヴィクトリア女王がインド皇帝に就任してインドを完全に自国の植民地とした。そして1880年代にはビルマ（現，ミャンマー）を併合するなど，ロシアと対抗して勢力を東へ伸ばす一方，フランスと対抗してアフリカ分割を進めた。フランスは1884年，清仏戦争をおこして翌年にベトナムを保護国とし，1887年には仏領インドシナ連邦を形成した。ドイツは，1870年代以降に南太平洋の島々を植民地としたが，1890年にはそれまでヨーロッパの現状維持につとめていたビスマルクが失脚して，ヴィルヘルム2世の親政のもとに，積極的な世界政策を進めた。ロシアはツァーリの専制のもとに，1877年，露土戦争でオスマン帝国を撃破してバルカンに南下するとともに，1890年代にはシベリア鉄道の建設を進めるなど，東アジアへも進出を続けた。また，アメリカも遅ればせながら，南北戦争後の1860年代末，太平洋横断の定期航路を開いて東アジア貿易をイギリスと競い，1898年にはハワイを併合し，さらにスペインと戦って（米西戦争），勝利を収め，同年フィリピンを植民地とした。

日本にとって，とくに脅威だったのはロシアの動きであった。日本は日清戦争によって「朝鮮の独立」を清国に認めさせ，「利益線」たる朝鮮から清国の勢力を排除することに成功したが，三国干渉による日本の威信低下に乗じて，ロシアが朝鮮に勢力を伸ばし，1895（明

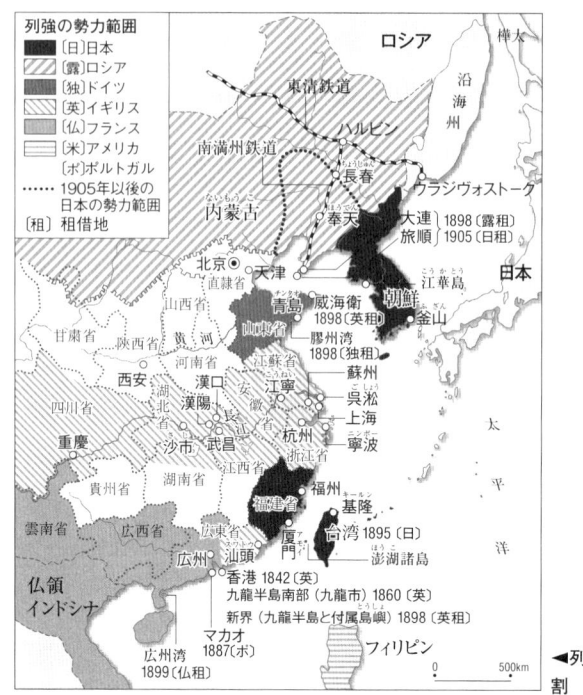

列強の勢力範囲
　〔日〕日本
　〔露〕ロシア
　〔独〕ドイツ
　〔英〕イギリス
　〔仏〕フランス
　〔米〕アメリカ
　〔ポ〕ポルトガル
　‥‥‥ 1905年以後の
　　　　日本の勢力範囲
　〔租〕租借地

◀列強による中国の分割

治28)年7月,親露派政権がつくられた。

　同年10月,日本公使三浦梧楼や日本の軍人・壮士らが中心となり,大院君を擁立してクーデタを強行し,閔妃政権を打倒して親日派政権を樹立させた(閔妃殺害事件)。しかし,1896年2月,三たび政変がおこって朝鮮国王はロシア公使館に移り(露館播遷),ロシアを後ろ盾とした政権が発足し,多くの親日派要人が処刑された。

　その後,日露両国は山県・ロバノフ協定,西・ローゼン協定などを結んで朝鮮(韓国)*における利害の調整をはかったが,韓国を勢力下に収めようとする日本の政策は達成されず,韓国問題をめぐる日露の対立はしだいに深まった。

　　＊朝鮮は1897(明治30)年に国号を大韓帝国(韓国)と改めた。

　一方,アジアの大国であった「眠れる獅子」清国が日清戦争に敗れて弱体ぶりを暴露すると,列強の目はいっせいに清国に注がれることになった。ドイツが宣教師殺害事件をきっかけに,1898年に山東半島の膠州湾を租借すると,続いてロシアが三国干渉によって

98　第1章　近代国家の成立

日本が清国に返還した遼東半島の旅順・大連などを，イギリスが威海衛・九竜を，フランスは広州湾をそれぞれ租借し，アメリカも1899年，マッキンレー大統領のもとで国務長官ジョン＝ヘイが清国に対する門戸開放・機会均等・領土保全を宣言して，列強の清国進出に介入する姿勢を示した。列強はこれらの租借地を根拠地として鉄道敷設権や鉱山採掘権などを得て，清国での権益を拡大していった*。

  *とくにロシアは東清鉄道の敷設権を得て，満州（現，中国東北地方）
   への進出を積極化した。

北清事変と日英同盟

　このような列強の進出に対抗して，清国内には光緒帝のもとで康有為・梁啓超らを中心に，明治維新以来の日本の改革にならって立憲政治を取り入れて国内の改革をはかり，国力を充実しようとする動き（変法自強の運動）がおこった。しかし1898年，西太后ら保守派のクーデタによって変法派は一掃され，その多くは日本などの海外に亡命を余儀なくされ*，改革は挫折した（戊戌の政変）。

  *日本に亡命した梁啓超は，日本の歴史・文化・生活習慣などを研究
   して，業績をあげた。

　こうした情勢のさなかに，清国の民衆の間に列強の進出に反発して外国人排斥気運が高まり，山東省では義和団を中心に「扶清滅洋」を叫ぶ排外運動がおこった。清国政府がむしろこれをあおり立てた

▶民衆の支持を集める義和団
義和団は人形芝居の公演などを通じて，各地の民衆の間に支持を広め，外国人の建設した鉄道や教会を襲撃した。（ユニフォトプレス提供）

帝国主義

　帝国主義という言葉は非常にさまざまな意味をもっており，もっとも広義には，「侵略主義」あるいは対外的な勢力拡張政策一般と同じ意味に使われる。しかし狭義には，とくに独占資本主義段階における積極的な対外膨張政策を指す場合が多い。この段階では，生産の独占集中・金融資本の支配・資本の輸出などの経済的特色がみられ，これらを背景に武力による海外植民地設定・領土拡張政策が進められるとされる。世界史的には19世紀末期から帝国主義時代が始まったと考えられている。

　日本がいつごろから帝国主義段階に入ったかについては諸説あるが，日露戦争以後とする説が有力である。いずれにせよ，日本の場合は国内における独占資本の十分な成熟を待たずに，国内の経済的条件よりも，むしろ国際政治の条件に刺激されて，対外膨張政策へ突入したという面が強い。「帝国主義」を単純に経済の発展段階と結びつける見方には疑問があろう。

ので，運動は華北一帯に広がり，各地でキリスト教会が襲われて外国人宣教師が殺されたり，鉄道が破壊されたりした。

　1900(明治33)年には，北京でドイツ公使や日本の公使館書記生が殺害され，列国公使館が清国兵や民衆に包囲された。これに同調して清国は列国に宣戦を布告した。日本は米・英・露・仏などの諸国とともに軍隊を派遣し，義和団の乱を鎮圧して列国の外交官や居留民を救出した。翌1901年，北京議定書が調印され，清国は列国にばく大な賠償金を支払い，北京などに列国の守備兵をおくことを認めた。これが北清事変(義和団事件)である。

　ところが，ロシアは北清事変が収まったのちも十数万人の大軍を満州にとどめ，事実上，満州を軍事占領し，さらに清国と露清密約を結んで南下する気配を示した。このため韓国を勢力下におこうとした日本は，韓国問題と満州問題をめぐって正面からロシアと対立するにいたった。

　ロシアの勢力拡張に脅威を感じた日本政府部内には，二つの意見が生じた。一つは伊藤博文・井上馨らの日露協商論で，ロシアの満州における自由行動を認めるかわりに，日本の韓国支配を認めさせ

ようとするいわゆる満韓交換によって、日露間の利害を調整しようとするものであった。これに対し、桂太郎首相・小村寿太郎外相らは、イギリスと提携してロシアをおさえるために日英同盟論を唱えた。勢力均衡の立場からどことも同盟を結ばず、"光栄ある孤立"を保ってきたイギリスではあったが、当時ヨーロッパのバルカン半島や東アジアでロシアと対立し、その勢力拡張を警戒していたので、日露両国の接近を恐れた。そして、東アジアで立憲政治を実現するなど近代化を推進し、日清戦争に勝利をおさめた日本の国力を高く評価して日本との提携をはかり、日英同盟論を歓迎した。その結果、1902(明治35)年1月に日英同盟協約が成立した。

　協約の内容は、(1)清国・韓国の独立と領土保全を維持するとともに、日本の清韓両国、及びイギリスの清国における政治的・経済的特殊利益を互いに擁護し、(2)もし日英のいずれかが第三国と戦争を始めたときは、他方は厳正中立を守り、(3)さらに二国以上と交戦したときは援助を与え、共同して戦闘にあたる、というものであった。

　このように、日英同盟協約は日本が欧米列強と結んだ初めての対等条約で、これは日本にとって欧米先進諸列強への仲間入りを意味するものであった。こうして日本は国際政局に登場し、列強相互の対立を利用しつつ、対外的な勢力拡張を企てることになった。

日露戦争

　ロシアとの対立がしだいに深まるなかで、桂内閣はロシアに対抗するため軍備拡張を進め、その財源を確保するため地租増徴の継続をはかった。衆議院の多数を占める立憲政友会は、初めこれに反対したが、桂は国債などを財源とすることで立憲政友会と妥協し、ロシアとの戦争に備えた。列国からの抗議もあって、ロシアは1902年4月には清国と満州還付協定を結んで撤兵を約束した。しかし、そののちこの協定は実行されず、ロシアはかえって韓国との国境地帯にまで軍隊を増強し、さらに鴨緑江を越えて韓国の領土内に軍事基地を建設し始めた。

　日本国内では、三国干渉以来、国民の間にロシアへの反感が広ま

国内世論に関するベルツの観察

「(1903年) 9月15日　二カ月この方,日本とロシアとの間は,満州と韓国が原因で風雲険悪を告げている。新聞紙や政論家の主張に任せていたら,日本はとっくの昔に宣戦を布告せざるを得なかった筈だ。だが幸い政府は傑出した桂内閣の下にあってすこぶる冷静である。政府は日本が海陸ともに勝った場合ですら,得るところはほとんど失うところに等しいことを見抜いているようだ。

(1903年) 9月25日　日本の新聞の態度もまた厳罰に値するものといわねばならぬ。時事や東京タイムスの如き最も名声ある新聞ですら,戦争をあたかも眼前に迫っているものの如く書き立てるのだ。交渉の時期は過ぎ去った,すべからく武器に物を言わすべし……と。しかしながら,勝ち戦さであってさえその反面に,いかに困難な結果を伴うことがあるかの点には,一言も触れようとしない」(『ベルツの日記』)。

っていたが,1900(明治33)年には近衛篤麿・神鞭知常・頭山満らを中心に,野党系(憲政本党・帝国党)政治家や新聞記者などを集めて国民同盟会が結成され,対露強硬論を展開した。これはいったん解散したが,1903(明治36)年には対外硬同志会(のち対露同志会)として再発足し,戸水寛人ら東京帝大の7博士や有力諸新聞などとともに,強硬な主戦論を叫んで世論を盛りあげた。

【日露戦争前の国内世論】　民間においては,対露強硬論の気運が高かったが,とくに大きな役割を果たしたのは新聞であった。ロシアが清国との協定で,満州からの第3次撤兵を約束した期限は1903年10月8日であったが,撤兵が実行されなかったため,『大阪朝日新聞』『東京朝日新聞』『万朝報』『二六新報』など発行部数が1日10万部前後の有力新聞は,ほとんど対露開戦論一色となった。そして,対露外交交渉の妥結に期待して開戦の断を下そうとしない政府首脳や元老たちを弱腰だとして激しく弾劾し始めた。なかでも強硬だったのは『二六新報』で,「現内閣を倒して主戦内閣を作るは,目下の急務也」と公然と桂内閣の打倒を唱えた。同年10月以前には,内村鑑三らキリスト教的人道主義者や社会主義者幸徳秋水らの非戦論の主張も掲載していた『万朝報』が,社論を開戦論に一本化し,開戦反対派の代表格とみなされていた元老伊藤博文枢密院議長を厳しく非難して,その引退を勧告する社説をかかげた。これに対し,政府系で発行部数2～3万部の『東京日日新聞』や『国民新聞』は,外交交渉による解決を説き,実業界も戦争が

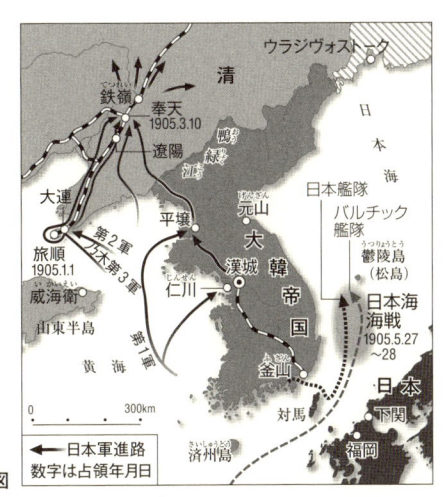

▶日露戦争要図

財政上・経済上に悪影響を及ぼすことを憂慮して、戦争回避を希望していた。また、社会主義者たちの『平民新聞』(週刊)も反戦論を叫んだ。しかし、発行部数のはるかに少ないこれらの新聞・雑誌の主張は、とうてい世論を動かすにはいたらなかった。

　この間、日本政府は1903(明治36)年8月以来、満州問題・韓国問題をめぐってロシアとの交渉を続けた。日本側の主たるねらいは、満州を日本の利益範囲外と認めるかわりに、韓国における日本の軍事的・政治的優越権を確立することにあったが、ロシア側はこれを認めず、日露交渉はまったく行き詰まった。日本は1904(明治37)年2月4日、元老と政府・軍部首脳が御前会議を開いて対露開戦を決定し、2月6日にはロシアに対し国交断絶が通告された。そして2月8日、日本海軍の旅順攻撃と陸軍部隊の韓国仁川(インチョン)への上陸によって、日露戦争が開始された(対露宣戦布告は2月10日)。強国ロシアとの戦いは、日本にとって文字通り国家と国民の命運をかけた戦いであった。日本政府(第1次桂内閣)は開戦にあたって、この戦争がきわめて苦しい戦いになることを予測して、巨額の戦費にあてるため、高橋是清日本銀行副総裁をアメリカや同盟国のイギリスに派遣して外国債を募集し、またアメリカへは金子堅太郎を特使として派遣し、アメリカ大統領セオドア=ローズヴェルトに非公式に和平の仲介を打診した。

4　日露戦争と国際関係

【日露戦争の戦費と外国債の募集】　日露戦争における日本の戦費は18億円近くに達したが，これは当時の国家予算（一般会計）の歳出額の数年分に相当した。そのうち，約7億円はアメリカやイギリスで募集した外国債（総額8200万ポンド）で，残りは国内で発行した国債や各種の増税でまかなった。ロシアもフランスなどで外国債を発行して戦費にあてたが，開戦当時は世界の大部分の国が日本の敗北を予想していたので，日本の外国債の発行条件は，利率・償還期限・払込価格などの点で，ロシアのものよりもはるかに日本にとって不利だった。しかし，戦局が日本に有利に展開するにつれて，日本の外国債募集は順調に進み，発行条件も改善された。

　立憲政治を実現し国内改革に成功していた日本は，国民の支持のもとに総力をあげて戦うことができたが，専制政治が行われていたロシアは，国内でこれに反対する運動が高まり，十分な戦力を発揮できなかった。そのため戦況は，軍事的には日本の優勢のうちに進展した。陸軍は遼陽・沙河の会戦でロシア軍を撃破し，数カ月の激しい攻防戦の末，1905（明治38）年1月にはロシアの東アジアにおける最大の軍事基地である旅順をおとし入れ，さらに3月には奉天の会戦で勝利を収めた。また，海軍も同年5月の日本海海戦で東郷平八郎の指揮する連合艦隊が，ヨーロッパから回航してきたロシアのバルチック艦隊をほとんど全滅させた。当時，ロシア国内では，ツァーリ政府の圧政に対する民衆の反対運動が激化しており，1905年1月には，首都ペテルブルクで宮殿の護衛兵たちがデモ隊に発砲して多数の死傷者を出す"血の日曜日事件"がおこり，各地でストライキが頻発するなど，情勢ははなはだ険悪であった。しかし，日本も軍事的勝利は得たものの，兵器・弾薬・兵員の補充が困難となり，戦費調達もおぼつかなくなって，戦争継続能力はほとんどなくなりかけていた。そこで，日本海海戦の勝利の直後，日本政府は正式にアメリカ大統領に和平の仲介を依頼した。

【非戦論】　日露戦争に対する国民の熱狂的歓呼が渦巻くなかで，少数ながら戦争反対を唱えた人々もあった。内村鑑三はキリスト教的人道主義の立場から非戦論を説き，幸徳秋水・堺利彦ら社会主義者は初め『万朝報』，のち『平民新聞』によって反戦論を展開し，開戦後もロシアの社会主義者に反戦を呼びかけた*。また与謝野晶子は，日本軍の旅順攻撃が続けられているころ，これに加わっている弟の無事を祈って，

▲日露講和条約の調印　図の右側の署名しているのがロシアの首席全権ウィッテ元蔵相，左側前列中央が日本の首席全権小村寿太郎外相。(聖徳記念絵画館蔵)

▲日比谷焼打ち事件(『風俗画報』より)　日比谷公園で開かれた日露講和条約反対の国民大会のあと，民衆が内相官邸や警察署に投石し，放火する騒動となった。参加した民衆の多くは，重税にあえぐ都市下層民であった。(国立国会図書館蔵)

戦争への疑問をこめた詩「君死にたまふこと勿れ」を発表した。
＊1904(明治37)年，アムステルダムで開かれた第2インターナショナルの大会で，列国の社会主義者たちが集まって日露戦争反対を決議したが，その際，日本を代表して参加した片山潜とロシア代表のプレハーノフが握手を交わしたことは有名である。

　かねがね満州に対するロシアの独占的支配を警戒し，日露両国の勢力均衡を望んでいたアメリカ大統領セオドア＝ローズヴェルトは，日本政府の意向を受けてこの機会に和平の斡旋に乗り出し，ロシアもこれに応じた。アメリカのポーツマスで開かれた日露講和会議は，ロシア側が強い態度にでて難航したが，日本側が賠償金の要求を取り下げるなど譲歩したので，1905年9月，日本側首席全権小村寿太郎外相とロシア側首席全権ウィッテとの間で，日露講和条約(ポーツマス条約)の調印が行われた。これによって日本はロシアに，(1)韓国に対するいっさいの指導・保護・監督権の承認，(2)旅順・大連の租借権と長春・旅順間の鉄道及びその付属の権利の譲渡，(3)北緯50度以南の樺太の割譲，(4)沿海州とカムチャッカの漁業権などを認めさせ，また満州(日本の租借地などを除く)からの両軍の撤兵，清国に対する機会均等なども取り決められた。
　こうして，日本は約110万人の兵力を動員し，死傷者20万人を超すという大きな損害を出しながら，ようやく日露戦争に勝利を収め

4　日露戦争と国際関係　105

ネルー少年と日露戦争

　日露戦争における日本勝利のニュースは，当時イギリスに留学していたインド人の少年ネルー（第二次世界大戦後の初代インド首相）に大きな感銘を与えた。彼はそれを聞いて，日本に関する新聞記事を切り抜き，また日本についての英文の著作を好んで読みふけった。ロシアと対立していたオスマン帝国（トルコ）でも日本の勝利は大きな民族的興奮を巻きおこし，山奥の村々にまでそのニュースが広がったといわれる。これは今日まで，インドやトルコの良好な対日感情*に反映されている。しかし日本がその後，韓国・中国に対してあらわな植民地主義政策を進めるのをみたネルーは，欧米列強と同じような植民地主義国家が新しく東アジアに出現したことを悟ったと回想している。

　*1890（明治23）年来日したトルコ使節オスマン＝パシャの乗艦エルトグロール号が，帰途，紀伊半島沖で暴風雨のため遭難し，オスマン＝パシャ以下580余名が死亡した。このとき地元の日本漁民が嵐のなかで救助活動に全力をあげ，69名の生存者を手厚くもてなした。日本政府も軍艦をトルコに派遣して，生存者の送還にあたった。こうした日本側の行動がトルコの良好な対日感情につながったという。

た。しかし，増税に耐えて戦争を支えてきた多くの国民は，日本の戦争継続能力について真相を知らされないままに，賠償金が得られないなど，ポーツマス条約の内容が期待以下だったので，激しい不満を抱いた。東京では河野広中ら反政府系政治家や有力新聞*の呼びかけもあって，講和条約調印の当日，「屈辱的講和反対・戦争継続」を叫ぶ群衆が，政府高官邸・警察署・交番や講和を支持した政府系新聞社・キリスト教会などを襲撃し，これに放火したりした。いわゆる日比谷焼打ち事件である。政府は戒厳令を発し，軍隊を出動させてこの暴動を鎮圧し，講和条約批准にもち込んだが，その後，十数年の間に，こうした都市の民衆暴動がしばしばおこり，社会を動揺させた。

　*『東京朝日新聞』『大阪朝日新聞』『万朝報』などの有力新聞は，日露講和条約の条件が明らかになると，いっせいにその条約が日本にとって不十分であるとし，「屈辱的講和条約反対」「戦争継続」を主張するキャンペーンを展開し，なかには桂首相・小村外相らを"露探"（ロシアのスパイ）と非難する記事を載せた新聞もあったほどである。

日露戦後の国際関係

　日露戦争は，世界列強の複雑な利害関係を背景として行われただけに，国際政局に大きな影響を及ぼし，とくに東アジアにおける国際関係は大きく変動した。

　東アジアの片隅にある有色人種の小国日本が，予想に反して白人(はくじん)の大国ロシアとの戦いに勝利を収めたことは，白人不敗の神話を打ち破って世界に衝撃を与え，ロシアの勢力拡大に脅威を感じていた中国・インド・オスマン帝国(トルコ)・フィンランドなどの民族運動の高まりに大きな影響を及ぼした。とくに孫文(そんぶん)らが清朝の打倒と漢民族による民国の建設をめざして，日露戦争が終わりに近づいていた1905(明治38)年8月，東京で中国同盟会を結成したことは，中国の民族革命運動にとって画期的な出来事であった。

韓国併合

　日露戦争の勝利によって日本の大陸進出は本格化した。すでに日露開戦直後に日本は日韓議定書によって，韓国に日本への協力を約束させ，1904(明治37)年8月に韓国と第1次日韓協約を結び，日本人顧問を派遣して韓国の財政と外交に介入した。翌1905年には，アメリカとの間に桂・タフト協定を取り交わし，日本の韓国，アメリカのフィリピンに対する指導権を相互に確認し合った。ついで，戦後の1905(明治38)年11月には，第2次日韓協約(韓国保護協約，乙巳(いっし)保護条約)を結んで日本は韓国の外交権を握り，漢城(現，ソウル)に韓国統監府(とうかんふ)をおき，伊藤博文が初代統監となって統監政治を始めた。こうして日本は韓国を保護国とした。

　これに対して韓国は1907(明治40)年6月，ハーグの万国平和会議に皇帝の密使を送って抗議したが，受け入れられなかった(ハーグ密使事件)。日本政府はこの事件をきっかけに，同年7月，韓国皇帝を退位させ，第3次日韓協約を結んで，その内政権を奪い，韓国の軍隊を解散させた。韓国内にはこれに反対して反日武装闘争の気運が活発化し，解散された軍隊も加わり義兵(ぎへい)運動が高まったが，日本は軍隊を出動させてその鎮圧にあたった。日本政府は韓国併合

▲朝鮮総督府　1910(明治43)年，韓国併合後の朝鮮統治のため，京城(漢城を改称，現在のソウル)に設立された。朝鮮総督は天皇に直属して，軍事・行政を統轄した。総督府の建物は，韓国皇帝のいる景福宮に隣接して建てられたが，第二次世界大戦後，韓国政府によって取り壊された。(ユニフォトプレス提供)

▲東洋拓殖会社京城本店　東洋拓殖会社は韓国の資源開発・殖産振興を目的として設立され，土地調査事業による収公地の払下げを受け，地主経営などを展開した。(絵葉書資料館蔵)

の方針を定めたが，1909(明治42)年10月，伊藤博文がハルビンで韓国の民族運動家安重根(アンチュングン)に暗殺されると，日本は翌1910(明治43)年8月，ついに韓国併合を強行して韓国を植民地とし，その名称を朝鮮に，漢城を京城と改め，天皇直属の朝鮮総督をおいて，その統治にあたった。

　朝鮮総督には武官が任命され，そのもとで総督府は地税の整理と土地調査事業を進め，1918(大正7)年に完了した。その結果，日本人地主の土地所有が拡大した反面，朝鮮の小農民で没落する者が多くなり，その一部の人々は仕事を求めて日本に移住した。

　1908(明治41)年に韓国の拓殖(たくしょく)事業を推進するための国策(こくさく)会社として東洋拓殖会社が設立され，農業経営や灌漑(かんがい)・金融事業を行った。また，日清戦争後から日本の手によって建設が進められていた京釜鉄道(京城・釜山間)が1905(明治38)年に完成し，産業の発展と軍事輸送に大きな役割を果たした。

満州進出と日米摩擦

　日本は，南満州ではロシアの諸権益を引き継ぎ，1906(明治39)年に関東都督府(ととくふ)をおいて関東州(遼東半島南端の日本の租借地)の行政にあたるとともに，同年，半官半民の南満州鉄道株式会社(満鉄(まんてつ))を設立して長春(ちょうしゅん)・旅順口(りょじゅんこう)間の鉄道やその支線をはじめ，鉄道沿線

108　第1章　近代国家の成立

の鉱山など諸事業の経営にあたり，着々と南満州に勢力を伸ばしていった。

イギリスとは1905(明治38)年に日英同盟協約の改訂を行い，(1)同盟適用範囲をインドにまで拡大し，(2)イギリスは日本の韓国への指導権を確認し，(3)期間を10年に延長して攻守同盟の性格を与えた。しかし，1911(明治44)年の改訂ではアメリカに対する除外例を設け，日英の協調関係はしだいに冷却化していった。

ロシアは戦後，東アジアでの南下策を捨てて西アジア・バルカン半島方面に矛先を転じ，日本とはかえって協調的となった。1907(明治40)・1910(明治43)・1912(明治45)・1916(大正5)年の4回にわたって日露協約を結び，満州における権益などについて取り決めたが，第3次の協約では，さらに内蒙古(内モンゴル)における互いの勢力範囲を協定した。

このように日本は東アジアの強国となり，急速に勢力を拡大し，欧米列強諸国に伍して国際政局で大きな影響力をもつようになった。国際社会において欧米列強と肩を並べる強国を建設するという明治維新以来の日本の目標は，ひとまず達成されたといえよう。しかし，日本の強国化，とくに満州への勢力拡大は，日本に対する列強の警戒心を高め，黄禍論(イエロー＝ペリル)＊の矛先が主として日本に向けられるようになり，新しい国際摩擦を生むことになった。

＊黄色人種が白人をアジアから駆逐しようとするのではないかと警戒し，ヨーロッパ諸国はキリスト教文明を守るためにこれと対決すべきであるとする主張で，すでに日清戦争直後から，ドイツ皇帝ヴィルヘルム2世らが盛んに唱えていた。

アメリカが日露戦争で日本に好意的立場をとり，講和を仲介したのは，ロシアが満州を独占的に支配することを警戒したためであったが，戦後，日本の南満州への進出が盛んになると，満州の鉄道に関心をもつアメリカとの対立が芽ばえ始めた。すでに日露講和条約締結直後の1905(明治38)年，アメリカの鉄道企業家ハリマンは長春・旅順口間の鉄道を日米共同経営とすることを提案したが，日本政府はこれを拒否した。その後も，アメリカは満州に対する門戸開

アメリカの日本人移民

　日本人のアメリカ移民の最初は，1869(明治2)年カリフォルニア州に入植した旧会津藩士たちだったという。その後，一般の移民も始まり，鉱山・鉄道敷設・道路建設・農場などの労働者として働いた。1898年，アメリカのハワイ併合により，ハワイの日本人移民はよりよい労働条件を求めてアメリカ本土に渡ることが多くなり，20世紀に入ると，アメリカの日本人は毎年1万人くらいの割合で増え続けたという。毎年数十万人にも達したヨーロッパ系移民に比べればそれほどの数ではなかったが，日本人移民は勤勉で，低賃金・長時間労働をいとわなかったので，白人労働者の地位や職場を脅かした。そのうえ生活習慣・宗教意識の違いや言葉の障害などから，なかなかアメリカ人社会にとけ込めなかった。例えばキリスト教徒にとって日曜日は安息日として教会に出かけ，神に祈りをささげ牧師の説教を聞き，仕事を休んで家庭で団欒（だんらん）を楽しむのが生活習慣として定着していた。しかし，非キリスト教徒の日本人移民は，日曜日も教会に行かずに働いたりしたので，非難の的となり，日米摩擦（まさつ）を呼びおこした。カリフォルニア州の日本人移民排斥運動は，1890年代から始まったが，日露戦争のころになると，アメリカの全国的な労働組合団体がこれに加わるなど活発化し，1906年にはサンフランシスコで，日本人の学童が公立学校への通学を禁止される事件がおこった。これは日本側の抗議とアメリカ政府(T.ローズヴェルト政権)のサンフランシスコ市当局への働きかけによって，半年ほどで解除されたが，移民問題は国民感情レベルでの日米摩擦の原因ともなった。その後，1907(明治40)年，日米紳士協定が結ばれ，日本はアメリカへの移民を自主規制したが，カリフォルニア州では日本人の土地所有が禁止されるなど排日気運がいっそう高まり，結局，1924年には新移民法(いわゆる排日移民法)が連邦議会で成立し，日本人移民のアメリカへの入国は，ほぼ全面的にできなくなった。

放を唱えて，1909(明治42)年には国務長官ノックスが，満州における列国の鉄道権益を清国に返還させ，これを列国の共同管理のもとにおくこと(満州の鉄道中立化)を提案したが，日本とロシアがこれに反対して，この提案は実現しなかった。
　また，日露戦争のころからアメリカ・カナダなどで，日本人移民（いみん）排斥（はいせき）運動が労働組合などを中心に活発に展開されるようになり，1906(明治39)年にはサンフランシスコで，日本人の学童が公立小

学校への通学を禁止される事件(日本人学童隔離問題)がおこり，1913(大正2)年にはカリフォルニア州で，日本人(アメリカ市民たり得ない外国人)の土地所有を禁止する法律が制定されるなど，日本人移民に対する圧力も強まってきた。

　日露の協調が進むと，アメリカは1910(明治43)年，5000万ドルの借款を清国に与え，イギリス・ドイツ・フランスをさそって四国借款団を組織し，豊富な資金に頼っていわゆる「ドル外交」を進めた。こうして東アジアにおける情勢は，日米の対立をはらんでしだいに新しい様相を示していくのである。

桂園時代

　日露戦争を通じて，日本の国内政治にもいろいろな変化があらわれた。日露戦争後の1906(明治39)年，第1次桂内閣は退陣し，第1次西園寺内閣が成立したが，これ以後，藩閥・官僚勢力や陸軍をバックとした桂太郎と，衆議院の第一党である立憲政友会の総裁西園寺公望とが"情意投合"して交互に内閣を組織するというかたちが続き，いわゆる桂園時代が訪れた。山県有朋をはじめとする藩閥政治家の長老は元老として，各種の重要国務に参画し，後継首相の推薦などを通じて政界に隠然たる勢力をふるっていた*。

　　＊とくに山県有朋は軍部(陸軍)・高級官僚・枢密院・貴族院などのなかに大きな派閥網，いわゆる山県閥をつくって，広い政治的影響力を保持していた。

　一方，立憲政友会は原敬を中心に藩閥・官僚勢力と対抗し，これと妥協を重ねながらも，おおむね衆議院の第一党を確保し，鉄道・河川・港湾など地方の利益につながる問題を取りあげることによって，勢力地盤を拡大し，官僚や貴族院の一部にも勢力を広げた。

　日露戦争後，軍部が中心となって大規模な軍備拡張計画が立案された。しかし，1907(明治40)年以後，不況が進み，国家の財政状態が苦しくなって財政整理が必要になると，軍拡計画も思うようには進まなくなった。

　【帝国国防方針】　1907(明治40)年，軍部は山県有朋らが中心となって

帝国国防方針を立案した。これは，陸軍はロシア・フランスを仮想敵国として17個師団を25個師団に増強し，海軍はアメリカに対抗して戦艦・巡洋戦艦各8隻を中心とする大艦隊(八・八艦隊)を建設する，というものであった。

　こうした状況のなかで，政府は1908(明治41)年に戊申詔書を発して家族主義を強調し，節約と勤勉による国力の増強を説いて，内務省を中心に地方改良運動を進めた。そして，町村の税負担の能力を高め，農村共同体を町村のもとに再編して，国家の基礎を固めることに力を注いだ。そのために，旧村落ごとの青年会を町村ごとの青年会に再編強化し，内務省・文部省の指導下に組織化をはかった。また，1910(明治43)年には帝国在郷軍人会が設立され，町村ごとの在郷軍人会をその下部組織に組み込んだ。同年には産業組合中央会や帝国農会も設立され，政府の指導下に産業組合運動がしだいに本格化していった。

5 近代産業の発展

産業化の基礎整備

　明治初期以来，おおむね輸入超過が続いていた貿易収支は，生糸と鉱産物の輸出増大や，松方正義のもとでの財政緊縮と不況の影響による輸入の減少によって，1882(明治15)年より輸出超過に転じた。こうした貿易の発展による刺激や，貨幣・金融制度の整備などによって，1880年代後半には産業界は不況を脱して活況を呈し，1886～89(明治19～22)年には鉄道と紡績部門を中心に株式会社設立のブームがおこった。これが，日本最初の企業勃興といえる。1890(明治23)年にはその反動として金融が逼迫し，恐慌がおこったが，それを契機に日本銀行が民間の普通銀行を通じて積極的に資金を供給するようになり，その後，民間の近代産業は順調に発展をみた。

　また，1880年代後半には鉱山や造船所などの官営事業の民間への払下げが本格的に進められ，民間産業の発展に大きな役割を果たした。払下げを受けたのは，多くが政府と特権的に結びついていた三井・三菱などのいわゆる政商であった。彼らは，政府が巨額の費用を投じて建設した官営事業を比較的安い値段で払下げを受け，商業資本から産業資本へ転化し，日本資本主義の中心的な担い手に成長して，財閥としての足場を築くにいたったのである。

民間企業の勃興

　[工業]　紡績業・綿織物業の部門では，幕末以来，機械制生産による安価な綿糸や綿織物が大量にイギリスなど海外から輸入されるようになったため，日本の伝統的な手工業生産による綿糸や綿織物生産は，輸入品に圧迫されて一時衰えた。しかし，1870年代にはウィーンの万国博覧会をきっかけに飛び杼の技術が日本に紹介され，これを取り入れて手織機を改良し，綿織物業は農村を中心に小規模ではあるが，徐々に生産を回復した。

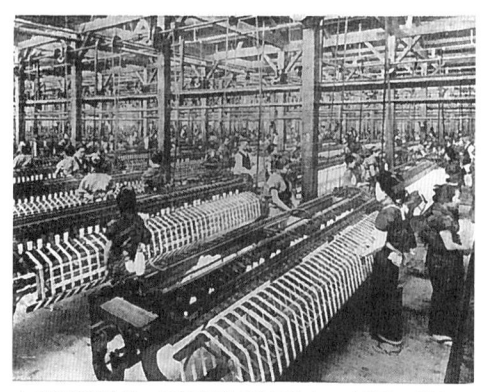

▲**大阪紡績会社** 1882(明治15)年設立。イギリス製の最新式紡績機械を用い，電灯を設備して昼夜交代制で操業し，大きな利益をあげた。(東洋紡提供)

▲**ガラ紡**(臥雲式紡績機。一般社団法人日本綿業倶楽部蔵)

　1880年代に政府の奨励により各地に設立された2000錘紡績がふるわなかったなかで，1883(明治16)年に操業を開始した大阪紡績会社が，蒸気機関を原動力とするイギリスから輸入した紡績機械(ミュール紡績機，のちリング紡績機)を用いて，大規模な生産(1万錘)を展開して成功を収めた*。この成功が刺激となって，1880年代末には摂津紡績・鐘淵紡績など大規模な機械制生産による紡績会社がつぎつぎと設立され，機械紡績は在来の手紡やガラ紡**による綿糸の生産を圧倒するにいたった。そして，1890(明治23)年には，国内の綿糸生産高は輸入高を上まわった。

　　＊大阪紡績会社の工場では，日本で初めて夜間に電灯を用い，昼夜2
　　　交代制で機械をフル稼働させて，生産をあげた。
　＊＊臥雲辰致の発明による簡単な紡績機械で，1877(明治10)年の第1
　　　回内国勧業博覧会に出品し，賞を授与された。一時は愛知県を中
　　　心にかなり普及したが，1890年代になると本格的な機械紡績の発達
　　　におされて，ガラ紡による生産は衰えていった。

　製糸業は伝統的な農村の養蚕業を基盤に国産の繭を原料として，主にアメリカ向けの輸出産業として急速に発達した。輸入機械の長所を取り入れて，これまでの日本独自の技術に改良を加えた器械製糸による工場が，長野県の諏訪地方など各地の農村地帯につぎつぎと誕生した。しかし，その規模は紡績業に比べれば比較的小規模で，また在来の座繰製糸もまだ広範に残り，両者は並行して発展をとげ

た。

[交通・運輸]　近代産業の発展と並行して，交通・運輸機関の発達もいちじるしかった。鉄道部門では，1889(明治22)年，官営による東海道線(新橋・神戸間)が全通し，1892(明治25)年には鉄道敷設法が制定されて，全国幹線網の計画が立てられた。また，民営の鉄道も華族の金禄公債を主たる資本として，1881(明治14)年に日本鉄道会社が設立された(1891年，上野・青森間全通)。1880年代後半の私鉄ブームの結果，早くも1889(明治22)年には営業キロ数では民営が官営を上まわり，山陽鉄道・九州鉄道など幹線の建設が進んで，日清戦争後には本州の両端である青森・下関間が鉄道によって連結された。

海運部門では，1885(明治18)年，三菱汽船会社と共同運輸会社が合併して日本郵船会社が設立され，政府の保護のもとに，大阪商船会社と並んで，沿岸航路から外国航路にも進出するようになった。

産業革命の達成

日清戦争後，政府は清国から得た巨額な賠償金をもとに，ぼう大な経費を投入して，軍備の拡張と産業の振興を中心に，いわゆる戦後経営を推進した。その影響で，経済界には空前の好景気が訪れ，企業の勃興が相つぎ，いちじるしい会社設立ブームの様相を呈した。1900(明治33)年から翌年には資本主義恐慌が訪れ，銀行をはじめ産業界に大きな影響を与え，企業の倒産や操業短縮が行われたが，政府の指導によって，日本銀行は普通銀行を通じて盛んに産業界に資金を供給した。また，政府は日本勧業銀行・府県の農工銀行・日本興業銀行などの特殊銀行の設立を進め，産業資金の調達と供給にあたらせた。

19世紀末，欧米先進諸国はおおむね金本位制を採用していたが，アジアでは，日本・中国など多くの国でなお銀本位体制が主流であった。しかし，金銀相場の変動などから貿易関係は不安定で，欧米諸国との貿易の発展や外資導入をはかるためにも不便であった。そ

こで政府は金本位制の採用をはかり，清国からの賠償金を金準備にあて，1897(明治30)年には貨幣法を制定して金本位制を実施した。

このようにして，日清戦争前から紡績業や製糸業など繊維産業部門で始まっていた産業革命は，戦後になるとさらにいちじるしい発展をみせ，その結果，繊維産業部門を中心に資本主義が成立するにいたったのである。その模様を部門別に眺めてみることにしよう。

【産業革命】 機械制生産がそれまでの家内工業・手工業生産を圧倒して，工業生産力が飛躍的に増大し，資本主義が支配的な生産様式及び経済体制となる社会・経済上の変革をいう。18世紀末にイギリスで芽ばえ，19世紀半ばころまでに欧米先進諸国で達成された。日本では1900(明治33)年ころまでに，繊維産業部門を中心に産業革命がひとまず達成されたが，重工業部門はかなり立ち遅れていた。なお，最近，イギリスなどでは，18世紀末イギリスでおこった経済的・社会的変化は「革命」と呼べるほど急激で大きな変化ではなかったとして，「産業革命」という用語の使用を避ける学者たちもでてきている。

[工業] 1880年代末から企業熱は急速に盛んになり，各地に新しい会社・工場がつくられ始めた。1886(明治19)年にはわずか53だった原動機使用の工場は，1890(明治23)年の最初の恐慌にもかかわらず1891(明治24)年には495の多きにのぼり，日清戦争の勝利はその飛躍的発展をもたらした。なかでも紡績業の発展はめざましく，綿糸生産高は1889〜99(明治22〜32)年の間に11倍強となった。原料の綿花を中国・インド・アメリカなどから輸入して盛んに綿糸生産にあたったが，輸入綿糸を駆逐して国内の需要を満たしたばかりでなく，綿糸輸出税と綿花輸入税の撤廃(1894年と1896年)など，政府の積極的奨励策のもとで，中国・朝鮮への輸出が急速に増大し，輸出高は1897(明治30)年には輸入高を完全に上まわった。

また，製糸業はもっとも重要な輸出産業として発展し，同じ10年間に生産高はほぼ2倍になり，1894(明治27)年には器械製糸による生産高が在来の座繰製糸の生産高を上まわり，大規模な製糸工場もつくられるようになった。製品の生糸は，フランス産・イタリア産・清国産の生糸との国際競争に打ち勝って，アメリカをはじめヨーロッパ諸国にも盛んに輸出された。原料は国産の繭を用いたので，

製糸業は外貨の獲得という点では，もっとも貢献度が高かった。そのほか，絹織物・綿織物・製紙・製糖業などの軽工業部門でも，しだいに機械制生産がそれまでの手工業生産を圧倒していった。とりわけ綿織物業の部門では，1897(明治30)年に豊田佐吉らの考案した国産力織機が，それまで農村で行われていた手織機による問屋制家内工業生産を，小工場での機械制生産に転換させていった。

　一方，重工業部門はまだ立ち遅れていた。政府は官営による軍事工業の拡充を進めたが，民間産業としては，政府の造船奨励策のもとで，三菱長崎造船所など二，三の大規模な造船所が発達したほかは，みるべきものは少なかった。とくに重工業の中心として，軍事工業の基礎となるべき鉄鋼の生産体制は貧弱で，軍備拡張や鉄道敷設の必要などにより，日清戦争後，急増しつつあった鉄鋼の国内需要の大部分を外国からの輸入に頼っていた。そこで，政府は鉄鋼の国産化をめざして，大規模な官営製鉄所として八幡製鉄所を設立した。八幡製鉄所はドイツの技術を取り入れて，1901(明治34)年に開業し，清国の大冶鉱山(ターイエ)の鉄鉱石を原料とし，国産の石炭を用いて鉄の生産にあたった。当初は技術的困難に悩まされたが，日露戦争後にはようやく軌道に乗り，国内の鉄鋼の70〜80％を生産した。しかし一般的には，重工業部門は軽工業部門に比べて立ち遅れ，とくに民間企業は貧弱で，その本格的発展は日露戦争後を待たねばならなかった。

　[交通・運輸]　近代産業の発展や軍事輸送の必要から，日清戦争後に交通・運輸機関もいちじるしい発展をとげた。1896(明治29)年には門司・長崎間，1901(明治34)年には神戸・下関間の鉄道が民間の手で全通した。総営業キロ数も飛躍的に伸びたが，とくに目立つのは，日清戦争後も引き続き民営の鉄道が大いに発達したことで，1902(明治35)年には全延長の約70％を私鉄が占めた。なお，京都・名古屋・東京などの大都市では，1890年代から1900年代につぎつぎと市街電車が開通し，市民の足として親しまれた。

　海運業では，造船奨励法，航海奨励法の制定(ともに1896年)などの政府の保護・奨励策のもとで，日本郵船会社がインド(ボンベイ)

航路・北米(シアトル)航路・欧州(アントウェルペン)航路・豪州(メルボルン)航路を，東洋汽船会社も北米(サンフランシスコ)航路を開設するなど，外国向けの遠洋航路がつぎつぎと開かれていった。

　[財政・金融]　財政面では軍備拡張や産業振興・教育施設の拡充・台湾植民地経営など，いわゆる"戦後経営"のためにばく大な経費を必要としたので，日清戦争後，財政は膨張の一途をたどった。そのため国債発行・地租増徴のほか，営業税・砂糖(さとう)税・麦酒(ビール)税の新設，酒・醬油(しょうゆ)税の増徴など相つぐ税の新設・増徴が行われた。その結果，税収入に占める地租の割合は，大幅に低くなり，明治初期の地租中心の税制度から間接消費税(かんせつしょうひぜい)中心の税制度が整えられた。

　【人口と職業】　1872(明治5)年の総人口は3311万人で，有業人口の81.4%が農林業，4.8%が鉱工業，5.5%が商業であった。1900(明治33)年になると，内地の総人口4482万人，有業人口の66.6%が農林業，13.5%が鉱工業，8.6%が商業となった。このように農林業人口の減少，鉱工業・商業・交通業人口の増加は明らかな対照をみせている。

　[貿易]　貿易面では，まずその総額が日清戦争後，すばらしい勢いで増加した。1902(明治35)年は1887(明治20)年の5倍以上にもなっている。つぎに目立つことは1882(明治15)年以来の輸出超過が，日清戦争後，再び輸入超過に変わっていったことである。これは，綿花などの工業原料品や機械・鉄などの重工業製品の輸入が増大したためと考えられる。

　輸出入品の内容をみると，日清戦争前の輸入品は綿糸・砂糖・毛織物などの加工品が多く，輸出品は生糸・茶・水産物・銅など日本特産の食料や原料品が多かった。それが日清戦争後になると，輸入品では綿花などの原料品が目立つようになり，輸出品では綿糸が生糸についで第2位となるなど加工品が増えており，日本が近代工業国へ一歩を進めたことが明らかになっている。なお，輸出の主な相手国は，アメリカが第1位で，第2位は清国であった。

　[農業]　こうした資本主義の発展は，農業面にも大きな影響を与えた。工業に比べると，米作を柱とする零細経営が中心であった農業の発達は遅々(ちち)としていたが，松方財政の影響による不況から抜け出した1890年代になると，米価をはじめ農産物の価格も上昇し，農

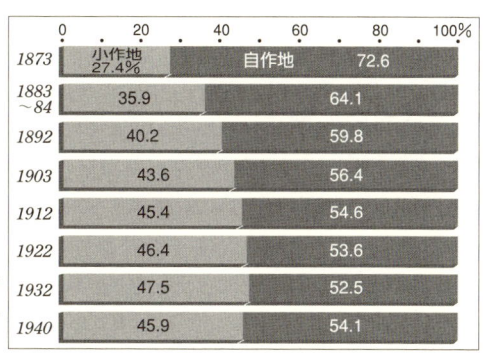

▶小作地率の変化（『近代日本経済史要覧』より）　自作地率が少しずつ低下し、小作地率が増している。

年	小作地	自作地
1873	27.4	72.6
1883～84	35.9	64.1
1892	40.2	59.8
1903	43.6	56.4
1912	45.4	54.6
1922	46.4	53.6
1932	47.5	52.5
1940	45.9	54.1

村は比較的安定した発展を示すようになった。大豆粕などの金肥の普及や品種改良*にみられる農業技術の向上によって、米の生産高は徐々に上昇したが、近代産業の発展による非農業人口の増大と生活水準の向上は、農産物、とくに米の国内需要を増大させた。そのため米の供給はしだいに不足がちとなり、日清戦争後には朝鮮などから毎年米を輸入するようになった。

*政府は1893（明治26）年、農事試験所を設置して、稲などの農作物の品種改良に力を注いだ。

　交通機関の発達・外国貿易の隆盛などに伴う商品経済の農村への浸透は、農村の自給体制をつき崩して、商業的農業をいっそう推し進めた。生糸の輸出に刺激されて桑の栽培や養蚕が盛んになったが、反面、自家用衣料の生産はほとんど行われなくなり、また、安価な外国産の原綿が原料にされたため、国内の綿花生産は衰えた。商業的農業の発展に応じて農業協同組合も芽ばえ、1900（明治33）年には産業組合法が成立して、信用・販売・購買・生産についての協同組合がつくられることになった。

　そうしたなかで農民層の分解はさらに進み、1880年代から90年代にかけて小作地率は増加を続けた。大地主の間では、借金などのために農民が手放した農地を買い集め、小作人にこれを貸し付けて耕作させ、自らは耕作を離れて、いわゆる寄生地主となる傾向が強まった。地主は小作料をもとでに公債や株式に投資したり、自ら企業をおこしたりして、しだいに資本主義との結びつきを深めるとともに、地方有力者として地方自治体の役職についたり、議員になる

5　近代産業の発展

など，日本の政治の基底をかたちづくったのである。

資本主義の発展

　日露戦争が終わると，軍備拡張をはじめとする戦後経営の必要から，国家財政はいっそう膨張した。政府は外国債や国内債の募集をさらに拡大し，また，各種の増税を行ってその財源にあてたが，財政状態は苦しかった。そうした財政の重圧のもとで日露戦争後の企業勃興は日清戦争後に比較するとあまり活発ではなく，好況も短期間に終わって，1907(明治40)年には恐慌がおこり，その後も不況が続いた。とくに農業生産の停滞や農家の窮迫が，この時期には社会問題として取りあげられるようになった。

　[工業]　日露戦争後，これまで遅れていた重工業部門では，造船・車両・機械器具・鉄鋼・水力発電事業などがいちじるしい発展を示した。例えば造船業では，造船技術が世界の水準に追いつき，鋼鉄製の1万トン級大型航洋船が国産できるようになり，その国内自給率も，戦後数年のうちに60%近くになった。鉄鋼業では官営の八幡製鉄所の生産が本格化し，日本の銑鉄生産量は1901(明治34)年の5万トンから1913(大正2)年には24万トンと5倍近くに増え，鋼材は同じ期間中に6000トンから25万トンに達した。日本製鋼所をはじめ民間の製鋼会社も設立されるなど，鉄鋼業の分野でも民間企業がしだいに発展してきた。そのほか，工作機械工業では，池貝鉄工所が旋盤の完全製作に成功するなど発展がみられた。また，水力

◀八幡製鉄所　1897(明治30)年に着工され，1901(明治34)年，東洋一といわれた日産165トンの第一高炉(溶鉱炉)に火が入り，鉄鋼の生産を始めた。写真は創業当時の景観。(新日鐵住金株式会社八幡製鐵所蔵)

日本資本主義の特色

　日本の資本主義は、欧米先進諸国が200〜300年を要した過程を、せいぜい半世紀というきわめて短期間で達成し、急速に成立・発展をとげた点に大きな特色がある。そして、資本主義の成立と発展の過程におけるめざましい「高度成長」は世界史上の驚異的な現象といえよう。もとより、こうした急速な発展は、政府の主導による近代産業育成政策のもとで、すでに産業革命が終わっていた欧米先進諸国から、高い水準の経済制度・技術・知識・機械などを日本に導入し、移植することによってもたらされたものである。産業化の推進には巨額の経費を必要としたが、産業革命達成への過程では、若干の例外を除けば、ほとんど外国資金に頼ることなく、日本国内でその資金が調達されたことも注目に値する。こうした歴史的条件のもとで、日本の急速な資本主義の形成が、その「副作用」として、工業と農業、あるいは大企業と中小企業の格差（二重構造）、劣悪な労働条件、さまざまな公害や環境破壊など、いろいろな「ひずみ」を生んだことも否定できないし、それらを利用することによって日本は急速な経済発展をとげた、という見方も成り立つかも知れない。しかし、これらの二重構造や「ひずみ」は、後発的に資本主義をめざす多くの国々におおむね共通の現象であり、しかも、日本の「高度成長」はきわめて例外的であった。そのことを考えれば、「ひずみ」や二重構造を理由とする見方では、「高度成長」の秘密を解き明かせないであろう。「高度成長」の秘密をどこに求めるかについては、さまざまな考え方があるが、寺子屋教育の伝統を引き継いだ学校教育による国民教育の普及、とりわけ国民の読み書き能力の高さ、出身身分や階層に関係なく教育制度を通じて中下層の庶民が国家の指導階層にまで上昇し得るようなタテの社会的流動性の高さ、「日本人の勤勉性」、宗教的束縛の欠如、そして、国民の大部分が同一民族からなり、同一言語を用い、宗教的対立や民族紛争による流血もあまりないという状況のもとでの日本社会の同質性の高さなど、江戸時代以来の日本のさまざまな歴史的前提条件の重要性を考慮することが必要であろう。

発電が本格的に始まり、電力事業が発展して、明治末期には大都市ではほとんどの家々に電灯が普及するようになった。
　軽工業部門でも、綿糸紡績・製糸・織物・製紙・製糖業などが引き続き発展を示した。紡績業では大企業同士の合併が行われて、寡占化が進んだ。綿糸生産との兼営で綿布の生産も盛んに行われるようになり、満州・朝鮮市場に進出を強めて、イギリス綿布・アメリ

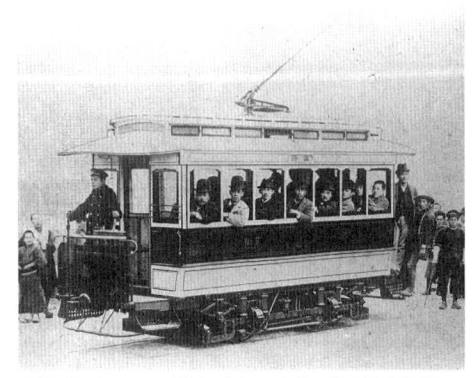

▲路面電車　1895(明治28)年，京都の塩小路東洞院・伏見下油掛間に日本ではじめて路面電車(市街電車)が開業した。(朝日新聞社提供)

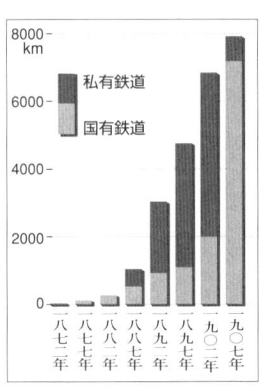

▲鉄道の発達(『日本経済統計総観』より)

カ綿布と対抗した。また，これまで手織機によるごく小規模な問屋制家内工業が行われていた農村の綿織物業では，国産力織機が使われて中小工場への転換が進んだ。製糸業はアメリカ向けの輸出がいっそうの発展を示し，1909(明治42)年には，その輸出規模は中国を追い越して世界最高となった。

しかし，このように重工業の著しい発展にもかかわらず，工業の中心は依然として繊維産業を中心とした軽工業にあったといえよう。

　[貿易]　工業の発展に伴い，貿易額もめざましい伸長をみせた。1902(明治35)年に総額5億3000万円だったのが，日露戦争後の1906(明治39)年には8億4000万円を超え，1912(大正元)年には11億4500万円を超えた。また，対満州の綿布の輸出と大豆粕の輸入，対韓国(朝鮮)の綿布の輸(移)出と米の輸(移)入など，日本経済における植民地の役割が大きくなった。しかし，輸出が活発化したにもかかわらず，軍需品や重工業資材の輸入が増加したため，日露戦争後の貿易収支はおおむね入超で赤字続きとなり，この期間中に出超だったのは1906(明治39)・1909(明治42)年の2年度だけで，巨額な外国債の利払いもあって，日本の国際収支はかなり悪化した。

　[交通・運輸]　鉄道事業は順調な伸びをみせ，営業キロ数で民営が官営を大きく上まわった。しかし，経営の統合と軍事輸送の便という経済的・軍事的な必要から，政府は1906(明治39)年に鉄道国

▶東京駿河町三井組バンク（錦絵）
1874（明治7）年に建てられた三井組の総本山。背後に第一国立銀行がみえる。（日本銀行金融研究所貨幣博物館蔵）

有法を公布し，日本鉄道・山陽鉄道・九州鉄道など17社4500kmの私鉄を買収し，全国の主要な幹線はすべて国有鉄道となった。

［財閥の産業界支配］　こうした資本主義の発展に伴い，とくに1907（明治40）年の恐慌を経て，三井・三菱・住友・安田・古河などの財閥が，金融・貿易・運輸・鉱山業など多方面にわたって多角的経営を進み，三井財閥が1909（明治42）年に三井合名会社を設立したのをはじめ，各財閥とも持株会社を中心にコンツェルンの形態を整えて産業界を支配するようになった。いわゆる独占資本の形成である。

【三井と三菱】　財閥のなかでもとくに強大だったのは三井と三菱であった。三井は江戸時代から呉服商・両替商として巨富を蓄え，明治維新後は政府と結びつき，いわゆる政商として，銀行・商社・炭鉱業などで発展をとげたが，1890（明治23）年以後，紡績・製紙・電機・金属・機械などの企業部門にも進出し，1909（明治42）年に設立された三井合名会社を頂点に，巨大なコンツェルンを形成した。三菱は維新後，土佐出身の岩崎弥太郎が政府の特権的保護を受けて海運業で巨利を収めてその基礎をつくり，造船・保険業を中心に成長し，1893（明治26）年には三菱合資会社を設立し，製鉄・商社・金融・製紙・鉱業などにも手を広げ，1919（大正8）年には銀行部が独立して三菱銀行となり，合資会社のもとに財閥を形成した。

社会問題の発生

　明治中期以後，資本主義の発達がめざましくなり，工場制工業がつぎつぎに勃興するに伴い，賃金労働者の数も急増した。彼らの多くが農家の次男・三男や子女で，貧しい家計を助けるためのいわゆ

5　近代産業の発展　123

る"出稼型"の労働者であった。しかも，産業革命の中心となった繊維産業部門の労働者は，大部分が女性であり＊，重工業や鉱山部門では男性労働者が多かったが，全体として女性労働者の比重が大きかったのである＊＊。これらの労働者は，同時代の欧米諸国に比べると，はるかに低い賃金で長時間の過酷な労働に従事し，また悪い衛生状態・生活環境におかれるなど，労働条件は劣悪であった。

> ＊1900（明治33）年の統計によると，民間の工場（10人以上使用）労働者数は38万8296人で，そのうち繊維産業の労働者が23万7132人（製糸業11万8804人，紡績業6万2856人）と60％以上を占め，その約88％が女性であった。
>
> ＊＊また，年少労働者の数も多く，例えば1897〜98（明治30〜31）年ころの統計では，12歳未満の労働者が摂津紡績会社では全労働者中の21％余り，大阪紡績会社では10％余りを占めていた。

【労働時間と賃金】　劣悪な労働条件をよくあらわしているのが，労働時間の長さと賃金の低さであった。重工業の男性労働者についてみれば，例えば東京砲兵工廠や石川島造船所では，1897（明治30）年ころ，1日10〜11時間労働で，日給30〜35銭（現在の3000円くらい）程度であったが，実際には残業して13〜16時間働き，50〜60銭程度の日給を得ることが多かった。休日は普通は月2回。紡績工場の女性労働者（女工）は，昼夜2交代制の12時間労働（実働11時間）で，休日はおおむね隔週1回，賃金は日給7〜25銭が標準であった。女性労働者の多くは寄宿舎に住んだが，肺結核などにより健康を損なうことも少なくなかった。大企業に多かった紡績女工に比べ，中小企業に多かった製糸女工や織物女工の場合は，その労働条件はいっそう悪く＊，16〜17時間労働もまれではなかったという。ちなみに当時の米価は1升（約1.5kg）14〜15銭程度，大学を卒業した官吏の初任給は月額40〜50円であった。

> ＊この時期の労働者の過酷な生活状況については，横山源之助『日本之下層社会』（1899年）や，政府が労働者の実態を調査して発表した農商務省編『職工事情』（1903年）などに描き出されている。また，細井和喜蔵の『女工哀史』は，自分自身の紡績工場での体験をもとに，1910〜20年代初めの紡績業・綿織物業の女性労働者を中心に，その労働条件や生活のようすを描いている。

日清戦争以前には，労働者の意識は成熟しておらず，労働運動は本格化しなかった。九州の高島炭鉱で，3000人の坑夫が過酷な重労働を強いられ，これが1888（明治21）年，雑誌『日本人』に取りあげられた高島炭鉱事件や，1886（明治19）年，甲府の雨宮製糸工場で，

100余名の女工が劣悪な労働条件に反対してストライキをおこしたことなどが，この時期の主な労働問題であった。

　日清戦争後，労働者の階級的自覚がしだいに高まり，劣悪な労働条件を改善するために団結するようになった。1897(明治30)年にはアメリカから帰国した高野房太郎が職工義友会をおこし，「職工諸君に寄す」という一文を配布したが，これに片山潜らが加わって，同年，労働組合期成会が結成され，その指導のもとに，各地で鉄工組合や日本鉄道矯正会などの労働組合がつくられ，待遇改善や賃金引上げを要求する労働争議がしばしばおこるようになった。片山が中心となり，労働組合期成会・鉄工組合の機関誌として『労働世界』が発行され，労働組合運動が展開された。

　これに対し，政府は1900(明治33)年に治安警察法を公布し，労働者の団結権・罷業権を制限して労働運動を取り締まったが，反面，生産能率の向上と資本家・経営者と労働者の対立を緩和し，両者の協調をはかるために，労働条件を改善する必要があるとして，労働者を保護する法律を制定しようとした。しかし，それは経営者側の反対でなかなか実現しなかった。

　労働組合が結成され労働運動が展開されるとともに，その指導理論としての社会主義思想が芽ばえるようになった。1898(明治31)年に社会主義研究会が生まれ，これを母体として1901(明治34)年には日本で最初の社会主義政党である社会民主党が結成された。しかし政府は，治安警察法によってただちにこれを禁止した。

　　【社会民主党】　中心メンバーは，幸徳秋水・片山潜・安部磯雄・西川光二郎・木下尚江・河上清らで，理想綱領として軍備全廃・階級の廃止・土地と資本の公有化などをかかげ，実際の運動綱領としては貴族院廃止・軍備縮小・普通選挙実現・8時間労働実施などをうたった。そのころはまだマルクス主義の影響よりも，キリスト教的人道主義の性格が強かった。

　そののち，日露戦争の危機が深まると，1903(明治36)年，幸徳秋水・堺利彦らは平民社をおこし，『平民新聞』を発行して，社会主義の立場から反戦運動を展開した。

　また，近代産業の急速な発展に伴い，さまざまな公害問題もおこっ

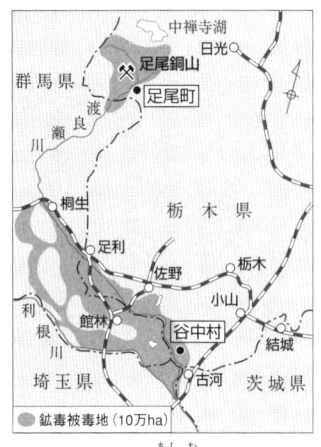

◀田中正造(1841〜1913) 第1回衆議院議員選挙で選出された正造は、生涯を足尾鉱毒事件の解決に奔走し、1901(明治34)年12月10日、議会開院式から帰る天皇の馬車に向かって直訴した。(国立国会図書館蔵)

◀足尾鉱毒事件関係略図

た。なかでも足尾銅山鉱毒事件は、地元の鉱毒被害民により被害民の救済と足尾銅山の操業停止を求める運動が展開され、田中正造らが帝国議会でこれを取りあげて政府に対策を迫るなど、大きな社会問題に発展した。

【足尾銅山鉱毒事件と田中正造】 栃木県足尾町(現、日光市)にある銅山は、江戸時代初期から幕府直営の銅山として有名であったが、明治初期、民間に払い下げられ、古河市兵衛が経営者となった。彼は技術的改良を加え、最新の洋式機械を使って採掘にあたったので、銅の産出額は飛躍的に増大したが、銅の製錬過程で発生する鉱毒が多量に渡良瀬川に流れ込んで大量の魚を死滅させ、1890(明治23)年の洪水では、流域の村々で作物が立ち枯れるなど田畑を荒廃させた。1891(明治24)年、栃木県選出の衆議院議員田中正造(立憲改進党)が衆議院でその対策を政府に迫り、その後も被害民とともに、しばしば鉱毒除去・銅山の操業停止と被害民の救済などを政府に求めた。民間では、内村鑑三・木下尚江・島田三郎ら知識人・言論人が被害民を支援して鉱毒問題解決を求めるキャンペーンを展開し、鉱毒事件は大きな社会問題に発展した。政府は1897(明治30)年、鉱毒調査委員会の調査に基づき、経営側に対し鉱毒除去を命じたが、鉱毒防止措置は効果が乏しく、被害はやまず、1900(明治33)年には、陳情のため集団で上京しようとした被害民と警官隊が衝突し、多数の検挙者を出した(川俣事件)。議会での請願や質問では効果がないと判断した田中正造は、1901(明治34)年、衆議院議員を辞職し、明治天皇に直訴した。のち、政府は鉱毒防止対策として渡良瀬川の洪水調整と鉱毒沈澱のための遊水池を建設することにし、建設予定地にあたる谷中村村民の反対を押し切ってこれを実行したので、谷中村は廃村となった*。

＊現在では、この渡良瀬遊水池とその周辺は、日本でも有数の湿原

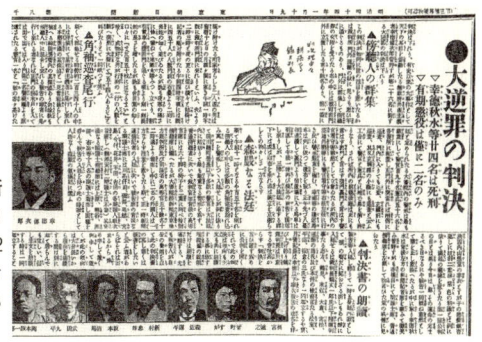

▶大逆事件の判決を報じる新聞記事（『東京朝日新聞』1911〈明治44〉年1月19日付）　12名は無期に減刑されたが、なかには無実とみられる人たちもあった。（朝日新聞社提供）

となり、多くの珍しい動植物の棲息地として、地球の自然環境保全に貢献している。

　日露戦争を通じて社会矛盾が深まると、労働争議はしだいに激しくなった。1906(明治39)年、西園寺内閣が融和的態度をみせると、片山潜・堺利彦・西川光二郎らは日本社会党を結成して、社会主義の実現を綱領として打ち出した。たまたまおこった東京市電の値上げ反対運動では、日本社会党は大衆行動にでて警官隊と衝突した。1907(明治40)年には足尾銅山・長崎造船所・別子銅山などで大規模なストライキがおこり、軍隊が出動するほどであった。このような時期に日本社会党の内部には幸徳秋水ら急進派が直接行動を主張して（直接行動派）、議会政策を重視する穏健派（議会政策派）と対立する情勢がおこり、同年、日本社会党は政府から解散を命じられた。翌年、仲間の出獄を歓迎した社会主義者たちが革命歌を歌い赤旗をかかげて行進し、警官隊と衝突して多数の検挙者を出す事件がおこった（赤旗事件）。

　1908(明治41)年、第2次桂内閣が成立すると、社会主義運動に対する取締りはいちだんと厳しくなり、1910(明治43)年には明治天皇暗殺を計画したという理由で、多くの社会主義者が逮捕され、その翌年に処刑された。いわゆる大逆事件である。

　【大逆事件】　その真相は長く謎に包まれていたが、第二次世界大戦後になってようやく明らかになってきた。それによると、宮下太吉・管野スガら数人の急進的な無政府主義活動家が、天皇をすべての社会悪の根源としてその暗殺を計画し、爆裂弾の製造にあたっていたことが発覚して逮捕された。政府はこれを機に大量の社会主義者を検挙し、

5　近代産業の発展　127

◀東京の「貧民窟」(『風俗画報』より) 1890年代の東京などの大都市には，日雇いなどで生計をかろうじて立てる貧しい人々が居住する「貧民窟」が各所に存在した。(国立国会図書館蔵)

うち26名を非公開の裁判に付し，幸徳秋水ら12名を死刑，14名を懲役刑に処した。しかし実際には，幸徳は天皇暗殺計画には消極的だったらしく，今日では処刑された人々のなかには無実だった者もかなりあったのではないかとみられている。

政府は大逆事件をきっかけに，社会主義運動を厳しく取り締まるため，警視庁内に特別高等課(特高)を設置した。国民の大多数は社会主義を危険視するようになり，社会主義者の活動は一時まったく衰えてしまった(「冬の時代」)。

同時に，政府は1911(明治44)年に工場法を制定するなど，社会政策的配慮から労働条件の改善をはかり，労働者と資本家との対立を緩和してその協調をはかろうとした。

【工場法】 政府は，社会政策の立場に立って，かねてから農商務省を中心に労働者保護の立法措置を行おうとして法案作成にあたっていたが，経営者・資本家側の強い反対でなかなか実現しなかった。1911(明治44)年になり，ようやく工場法として日本最初の労働者保護立法が実現した。少年・女性の就業時間の限度を12時間とし，深夜業が禁止となったが，適用範囲は15人以上を使用する工場に限られ，製糸業では14時間労働，紡績業では制限つきながら，深夜業を認めるなど，不徹底なものであった。5年余りの猶予期間をおいて，工場法は1916(大正5)年に施行された。

東京や大阪のような大都市では，下層民が集中して住む貧民窟(スラム)が出現し，貧困や衛生状態の劣悪化などが深刻化した。民間でこうした問題と取り組んで，山室軍平の救世軍などキリスト教団

体による社会救済事業が活発に展開された。また,矢島楫子らのキリスト教婦人矯風会は,公娼制度の廃止と女性の更生補導をめざして(廃娼運動),その生活改善の運動を進めた。

　一方,こうした社会問題は農村にもおこった。日露戦争後の慢性的不況の影響を受けて,都市の人口吸収は限界に達し,農村には人口がだぶつきはじめ,農産物価格も値下がりして,農民の窮乏が目立ってきた。小作人が組合をつくって小作料減免を寄生地主に要求する動きもおこり,農村の共同体的秩序がゆるんで,社会の基盤が不安定になるという問題もあらわれ始めた。

6 近代文化の発達

明治文化の特色

明治文化の特色は，第1に江戸時代以前の日本文化の伝統を受け継ぎながら，その上に，思想・学問・芸術など各分野にわたって急速に西洋の近代文化を受け入れて，日本独特の新しい文化を築きあげたことである。

第2には，新しい文化は当初，政府の指導育成のもとに発展したが，のち，しだいに国民の自主的な努力によって国民文化として成長をとげたことである。このような文化の普及は，教育制度の充実，通信・交通機関の発達，ジャーナリズム・出版事業の活発化などに負うところが大きかった。

知識人の西洋文化摂取の姿勢

明治時代前期には，積極的な西洋文化の摂取や近代的変革の進行に伴って，日本の知識人の間に，日本の歴史や伝統的な文化を軽視する傾向が広まった。それはちょうど第二次世界大戦後の日本で，一時，知識人の間に戦前の日本に対する全面的な否定的評価が流行したのと，よく似た現象であった。

ベルツはそうした現象をつぎのように観察し，自国の固有の歴史や文化を軽視するようなことでは，かえって外国人たちの信頼を得られないだろうと批判している。

「ところが——何と不思議なことには——現代の日本人は自分自身の過去について，もう何も知りたくはないのです。それどころか，教養ある人々はそれを恥じてさえいます。『いや，何もかもすっかり野蛮なものでした〔言葉そのまま！〕』とわたしに言明したものがあるかと思うと，またあるものは，わたしが日本の歴史について質問したとき，きっぱりと『われわれには歴史はありません，われわれの歴史は今からやっと始まるのです』と断言しました。……こんな現象はもちろん今日では，昨日の事柄いっさいに対する最も急激な反動からくることはわかりますが，しかし日々の交際でひどく人の気持を不快にする現象です。それに，その国土の人たちが固有の文化をかように軽視すれば，かえって外人たちのあいだで信望を博することにもなりません」(『ベルツの日記』1876年10月25日)。

第3には，近代文化の特質として科学的精神の重要性の認識が高まったことである。それとともに，学問・文学・芸術などがいちおう政治・道徳・宗教から独立して発展した。もっとも，この点はまだ十分なものではなく，政治権力や道徳的見地から学問上の理論や学説がゆがめられることもしばしばあった。とはいえ，江戸時代と比較すれば，相対的にみて，学問・文学・芸術などの独立性がより強くなったことは確かである。

　第4には，西洋近代文化の受容・発展があまりにも急速であったことから，ややもすると，それが表面的で浅薄なものにおちいりがちだったことである。とくに，政府の手によるわが国における西洋近代文化の受容の目的が，富国強兵をめざす近代国家の形成と深く結びついたもので，必ずしも日本国民の生活に根ざしたものではなかっただけに，西洋文化や生活様式の皮相（ひそう）的な模倣という性格はまぬがれず，かえって伝統的・日本的なものと，外来的・西洋的なものとのアンバランスをもたらし，文化的混乱を招いた面もあった。

思想界の動向

　欧米列強から強い衝撃を受け，それに対応して近代的国民国家形成への道を歩んだ日本においては，政府や知識人たちの間には早くから個人の権利・自由と並んで，国家の独立の強化と国権（こっけん）の拡張が近代国家形成過程における国民的課題として自覚されていた。それゆえ，明治初期から中江兆民＊・大井憲太郎らがフランス流の天賦（てんぷ）人権論（じんけんろん）に基づく自由民権思想を広めたが，それには国権論の要素が多く含まれていた。

　　＊中江兆民はフランス留学から帰国後，ルソーの『社会契約論』の一部を翻訳して紹介したり（『民約訳解（みんやくやくかい）』），西園寺公望を社長に『東洋自由新聞』を発刊したりして，自由民権の代表的思想家となった。

　1880年代の終わりころから，政府のそれまでとってきた欧化政策を表面的で浅薄なものとし，これに反対する主張が民間で強くなった。徳富蘇峰（とくとみそほう）（猪一郎（いいちろう））は，1887（明治20）年，民友社（みんゆうしゃ）を設立し，同年，雑誌『国民之友』，1890（明治23）年には『国民新聞』を創刊して，

▲三宅雪嶺と『日本人』 『日本人』の創刊は，1888(明治21)年。三宅は国粋保存の論陣を張った。(日本近代文学館蔵)

▲徳富蘇峰と『国民之友』 平民主義を唱えて政府を批判したが，のち国家主義の立場を強調した。『国民之友』の創刊は，1887(明治20)年。(左：日本学士院蔵，右：日本近代文学館蔵)

山路愛山・竹越与三郎らとともに平民的欧化主義を唱えた。これは政府による上からの欧化政策を批判し，個人の自由と平等を基礎に積極的に西洋文化の摂取にあたろうとするもので，イギリス的な議会政治や社会政策も主張された。

一方，三宅雪嶺(雄二郎)・杉浦重剛・陸羯南(実)・志賀重昂ら政教社(1888年設立)のグループは，雑誌『日本人』(1888年創刊)や『日本』(新聞，1889年創刊)によって，西洋文化の無批判な模倣に反対し，日本固有の伝統のなかに価値の基準——"真・善・美"——を求め，それを基礎に国民国家をつくりあげようとする，いわゆる国粋保存主義を説いた。いずれも，国民を基礎にしたナショナリズムの立場に立ち，上からの国家主義には批判的であったが，日清戦争を契機に，しだいに批判的立場は失われ，徳富の国家主義への転身にみられるように，上からの国家主義に同化されていった。また，1900年ころになると，列強の帝国主義に対抗するかたちで，高山樗牛は雑誌『太陽』によって日本主義を唱えた。

こうして，日清戦争後は，日本の対外膨張・大陸進出とそれを支える国家主義が思想界の主流となった。加藤弘之・井上哲次郎ら帝国大学(帝大，のち東京帝国大学)の学者が中心となって，ドイツ流の国家主義や社会有機体論などを取り入れ，盛んに個人に対する国家の優越を説いた。また，社会進化論が加藤らによって広まるなかで，これを国家と国家の関係に適用し，国際社会における優勝劣敗・弱肉強食を肯定する考え方が強くなっていった。国家主義の思想は

伝統的な儒教道徳と結びつき、日本を天皇を頂点とする一大家族とみなし、「忠孝一致」「忠君愛国」の精神が強調されるようになった。このような家族国家観は、明治時代末期には政府により国定の修身教科書のなかに取り入れられ、義務教育の普及や国民道徳論の展開に伴って広く国民の間に国体観念を植えつけ、天皇制国家の社会秩序を内面から支える強力な道徳的・精神的支柱となった。

そして、こうした考え方に反する思想や学問研究に対しては、しばしば強い圧力がかけられた。神道の実証的研究「神道は祭天の古俗」を『史学会雑誌』に発表した久米邦武が、神道家らの攻撃によって帝大教授辞任を余儀なくされ、キリスト教徒の立場から教育勅語への拝礼を拒否した第一高等中学校の嘱託教員内村鑑三が、生徒やジャーナリズムの非難をあび、これに屈伏した学校当局によって教壇から追われたり（内村鑑三不敬事件）、また小学校の日本歴史の国定教科書に南北朝併立説を執筆した喜田貞吉が、南朝を正統とする立場の人々から激しく攻撃され、編修官を休職になったりした（南北朝正閏問題）のは、そのあらわれである。

信教の自由

明治初期の神道による国民教化の方針は、十分な成果をあげるにいたらなかったが、政府は国家の統制のもとに、神社神道確立の方向に向かった。それとともに、民間の神道として政府の公認を受けたものが教派神道であった。明治年間に13派の教派神道が公認されたが、なかでも、幕末におこった天理教・金光教などは庶民の間にかなり広まった。

一方、仏教は廃仏毀釈の風潮が弱まるとともに勢力を回復し、井上円了のように国粋主義の立場から仏教の覚醒を促したり、島地黙雷のように神道の国教化に反対して信教の自由を説き、仏教復興をはかる仏教思想家もあらわれた。

キリスト教は、幕末からオランダ人フルベッキ、アメリカ人ヘボン（ヘップバーン）、ジェーンズ、ロシア人ニコライらの外国人宣教師が来日して布教を行っていたが、1873（明治6）年に禁制が解か

れ、欧米の新しい文化・思想の流入に伴って、主として知識階級の人々にしだいに受け入れられるようになった。とくに、幕末に新しくもたらされたプロテスタンティズムの諸派は、外国人宣教師が中心となって、盛んに布教活動にあたり、教会や学校（ミッション＝スクール）の設立も相つぐようになった。また、日本人の信徒のなかからも、新島襄・内村鑑三・植村正久・海老名弾正のような優れたキリスト教思想家・教育者があらわれて、とくに青年たちの心をとらえた。キリスト教的人道主義の立場から、社会福祉や廃娼運動などの活動も行われるようになった。

なお、信教の自由については、これを認めるべきであるという要求がしだいに強くなり、1889（明治22）年に発布された大日本帝国憲法のなかでも、「安寧秩序ヲ妨ケス及臣民タルノ義務ニ背カサル限ニ於テ」という条件つきながら、「信教ノ自由ヲ有ス」ることが明文化された（第28条）。しかし、キリスト教は庶民の間にはそれほど広くは普及しなかった。また、教育勅語が発布され、内村鑑三不敬事件がおこると、「忠君愛国」を強調する国家主義の立場から、キリスト教がこれと相容れないとする攻撃も行われるようになり*、仏教界からのキリスト教攻撃もおこって、宗教界は混乱した。

*例えば、井上哲次郎は「教育と宗教との衝突」という論文を発表して、キリスト教が教育勅語の精神に反しているとして攻撃した。

【プロテスタント】　ルターやカルヴァンらのキリスト教の改革派は、カトリックの伝承主義に反対して信仰の内面性と聖書の尊重とを説き、福音主義・福音派と称した。1529年、神聖ローマ帝国皇帝カール5世はシュパイアー国会で新教の保護を拒否したので、改革（新教）派は連合して抗議書（protestatio）を提出した。ここからProtestant（抗議者）の語がおこり、その一派をProtestantismと称するにいたった。

教育の普及と統制

政府は近代化政策の重要な一環として国民教育を重視し、その普及・発展につとめた。しかし、1872（明治5）年に公布された学制は、画一的すぎて国民生活の実情に合わない点も多かったので、1879（明治12）年、これを廃止して教育令を公布した。教育令はアメリカ

の制度にならう自由主義的なもので、小学校教育の大綱(たいこう)のみを定めて、その実際の運営は各地方の自主性にゆだねることとし、最低就学期間は16カ月と大幅に短縮された。しかし、その放任主義により、かえって教育が衰える危険もあったので、翌1880(明治13)年、政府は教育令を大幅に改め(改正(かいせい)教育令)、学校教育の内容やその運営に対する政府の指導・監督を強化し、最低就学期間は3年間と定められた。

高等教育の面でも、1877(明治10)年、東京開成(かいせい)学校と東京医学校が合併して、東京大学が設立され、日本で最初の西洋風の近代的総合大学が発足した。

【帝国大学】 東京大学は、1886(明治19)年の帝国大学令公布とともに、帝国大学(1897〈明治30〉年に東京帝国大学と改称)となった。その後、明治年間に京都帝大・東北帝大・九州帝大などが設立され、中・下級の社会層からも広く人材を集め、高級官僚・高級技術者・学者など国家や社会の指導者たちを育成する機関としての役割を果たした。

このようにして教育はしだいに普及したが、反政府的な自由民権の風潮が高まるにつれて、政府ははじめの自由主義・功利(こうり)主義的な教育政策から、しだいに国家統制を強化する方向に向かった。小学校において儒教道徳に基づく修身教育が重視され、政府による教科書の検定(けんてい)制度が実施されて、自由主義的内容の教科書がしだいに使用されなくなったのも、そのあらわれである。

1886(明治19)年には、文部大臣森有礼のもとで、帝国大学令・師範(しはん)学校令・中学校令・小学校令など一連の学校令が制定され、体系的な学校教育制度が確立された。小学校令では小学校は尋常(じんじょう)小学校4年(一部に3年の課程も設置)とし、保護者には児童に教育を受けさせる義務があることを定めていた。さらに、1894(明治27)年に高等学校令、1899(明治32)年に実業学校令・高等女学校令・私立学校令、1903(明治36)年に専門学校令、1918(大正7)年には大学令が相ついで公布された。

教育普及の点については1890(明治23)年、小学校令が改正され、これによって尋常小学校3～4年間の義務(ぎむ)教育(きょういく)制度が定められ、1900(明治33)年の改正で、4年間の義務教育期間が確定されると

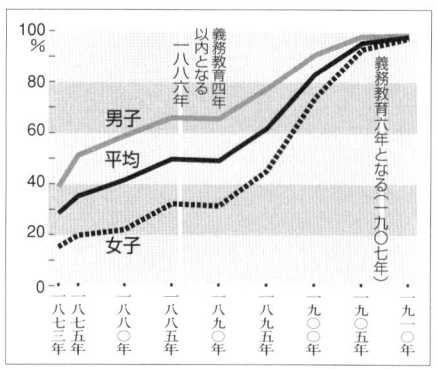

▲義務教育における就学率の向上（文部省『文教資料』より）　1905（明治38）年以降，男女の就学率の差がほとんどなくなった点に注目。

▲女子英学塾　1900（明治33）年，開校直後の校舎と教職員・生徒たち。日本の女子中等・高等教育の先駆者となった。（津田塾大学津田梅子資料室蔵）

ともに，学校の授業料が廃止された。この結果，義務教育の就学率，とくに女子の就学率が大幅に伸びた。1907（明治40）年には尋常小学校が6年に延長されて義務教育となり，国家による初等教育の普及をもたらした。明治末期には，小学校は2万5000校を超え，児童の就学率は98％以上に達し，男女間の就学率の格差もほとんどなくなった。

　政府の国家主義的な教育理念を広く国民に示したものが，1890（明治23）年に発布された教育に関する勅語（教育勅語）であった。これは井上毅・元田永孚らによって起草されたもので，儒教的な家族主義の道徳と近代的国家主義に基づく愛国の理念とを基礎に，「忠君愛国」「忠孝一致」を教育の基本として強調している。これによって，天皇は単なる政治的主権者であるばかりでなく，国民の道徳的・思想的中心とされた。教育勅語は学校で奉読することによって大きな効果を発揮し，その理念は1903（明治36）年に始まった小学校における国定教科書の制度と相まって，修身教科書などを通じて，広く国民に国体観念を植えつけることとなり，天皇を中心とした国家体制を内面から支える役割を果たした。

　一方，民間では，福沢諭吉の慶應義塾（1868），新島襄の同志社英学校（1875），大隈重信の東京専門学校（1882，のち早稲田大学）

をはじめ，東京法学社(1879，のち法政大学)，明治法律学校(1881，のち明治大学)，英吉利法律学校(1885，のち中央大学)，関西法律学校(1886，のち関西大学)やキリスト教系のミッション＝スクールなどの私立学校が発展し，官学とはやや異なった立場から，教育の普及に力を注ぎ，新しい時代にふさわしい新知識を身につけた多くの人材を世に送り出した。

　さらに，女子高等教育の面では，明治初期には官立の女子師範学校・女学校などがつくられたが，その要請はしだいに高まり，政府は1899(明治32)年に制定した高等女学校令により，全国に高等女学校を設置し，女子教育の普及をはかった。民間においても女子の専門学校として，1900(明治33)年前後には，成瀬仁蔵の日本女子大学校，津田梅子の女子英学塾(のち津田塾大学)などが創設された。その多くはいわゆる良妻賢母教育を中心とするもので，女子高等教育は男子と切り離されるかたちで，発達をみた。

　日本においては，他のアジア諸国・諸地域に比較して庶民への教育の普及が極めて速く，かつ広汎で欧米先進諸国にもひけを取らなかったが，その理由は日本ではすでに江戸時代後期に寺子屋教育を通じて，庶民教育がかなり広まっていたからであろう。

学問の発達

　19世紀のヨーロッパでは，ダーウィンの進化論などの影響によって科学的精神が重んじられた。それは人文・社会科学諸分野に大きな影響をもたらし，しばしば宗教(キリスト教)上の教義との対立・衝突をもたらしたが，しだいに宗教的束縛を脱して，大学を中心にめざましい学問的発展を示した。進化論は1870年代後半，アメリカの動物学者で帝国大学理科大学(のち東京帝国大学理学部)に教授として招かれたモースらによって，日本にも伝えられた。キリスト教があまり広まらなかった日本では，アメリカなどと異なり，それがキリスト教思想と衝突することがなく受け容れられたので，進化論の考えはいち早く社会に広まった*。

　　*アメリカでは，進化論がキリスト教の聖書にある天地創造の物語に

反しているので，激しい社会的非難を浴び，20世紀になっても進化論を教えることの是非をめぐって裁判が行われた例もあった。そうした宗教的束縛がなかった日本では，明治初期，来日中のアメリカ人宣教師などの間に進化論反対の意見があったものの，多くの日本人は進化論を抵抗なく受け容れたのである。

　明治時代の初め，政府は盛んに外国人教師を招いてその指導のもとに，いろいろな分野での科学的研究が取り入れられるようになった。そして，1890年代以降になると，しだいに日本人の学者の手による独創的な研究も進められるようになった。

　科学技術の面では，まず物理学の分野で大森房吉の地震計の考案(1901)，木村栄の緯度変化公式のZ項の発見(1902)，長岡半太郎の原子模型理論の発表(1903)などがある。医学の面では，コッホのもとで細菌学を研究した北里柴三郎が破傷風菌の純粋培養・免疫体の発見などで業績をあげ，その弟子志賀潔が赤痢菌を発見し(1897)，野口英世が蛇毒の研究・梅毒スピロヘータの純粋培養に成功するなど，いずれも世界的名声を博した。薬学の面では秦佐八郎のサルバルサンの創製，高峰譲吉のアドレナリンの抽出とタカジアスターゼの創製，鈴木梅太郎のオリザニン(ビタミンB_1)の抽出など，重要な業績がみられる。植物学では，多くの新種を発見し，植物分類学に独創的な業績を残した牧野富太郎が名高い。数学では，近代数学の開拓者菊池大麓がおり，さらに応用化学の面では，下瀬雅允の発明した新火薬(下瀬火薬)が，日露戦争で実用に供され，大きな威力を発揮した。

　一方，工業技術の分野では豊田佐吉による自動織機の発明(1897)をはじめとする一連の織機の改良が，綿織物業・紡績業の発展に大きく貢献した。また，白熱電灯・無線電信・電話などが輸入されて実用化され，明治末期には，自動車が輸入されて陸上交通機関に用いられるようになった。電気事業，とくに水力発電事業が大いに発達したが，それとともに工場原動力として電動機が重要な地位を占めた。科学技術教育もしだいに普及し，大学の理工系学科・各種学会・研究所なども整備・設立されるようになった。

　こうして，日本の科学技術は政府の積極的な振興策によっていち

じるしく発展し，世界的水準に迫ったが，同時に官学や軍事研究偏重という問題点があったことも否定できない。民間の自主的な研究が冷遇されて国内で認められず，かえって外国で認められるということも少なくなかった*。

　　＊例えば，野口英世の研究は東京帝大医科大学(のち医学部)では認められず，のち渡米してアメリカのロックフェラー研究所で多くの業績をあげた。また，秦・高峰らの研究もいずれも外国で認められたものである。

　一方，人文科学・社会科学の面では，はじめ英・米系の自由主義的傾向のものが主流であったが，明治時代の後半には，ドイツ系の国家主義的な学問がしだいに優勢となった。哲学において，ドイツ哲学の影響を受けた井上哲次郎・大西祝，法学においてはフランス法系の梅謙次郎・富井政章，イギリス法系の穂積陳重，経済学においては田口卯吉らが業績をあげた。歴史学の分野においても西洋流の科学的な研究方法が取り入れられ，江戸時代以来の考証学的伝統と結びついていろいろな業績が生まれた。明治初期には文明史観に基づく新しい歴史の見方が取り入れられ，田口卯吉の『日本開化小史』のような文明史観による日本史の概説書が生まれた。明治のなかごろになると，帝国大学に招かれたリースらの指導により，ドイツ流の実証主義歴史学が帝国大学を中心に盛んになり，日本史では久米邦武・重野安繹・三上参次，東洋史では那珂通世・白鳥庫吉・内藤湖南，西洋史では坪井九馬三らが輩出した。また，帝国大学に史料編纂掛(のち史料編纂所)がおかれて，『大日本史料』『大日本古文書』など，日本史の基本的史料の編纂事業が進められた。

　国文学では芳賀矢一・藤岡作太郎らの文学史研究が始まった。各種の専門的な学会もつくられ，学術研究の雑誌も刊行された。例えば歴史学の分野についてみると，1889(明治22)年，帝国大学文科大学史学科・国史科の教師・学生を中心に史学会が創立され，『史学会雑誌』(のち『史学雑誌』)が創刊された。これは，日本における歴史学研究の最も高い水準の専門的学術誌の一つとして，今日まで存続している。このように，近代的な学界が形成されるようになった。

大学を中心とした学問研究や高等教育は，明治前期には西洋人教師・学者により外国語で行われることが多かったが，明治後期になると，留学生活から帰国した日本人の教師や学者などにより，日本語で進められるようになった。大学での西洋の学問についての講義が，西洋の言語ではなくほとんど自国の言語で行われたのは，当時のアジア諸地域のなかで，極めて珍しい事例であったといえよう。

ジャーナリズムの発達

　明治時代を通じて新しい文化はしだいに国民の間に広まっていったが，そのために大きな役割を果たしたのは，教育の普及，交通・通信機関の発達と相まって，新聞・雑誌などのジャーナリズムの発展であった。

　ジャーナリズムの先駆は，江戸時代以来，庶民の間に広まっていた読売瓦版や戊辰戦争の最中に創刊された民間の『もしほ草』『中外新聞』，政府の『太政官日誌』などであるが，最初の日刊新聞は1870(明治3)年の『横浜毎日新聞』であった。1870年代には，『東京日日新聞』『郵便報知新聞』『朝野新聞』『朝日新聞』(のち『大阪朝日新聞』)をはじめ，新聞や雑誌がつぎつぎと創刊された。1880年代にかけて新聞の多くは自由民権運動と結びついて，政治的主張を発表することを中心とした政論新聞の性格を強くもちながら，言論機関としてめざましい発展をとげた。このような政論新聞は当時，大新聞と呼ばれた。こうしたなかで，1880年代には福沢諭吉により，独立不羈を唱え中立の立場をかかげた『時事新報』も創刊された。

　一方，興味本位に社会の出来事を伝え，庶民に娯楽を与えるという色彩をおびた小新聞も，『読売新聞』をはじめ『平仮名絵入新聞』『仮名読新聞』などがあって，1870年代後半にはかなりの勢力をもっていた。

　1890(明治23)年前後になると，両者の性格を兼ねそなえ，ニュース報道に重きをおいた全国的商業新聞があらわれるようになってきた。『朝日』『毎日』の大阪系2紙がその中心で，日清戦争におけるニュース報道を一つの転機として，本格的な発展を始めた。

さらに，1900年代に入って，日露戦争のころになると，『万朝報』や『二六新報』を先駆けとして，有力新聞はしだいに大衆紙的色彩をおびるようになった*。発行部数の増大とともに，政治問題を社会面で扱ったり，大きな段抜き見出しを使ったり，内容も一般に大衆向けに情緒に訴える記事が多くなった。

　　＊『万朝報』と『二六新報』は1900年前後から勢力を伸ばした新興の新聞で，暴露主義的記事や下層社会の問題，対外硬派の主張を盛り込んだ記事を盛んに載せて，庶民の間に人気を呼んだ。

　【主要新聞の発行部数】　1898(明治31)年における新聞の1年間の発行部数ベスト5は，つぎの通りである。『大阪朝日』3621万，『万朝報』3148万，『大阪毎日』3059万，『中央』2072万，『東京朝日』1548万。1日平均5万～12万部くらいであった。

　雑誌は明六社の『明六雑誌』(1874)，福沢諭吉の『民間雑誌』(1874)などが早かったが，明治中期になると，『国民之友』(1887)・『日本人』(1888)についで，『太陽』(1895)・『中央公論』(1899)など時事評論を中心とした総合雑誌がつぎつぎに創刊され，新聞と並ぶ重要な言論機関としての役割を果たした。こうしたなかで，『団々珍聞』(1877)やフランス人ビゴーの『トバエ』のように，政治や社会風俗を対象とする風刺画を中心とした雑誌も刊行された。また，『国家学会雑誌』(1889)・『史学会雑誌』のような各種の学術雑誌，女子教育から社会・文芸評論など広い分野を扱った『女学雑誌』(巌本善治，1885)や『文学界』(1893)・『しがらみ草紙』(1889)などの文芸雑誌もあらわれた。さらに明治後期になると，『労働世界』や『(週刊)平民新聞』などのように労働問題を取り上げたり，社会主義を主唱するものや，女性雑誌などもあらわれるようになった。1911(明治44)年に平塚明らが創刊した『青鞜』は女性解放の主張を説いた異色の存在であった。

　出版界でも，1880年代から活版印刷が発達し，これまでの木版本にかわって活版の洋装本が普及した。文学・芸術・学術など各方面にわたる出版物が広く刊行されるようになって，国民の文化の向上をもたらした。

近代文学

　明治初期は，江戸文学の系統をひいた仮名垣魯文の『安愚楽鍋』などの，いわゆる戯作文学が盛んであった。儒教的な文学観が強く残っていたが，文明開化時代に流行した翻訳小説とともに，新聞や出版業の発達によって，文学作品はしだいに広く国民の間で読まれるようになった。

　1880（明治13）年前後から，自由民権運動の発展につれ，その思想を宣伝し，国民を啓蒙するための政治小説が盛んになった。矢野龍溪（文雄）の『経国美談』，東海散士の『佳人之奇遇』，末広鉄腸（重恭）の『雪中梅』などがその代表作である。

　1880年代のなかごろになると，西洋の近代文学の影響のもとに，文学に芸術としての独自の価値を認めようとする考えもおこってきた。先駆けとなったのは，1885（明治18）年の坪内逍遙が書いた『小説神髄』である。彼は，それまでの勧善懲悪的小説を排して，小説は人生のありさまを写すものであることを唱え，写実小説を説き，『当世書生気質』を発表して，それを実践した。ついで二葉亭四迷は言文一致体を説き，『浮雲』を著して当時の社会に生きる人間の

▲『小説神髄』　文学士坪内雄蔵の名で出版された，明治初期の文学論。文学は政治や道徳に左右されず，心理描写を主眼とすべきであると主張し，のちの文学に大きな影響を与えた。（日本近代文学館蔵）

▲『みだれ髪』（左）と『若菜集』（右）　『みだれ髪』は1901（明治34）年に刊行された与謝野晶子の歌集。『若菜集』は1897（明治30）年8月刊行の島崎藤村の詩集。藤村が雑誌『文学界』に発表した作品を収録したもの。表紙の絵にもみずみずしさがあらわれている。（ともに日本近代文学館蔵）

苦悩を描いたが，まだ十分には世に受け入れられなかった。

　1890年代の文壇の主流を占めたのは，『多情多恨』『金色夜叉』などを書いた尾崎紅葉を中心とする硯友社のグループであった。彼らは雑誌『我楽多文庫』(1885年創刊)によって風俗写実風の小説を盛んに発表し，文芸小説を一般庶民に広めた。広津柳浪・泉鏡花らがこの一派からでている。

　人間の自由な感情を重視するロマン主義も，1893(明治26)年に創刊された『文学界』を中心に，しだいに大きな文芸運動となった。その中心は北村透谷・島崎藤村らで，彼らは文芸の自立を主張し，それを功利的に考えることに反対するとともに，硯友社文学の卑俗性を鋭く批判した。とくに，藤村は『若菜集』(1897)を刊行して青年の清新な理想と情熱をうたいあげ，詩歌史上に一画期をつくった。また，同じころにでた女流作家樋口一葉も，『たけくらべ』『にごりえ』などに独特の美しい筆致で庶民の哀歓を描いた。

　ロマン主義はその後，与謝野寛(鉄幹)・与謝野晶子ら『明星』派の歌人に受け継がれ，しだいに奔放な官能的作風を示すようになり，高山樗牛は本能的・感覚的快楽に重きをおく美的生活論者となった。また，国木田独歩は個人的な内面生活の探究に傾き，自然主義への道を開いた。

　詩壇では1880年代初めに，外山正一・矢田部良吉らが『新体詩抄』を著して新体詩運動を展開し，歌壇では1890年代末に，正岡子規が『万葉集』の伝統に立ち返り，写生的作風で短歌革新を唱え，門下から伊藤左千夫らを生んだ*。子規は俳句の面でも写生風を唱え，1897(明治30)年の雑誌『ホトトギス』の創刊にも協力し，これはのちに門下の高浜虚子に引き継がれた。

　　＊伊藤左千夫は，1908(明治41)年，長塚節とともに雑誌『アララギ』を創刊した。

　こうして，日露戦争後の文芸思潮の中心はロマン主義から自然主義へと移っていった。散文に転じた島崎藤村が『破戒』『春』『家』を発表し，田山花袋が『蒲団』『田舎教師』を書き，自然主義文学の方向が定まった。それは，あからさまな現実描写と内面の真実を重要視し，

6　近代文化の発達　143

個人的体験に基づき身辺の暗い現実を眺めるという私小説への道をとった。長塚節・徳田秋声らもこの流れをくむものである。

【自然主義】 19世紀後半のフランスを中心におこった文芸思潮で, ゾラやモーパッサンによって推し進められた。それは, 自然科学的研究方法を文学にも応用し, 人間と現実の社会的環境の暗黒面を分析しようとするものであった。しかし, 日本の自然主義文学にあっては, そうした社会性は薄く, もっぱら, 個人の経験に頼る私小説的性格が強かった。

詩人石川啄木は,「時代閉塞の現状」を書いて明治末期の八方ふさがりの社会的現実に厳しい批判を投げかけ, 自然主義を乗り越えようとしたが, 貧困のうちに若くして死んだ。

こうした文壇の流れにあって独自の存在を示していたのは, 森鷗外と夏目漱石である。鷗外は初め,『舞姫』などのロマン主義的な作品を発表して名声をあげ, 雑誌『スバル』によって創作・文学理論活動を行ったが, のちにはしだいに歴史小説に傾いた。また漱石は,『吾輩は猫である』で作家生活に入り, 西欧の近代的個人主義を踏まえて社会の俗悪さに鋭い批判の目を向けたが,『心』『道草』『明暗』など晩年の作品では醜い人間のエゴイズムとの対決から, いわゆる"則天去私"という東洋的な悟りの倫理が追求されている。

芸術

明治の芸術・芸能の世界は, 初期の欧化主義の影響によって洋風が栄えたが, やがて国粋主義の台頭と相まって, 伝統芸術復興の動きがおこり, 洋風芸術の吸収・消化も進んでいった。

［演劇］ 江戸時代以来の伝統をもつ歌舞伎は, 明治初期に幕末から活躍していた河竹黙阿弥が, 文明開化の風俗を取り入れ, 散切物や活歴劇を書いて人気を得, また坪内逍遙は『桐一葉』などの史劇を発表して, 歌舞伎の革新をはかった。1889(明治22)年には東京に歌舞伎座が落成し, 1890年代に入ると伝統文化復活の風潮に乗って, 市川団十郎(9代目)・市川左団次(初代)・尾上菊五郎(5代目)らが中心となって歌舞伎界は隆盛をきわめ, いわゆる団・菊・左の全盛時代が出現した。この時期の作者としては福地桜痴(源一郎)が

▲団菊左時代　明治中期の9代目市川団十郎・5代目尾上菊五郎・初代市川左団次によってきずかれた歌舞伎の黄金時代。(早稲田大学演劇博物館蔵)

名高い。

【散切物と活歴】　頭髪を散切りにした俳優が登場し，明治の新風俗を題材とした世話物が散切物で，1872(明治5)年，大阪で『西国立志編』を翻案上演したのを初めとする。続いて1878(明治11)年，9代目市川団十郎が河竹黙阿弥の新作を演じた時代物は写実を旨としたので，仮名垣魯文が『仮名読新聞』で「活きた歴史だ，活歴だ」と評したことから，活歴劇の名称が生まれた。

これに対して，自由民権運動の宣伝のため，角藤定憲・川上音二郎らが始めた壮士芝居は，日清戦争後，戦争劇を上演して地歩を固め，のち，しだいに家庭悲劇などを上演するようになった。これが新派劇と呼ばれるものである。

また，日露戦争前後には西洋の近代劇の移植が始まった。この先駆者は坪内逍遙で，1906(明治39)年に島村抱月らとともに文芸協会をおこして，シェークスピアやイプセンの作品を上演した。さらに1909(明治42)年には，小山内薫・市川左団次(2代目)が中心となって自由劇場を創立し，新劇運動を展開していった。

[音楽]　音楽も，洋楽の輸入によって面目を一新した。1879(明治12)年には文部省に音楽取調掛がおかれ，伊沢修二らを中心に西洋の歌謡を模倣した唱歌が小学校教育に取り入れられ，国民の間に広く親しまれるようになった。1887(明治20)年には東京音楽学校が設立され，専門の音楽教育にあたった。作曲家としては『荒城の月』で知られる滝廉太郎らがでて，多くの優れた作品を残した。

6　近代文化の発達

なお，映画(活動写真)や蓄音器が輸入されたのも，1890年代のことである。

[絵画] 日本画は明治初期に欧米崇拝の風潮によって一時衰微したが，やがてアメリカ人フェノロサが伝統的な日本美術の復興を主張し，岡倉天心(覚三)は狩野芳崖・橋本雅邦らとともに，1887(明治20)年，東京美術学校を設立した。天心はやがて反対派と対立して校長の職を辞し，1898(明治31)年，日本美術院を創設した。その門下からは横山大観・菱田春草・下村観山らが輩出した。岡倉らは日本美術院展覧会(院展)を開いて日本の絵画の発展をはかり，一方，政府もその後，西洋美術と日本の伝統的美術の共存共栄を意図して東京美術学校を設立し，文部省美術展覧会(文展)を開いて，岡倉らに協力した。

一方，西洋画ではワーグマンに師事した高橋由一が写実的画風で近代洋画の開拓者となった。明治初期に，日本政府の招きで来日したイタリア人キヨソネは銅版画技術の指導にあたり，同じくフォンタネージやラグーザらが招かれて，工部美術学校でそれぞれ洋画・洋風彫刻技法を教授し，彼らに学んだ浅井忠・小山正太郎らは，1889(明治22)年に明治美術会を結成した*。ついでフランスから帰国した黒田清輝が，1896(明治29)年に白馬会を結成し，フランス印象派の画風を受けたその明るい新鮮な技法は外光派(紫派)と呼ばれた。清輝は東京美術学校に新設された西洋画科の教授となり，藤島武二・岡田三郎助・和田英作らの後進を育てた。一方，浅井忠門下の満谷国四郎らは太平洋画会をつくって白馬会に対抗し，浅井忠は京都に移って関西美術院を始め，安井曽太郎・梅原龍三郎らを育てた。このほか，白馬会からでた青木繁は特異なロマン的作風で明治後期の画壇を飾った。

＊明治美術会は，その暗い色調のために脂派と呼ばれた。

[彫刻] 彫刻では，明治初期には外国人の好みに合わせた牙彫(象牙彫)が盛んで，西洋彫刻技法も伝わったが，やがて木彫が復興して，高村光雲・竹内久一らが名作を残し，洋風彫塑では荻原守衛・朝倉文夫らが優れた作品をつくった。

また工芸では、陶磁器・漆器・七宝などについて伝統的技術にも西洋的技術が加味され、優れた作品がつくられるようになった。建築では、イギリス人コンドルの指導のもとに辰野金吾らが、赤煉瓦造の西洋風大建築に力をふるった。今日に残る明治後期の建築物としては、日本銀行本館(辰野金吾設計)、赤坂離宮(現、迎賓館、片山東熊設計)などが名高い。

国民生活の近代化

明治時代における近代化の進行によって、国民の生活様式のうえにもいろいろな変化がおこり、大都会を中心に西洋式の生活様式が取り入れられていった。東京をはじめ都市では、官庁・会社・学校・軍隊などで実用的な西洋風の衣食住が採用され、それはしだいに一般家庭にも広まっていった。例えば、明治初期には街灯としてガス灯が用いられ、家庭にはランプが使われるようになったが、明治時代のなかごろになると、官庁・会社・工場・学校・兵営やそのほか公共施設で電灯が用いられるようになり、やがて明治後期には大都市の一般家庭にも普及した。大都市の中心部では洋風建築が軒を連ねたが、とくに東京の丸の内には、1894(明治27)年に三菱一号館(のち東九号館)が落成したのをはじめ、つぎつぎに赤煉瓦のオフィスビルが建設され、なかにはエレベーターつきの貸事務所もあらわれ、丸の内赤煉瓦街として日本のビジネスセンターに発展した*。

＊丸の内赤煉瓦街は、ロンドンのシティのオフィス街をモデルにしたもので、一丁ロンドンと呼ばれた。三菱一号館は、高層ビルに建て

▶三菱一号館(三菱地所株式会社蔵)

6 近代文化の発達　147

◀路面電車の風景(『風俗画報より』) 1907(明治40)年ころの東京本郷のようす。上空には縦横に電線が張られ,都市の新しい生活の変化を象徴している。(日本近代文学館蔵)

変えようとした案が斥けられて当時のままに再建され,現在,往時をしのばせている。

　食生活では肉食,衣服では洋服の習慣も徐々に広まった。交通・通信の面では,明治初期には人力車や馬車が使われたが,鉄道の発達もめざましく,1890(明治23)年前後になると,東海道線の新橋・神戸間や日本鉄道の上野・青森間が全通し,江戸時代には10～15

都市の食生活

　明治時代の後半になると,日本人の食生活は豊富になり,とりわけ都市では,和食・洋食など各種の料理が食卓を賑わすようになった。1897(明治30)年の調査では,東京には料理店が476軒,飲食店が4470軒,嗜茶店(喫茶店)が143軒もあった。牛肉店も多く,肉鍋(すき焼)のほか,オムレツ・カツレツ・ビフテキなどを出したという。
　1899(明治32)年夏,新橋にビヤホールが開店し,サンドイッチなどとともにビールを提供したところ,押すな押すなの大賑わいで,これをまねてビヤホールがつぎつぎと誕生した。「水菓子」

(果物)も桃・梨・柿・みかんといった在来品種ばかりでなく,明治初期アメリカから入ってきたりんごが青森や北海道で栽培され,日本の植民地となった台湾のバナナやパイナップルとともに食卓にのるようになった。一方,農村では依然麦入りのご飯が当たり前だったが,都市では米ばかりの白いご飯が普通になっていたので,都市部に嫁入りした娘が里帰りして,麦入りのご飯はいやだと駄々をこね,母親を困らせるといった光景もみられたという。食生活の面でも,都市と農村の格差はかなり大きかったといえよう。

日もかかった東京から大阪・京都まで、わずか20時間程度で行けるようになった。

1890年代から1900年代には、京都をはじめ大都市では市内の交通機関として、市街電車(しがい)が開通した。また、郵便・電信も全国に普及して利用者は急増し、電話も1890年代から利用されるようになった。

このような交通・通信機関の発達により、人間と物の短時間での遠距離移動が可能になり、言論機関や教育制度の発達と相まって、人間の生活圏の急速な拡大をもたらし、狭い地域社会の範囲を越えた国家意識や国民としての自覚と一体感を、庶民層にまで押し広げることになった。明治中期以降、学生・生徒の間で修学旅行や庶民の観光旅行の習慣が広がり、江戸時代まではおおむね上流階級の人々に限られていた遠隔地の男女間の結婚が、庶民の間でも盛んになったのも、交通機関、とりわけ鉄道の発達によるところが大きかった。

しかし、以上のような国民生活の近代化は、明治時代にはなお都市部中心のものであり、交通・通信の不便な農村地帯などでは、農作業の必要から太陽暦とともに旧暦が用いられるなど、依然として江戸時代以来の伝統的な生活様式が営まれていた。

人口の増加と伝染病

産業化の進行とともに明治初期に約3300万人だった日本の人口は急速に増加し、明治末期には約5200万人(植民地を除く)に達した。産業化の影響で、とりわけ都市人口の増加が目立った。出生率(しゅっしょうりつ)は上昇を続け、衛生環境や栄養状態の改善、医療技術とりわけ伝染病(でんせんびょう)対策の進歩などにより、死亡率は少しずつ低下した。

とはいえ、都市の生活環境や工場の労働環境は決して良好なものではなく、伝染病などによる死亡者は、かなりの数にのぼった。なかでも大きな脅威だったのは、幕末の開国とともに海外からもち込まれ、明治前期、しばしば日本国内でも大流行したコレラであった。1879(明治12)年と1886(明治19)年の大流行では、それぞれ年間10

万人以上の死者を出した。伝染病についての知識や衛生の考え方がまだ未発達だったので，庶民の間には，コレラが広まるのは外国人が井戸に毒を入れたからだとか，患者を隔離するのは肝をとって売るためだとか，誤解に基づくさまざまな流言が飛びかった。そのため，警察力も動員した患者の強制隔離措置や消毒に反対する農民騒動がおこり，隔離や消毒にあたっていた医者や役人が群衆に襲われたりすることもしばしばおこった。当時，コレラ患者の死亡率はきわめて高く，避病院（隔離用の医院・病棟）に収容された患者の大半は死亡したので，患者の家族や関係者はこうした措置に強く抵抗したのである。しかし明治後期には，港での検疫の強化，医療・衛生設備の改善，衛生思想の普及などにより，コレラの死者は激減した。

　その反面，産業化の進行とともに，肺結核による死者は，かえって増加した。1900（明治33）年には年間約7万2000人弱だった肺結核及び結核性疾患による死者は，1912（大正元）年には，約11万4000余人と約1.6倍に増えた（この間の人口増加は約1.16倍）。このように肺結核は，とくに若者にとって，死亡原因のうちでもっとも高い比率を占めるにいたった。

第2章 近代日本とアジア

1 第一次世界大戦と日本

大正政変

　日露戦争後，東アジアの強国となった日本は，1907(明治40)年の帝国国防方針により，陸軍は現有の17個師団を25個師団に増師し，海軍は戦艦・巡洋戦艦(装甲巡洋艦)各8隻の建造を中心とする八・八艦隊を実現するという軍備拡張の長期目標を設定した。しかし，財政事情が苦しく，この軍備拡張計画はなかなか予定通りには実行できなかった。陸軍は増師が進まないことに不満を抱いていたが，1911(明治44)年，中国で辛亥革命がおこるとこれに刺激され，日本が併合した朝鮮に駐屯させる2個師団の増設を第2次西園寺公望内閣に強く要求した。

　しかし，そのころ日本の財政状態は悪化しており，実業界・言論界や政党の間からは，軍拡の財源にあてるための国債の発行や増税に反対する声が強く，むしろ財政・行政整理を求める気運が高かった。そこで1912(大正元)年，立憲政友会の西園寺内閣は，財政難を理由に2個師団増設を受け入れなかった。これに抗議した陸軍大臣上原勇作は，単独で天皇に辞表を提出し，西園寺内閣は総辞職に追い込まれた。同年12月，それまで内大臣であった桂太郎が陸軍や藩閥・官僚勢力を後ろ盾に三たび内閣を組織した。桂は組閣にあたって天皇の権威に頼り，再三詔勅を出して反対派をおさえようとしたが，その少し前に明治天皇が亡くなり，大正天皇が新しい天皇になったばかりのときで，国民の間には新しい政治への期待が広

◀護憲運動を支持して衆議院の門前に集まった民衆
（日本近代史研究会提供）

まっていたこともあり，陸軍や藩閥の横暴を非難する声がにわかに高まった。

　こうしたなかで，立憲政友会の尾崎行雄、立憲国民党の犬養毅らの政党政治家や新聞記者団・商業会議所に結集する商工業者などが中心となり，「閥族打破・憲政擁護」のスローガンをかかげ，桂内閣打倒をめざす，いわゆる憲政擁護運動（第一次護憲運動）が展開された。桂は1913（大正2）年，自ら立憲同志会の結成に乗り出し，衆議院を停会して反対派の切り崩しをはかったが，立憲国民党の一部（河野広中・島田三郎ら）や桂系の高級官僚たち（後藤新平・加藤高明・若槻礼次郎ら）が立憲同志会に参加しただけで，衆議院の多数を制するにはいたらなかった。立憲政友会・立憲国民党の多数は激しく桂内閣を攻撃し，ついに同年2月，組閣以来2カ月足らずで桂内閣は退陣に追い込まれた（大正政変）。この際，護憲派を支持する多数の群衆が国会議事堂を取り囲み，警察官と衝突し，警察署や政府系の新聞社を焼打ちするなど，大きな騒動となった。

　このような都市部における民衆の騒擾事件は，日比谷焼打ち事件（1905）以来しばしばおこったが，そうした民衆の動きが政局の成り行きに大きな影響を及ぼすようになったことは，明治末期から大正時代にかけての政治の上での重要な特色であった。

【憲政擁護】　1912年，桂内閣打倒のための憲政擁護大会のときに生まれた語。立憲政治，つまり国民の参政権を基礎とする憲法に基づいた政治を護るの意であるが，具体的には藩閥の打破，軍部横暴の抑制などを目的とするもので，その後も，政党勢力や知識人・言論人たちが，藩閥・官僚・軍部・貴族院などの特権的勢力に対抗・反対するための

スローガンとして用いた。

桂のあとを受けて、海軍に勢力をもつ薩摩閥（薩派）の山本権兵衛が内閣をつくった。山本内閣は立憲政友会を与党とし*、陸海軍大臣の現役武官制を改めて、予備・後備でも就任できるようにしたり、文官任用令を改正して自由任用・特別任用の範囲を広げ、政党員が高級官僚になる道を開くなど、官僚機構の改革にも力を入れた。しかし、まもなく、山本内閣の海軍拡張計画に反対して、営業税・織物消費税・通行税の撤廃を求める廃税運動が広がり、またジーメンス事件がおこって、同内閣は世論の激しい非難をあび、1914（大正3）年に倒れた。

> *立憲政友会から原敬が内務大臣として入閣したのをはじめ、3名が入閣し、ほかにも多くの閣僚が立憲政友会に入党した。そして、山本首相は立憲政友会の主義・綱領を尊重することを声明し、山本内閣は実質的には立憲政友会内閣に近いものであった。
>
> 【ジーメンス事件】 海軍の高官たちがドイツのジーメンス社・イギリスのヴィッカース社などに軍艦・兵器を発注した際に、多額のリベートを受け取ったという汚職事件。山本首相は海軍出身の実力者であったから、野党である立憲同志会の島田三郎らが激しく斎藤実海軍大臣や山本首相の責任を追及し、再び内閣打倒を叫ぶ群衆が議事堂を取り巻くという騒ぎになった。結局、1914（大正3）年3月、海軍の予算案が貴族院で大幅に削減され、山本内閣は総辞職した。

山本内閣の退陣後、元老たちは軍備拡張の実現と衆議院の多数党たる立憲政友会の打破に期待をかけて、すでに政界の第一線から引退していた大隈重信をつぎの首相に推薦した。大隈は庶民的な性格や自由民権運動以来の政治的経歴によって国民の人気を集め、加藤高明の率いる立憲同志会を与党として組閣した（第2次大隈内閣）。そして、1915（大正4）年の総選挙で立憲同志会などの与党が衆議院の過半数を制するという勝利を収め、大隈内閣は懸案の2個師団増設と海軍拡張案を実現させた。

第一次世界大戦

19世紀末以来、ヨーロッパでは国家統一を実現したドイツ帝国が急速な発展をとげ、皇帝ヴィルヘルム2世の積極的な世界政策の

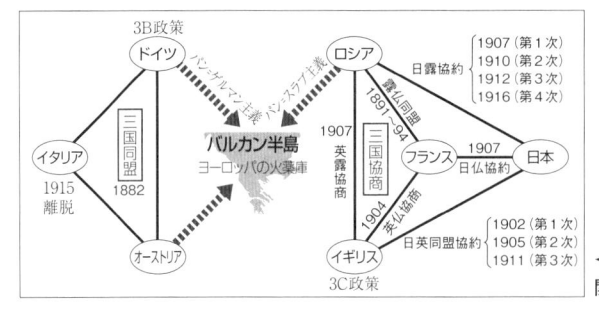

◀第一次世界大戦直前の国際関係

もとに，イギリスに対抗して中近東に進出をはかり，大規模な海軍拡張計画を推し進めてイギリスを脅かした。イギリスは日英同盟協約締結以後，「光栄ある孤立」を放棄し，まず1904(明治37)年，英仏協商を結び，さらに日露戦争後，ロシアとの対立も緩和されたので，1907(明治40)年に英露協商を結んだ。ここに露仏同盟(1891)と併せて三国協商が成立し，ドイツの進出に対する包囲体制ができあがった。これに対してドイツは，先にイタリア・オーストリア=ハンガリーと結んだ三国同盟(1882)の強化をはかり，とくにオーストリアとの軍事的協力を深めた。1905(明治38)・1911(明治44)年の2度にわたり，モロッコをめぐって独仏の対立が尖鋭化し，またバルカンをめぐって，協商側と同盟側の紛争がしばしばおこった。

【バルカンの動揺】 当時，バルカン(Balkan)地方には多くの少数民族が群居し，民族・宗教・言語問題など複雑な利害対立を生み出していた。1912・13年には2回にわたるバルカン戦争がおこったが，列強はこれを利用して，こぞってバルカンへの進出を試み，"ヨーロッパの火薬庫"といわれるほど，対立は深刻なものとなっていった。

なかでも，日露戦争後，ロシアがパン=スラヴ主義を唱えて，セルビア人らバルカンのスラヴ系諸民族の結集をはかりつつ進出を策し，パン=ゲルマン主義をかかげ，ゲルマン系諸民族を結集してこの地域での勢力拡張をはかろうとするドイツやオーストリア=ハンガリーとの対立が激化した。このようにバルカン地方では一触即発の国際的緊張が高まっていった。

1914(大正3)年6月，ボスニアの首都サライェヴォを訪問中のオーストリア皇太子(帝位継承者)夫妻が，反オーストリア秘密結社に属するセルビア人青年によって暗殺された(サライェヴォ事件)。

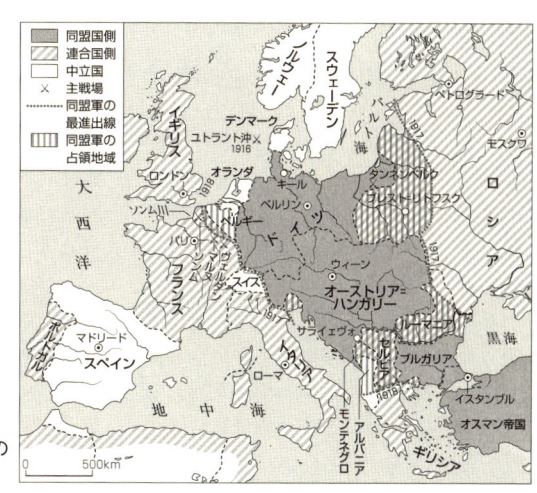

▶第一次世界大戦中の
　ヨーロッパ

　この事件は一瞬のうちに国際危機を爆発させ、全ヨーロッパをたちまち戦争の嵐に巻き込んだ。同年7月、まずオーストリアがセルビアに宣戦を布告し、ついで8月には、ドイツがオーストリアの側に立ち、ロシア・イギリス・フランスなどがセルビアに味方して、つぎつぎに参戦し、全ヨーロッパを戦争に巻き込んで史上空前の第一次世界大戦が始まった＊。

　　＊ドイツ・オーストリア側を同盟国、イギリス・フランス・ロシア・日本側を連合国と呼ぶ。なお、イタリアは領土問題などをめぐってオーストリアと対立し、1915年、三国同盟を破棄して連合国側に加わった。また、ブルガリアとオスマン帝国は同盟国側に加わった。

　イギリスは、東シナ海におけるドイツの仮装巡洋艦（武装商船）の撃破のため、日本に参戦を求めた。しかし、日本政府（第2次大隈内閣）は外務大臣加藤高明が中心となり、列強の関心がヨーロッパに集中しているすきに、東アジアにおける日本の諸権益を強化し、その地位を確固たるものにするよい機会だと考え、軍事行動を海上作戦に限定するよう求めたイギリスの要請には応ぜず、参戦の根拠を広く日英同盟協約におくこととして、1914（大正3）年8月、対独宣戦を布告し、連合国陣営に加わった。そして3カ月ほどで、日本陸軍は東アジアにおけるドイツの重要な根拠地である中国山東省の青島を、海軍はドイツ領の南洋諸島（赤道以北）を占領し、ドイツ

1　第一次世界大戦と日本　　155

加藤高明外相の参戦発言

「斯(か)かる次第(しだい)で日本は今日同盟条約の義務に依(よ)って参戦せねばならぬ立場には居(い)ない。条文の規定が日本の参戦を命令するやうな事態は今日の所では未だ発生して居ない。ただ一は英国からの依頼に基づく同盟の情誼(じょうぎ)と一は帝国が此(こ)の機会に独逸(ドイツ)の根拠地を東洋から一掃して、国際上に一段と地位を高めるの利益とこの二点から参戦を断行するのが機宜(きぎ)の良策と信ずる」。

これは1914(大正3)年8月7日、大隈首相邸で開かれた緊急臨時閣議(かくぎ)における加藤外相の発言の一節である。加藤はさらに「参戦せず単に好意の中立を守って、内に国力の充実を図るのも一策」と、いくつかの選択肢を示したが、閣議は結局「同盟による義務であると同時に遼東還付(りょうとう)(三国干渉)に対する復讐戦である」と断じて参戦に踏み切り、8月23日、ドイツに宣戦を布告した。

の勢力を東アジア・オセアニアから一掃した。また連合国の要請で、日本の艦隊が地中海に出動して警戒にあたり、ドイツ海軍と交戦した。

辛亥革命とロシア革命

日露戦争後から第一次世界大戦の始まるころ、東アジアでは大きな変動がおこっていた。強大な専制帝国を誇っていた清国では、北清事変のころから、満州民族の王朝を戴く清国を倒して漢民族による民族国家を建設しようとする革命運動がしだいに活発となった。

革命運動の指導者となった孫文(そんぶん)は、日露戦争における日本の勝利が明らかになった1905(明治38)年8月に中国同盟会を東京で結成し、民族の独立・民権の伸張・民生の安定のいわゆる三民主義(さんみん)を唱えて革命運動を進めた。1911(明治44)年10月の武漢(ぶかん)における軍隊の暴動をきっかけに中国各地で反乱が勃発し、1912(明治45)年1月1日、南京(ナンキン)で中華民国の建国が宣言され、孫文が臨時大総統(だいそうとう)に推された。清国政府は時局収拾の力をまったく失い、同年2月、幼少の宣統帝(せんとうてい)は退位して清国は滅亡した。これが辛亥革命(しんがい)である。しかし、このちも国内では軍閥(ぐんばつ)が割拠(かっきょ)し、その圧力のもとで、孫文を退け北京で初代大総統となって政権を握った袁世凱(えんせいがい)は、革命派の国(こく)

民党(中国同盟会の後身)を弾圧し，孫文は翌1913年，第二革命をおこしたが，失敗して日本に亡命した。その後も中国国内では混乱が続き，外からは列強の圧迫を受け，中華民国の前途は多難をきわめた。

一方，ロシアでも日露戦争中からツァーリ(皇帝)の圧政に反抗する気運が高まり，日露戦後の1905(明治38)年10月に第一次革命がおこり，翌年，憲法が制定され国会が開かれたが，その後も革命運動はますます活発となった。そして，第一次世界大戦の勃発以来，激しいインフレーションがおこり，労働者・農民の生活は圧迫され，社会不安が高まった。1917(大正6)年3月，首都ペトログラード(現，サンクト＝ペテルブルク)*で労働者のゼネストがおこり，鎮圧に出動した軍隊もかえってこれに同調するに及んで，ついに革命に発展し，帝政は倒れ，自由主義者を中心とする臨時政府が成立した(ロシア二月革命)。

> *長い間ペテルブルクと呼ばれたが，第一次世界大戦中にドイツ風の呼称を嫌って，ロシア風のペトログラードに改称された。ソ連時代にはレーニンの名にちなんでレニングラードとなったが，1991年，ソ連の崩壊とともに旧名のサンクト＝ペテルブルクが復活した。

革命はさらに進んで，同年11月には，レーニンらを指導者とする社会民主労働党のボリシェヴィキ派(のちの共産党)が武装蜂起し，臨時政府を倒して社会革命党左派とともに，ソヴィエト*を基礎とする世界最初の社会主義政権を樹立した(十月革命)。

> *Sovietはロシア語で会議の意味で，労働者・兵士・農民ソヴィエトによるプロレタリア独裁体制＝ソヴィエト制度がつくられた。

これがいわゆるロシア革命である。ソヴィエト政府は，1918(大正7)年3月，独墺両国と単独に平和条約(ブレスト＝リトフスク条約)を締結し，連合国陣営から脱落した。ボリシェヴィキ派は国内では武力により憲法制定議会を解散し，社会革命党など反対派を弾圧して，一党独裁体制を確立していった。

日本の中国進出

　日露戦争の勝利により日本がロシアから引き継いだ権益のうち，旅順・大連の租借権や南満州鉄道の権益は1920～30年代には期限が切れることになっていたので，日本の満州経営は不安定であった。そこで日本は，欧米列強がヨーロッパでの戦争に全力を注ぎ込んでいる間に，南満州の権益の期限を大幅に延長してその安定化をはかるとともに，第一次世界大戦勃発後に日本が占領した山東省の旧ドイツ権益を引き継いで，中国での勢力の拡大をはかろうとした。そして，1915(大正4)年1月，大隈内閣(加藤高明外相)はいわゆる二十一カ条の要求を中国の袁世凱政府につきつけた。要求は5号21カ条からなり，その主な内容は，(1)山東省内の旧ドイツ権益の日本による継承，(2)旅順・大連の租借期限及び南満州の鉄道権益の期限の99カ年延長，(3)南満州や東部内蒙古の鉱山の権益，(4)漢冶萍公司の日中合弁，(5)中国政府の財政・軍事顧問として日本人の採用，などであった。中国政府はこれを内外に暴露してその不当を訴えたが，日本は強い態度によって最後通牒を発し，結局，同年5月，日本人顧問の採用など一部を保留にし，また若干内容を緩和したうえで，その大部分を承認させた。しかし，これを契機に中国国内には激しい対日反感の気運が高まり*，また欧米列強は日本の中国進出に対して警戒心を強めた。

　　＊中国では，日本の要求を受け入れた5月9日を国恥記念日として，排日気運を高めた。

　そこで，日本は1917(大正6)年には，連合国からの要請にこたえて，海軍の艦艇をヨーロッパに派遣して連合国側との協力にあたり，また同年，アメリカと石井・ランシング協定を結んで，中国における利害の調整をはかった。

　【石井・ランシング協定】　この協定は，(1)日本の中国に対する特殊権益，(2)中国領土の保全，(3)中国に対する商業上の門戸開放・機会均等，などを取り決めたもので，日本政府はこれによって二十一カ条をアメリカ政府が承認したものと解釈したが，アメリカ政府は経済的特権のみを認めたもので，政治的特権は承認していないと理解し，この協定をめぐって解釈が対立した。

▶シベリア出兵 4年にわたる日本の出兵は，底なし井戸に金をつぎ込むにひとしいと，国内でも非難の声が高かった。(さいたま市立漫画会館蔵)

　その後，大隈内閣に続いて軍部や官僚勢力を後ろ盾とする陸軍軍人出身の寺内正毅が首相となった。寺内内閣は，袁のあとを継いで中国において政権を握った段祺瑞に巨額の借款を与え(西原借款)*，日本の権益を拡大しようとはかった。

　　*この借款の総額は1億4500万円にのぼったが，その多くは中国での特殊利益につながる政治的借款だったため，国内外で大きな政治問題となった。なお，これは当時，寺内首相の側近として借款供与を仲介した西原亀三の名をとって，西原借款と呼ばれている。

　1917(大正6)年，ロシア革命がおこり，社会主義政権が成立して，ソヴィエト政府がドイツ側と単独講和を結び，連合国側から脱落すると，連合諸国は革命の影響が広がり，またドイツの勢力がロシア領内の東方にまで及ぶことに大きな脅威を抱いた。

　そこで，1918(大正7)年，イギリス・アメリカ・フランスなどは，革命軍によりシベリアに追いつめられた連合国側のチェコスロヴァキア軍を救出するという理由で，シベリアに軍隊を派遣し，革命に干渉した。日本もこれに協力して大陸へ勢力を張ろうと企て，寺内内閣は連合国側の要請に応じて同年8月にシベリア出兵を宣言し，東シベリア・北満州・沿海州などに軍隊を出動させた。しかし，出兵は十分な成果をあげることなく，列国は1920(大正9)年にはい

尼港事件

　1920(大正9)年2月，黒龍江河口のニコライエフスク(尼港)を占領していた日本軍は，約4000人の革命派のパルチザンに包囲されて降伏した。パルチザンの一団は市街を占領すると，兵器・弾薬の全面引渡しを要求，3月，日本軍は逆襲を試みたが敗退し，領事館に集まった守備隊・居留民はほとんど全滅し，約120名の日本人外交官や居留民が捕えられて河畔の獄舎に送られた。救援の日本軍は解氷期を待って6月3日に尼港に達したが，時すでに遅かった。パルチザンは5月24日夜半，捕虜をすべて虐殺し，市街に火を放って逃げたあとであった。このとき，命を失った反革命派のロシア人住民は約8000人，日本人兵士・居留民は735人に及んだといわれている。日本はその賠償を要求して，一時，北樺太を占領した。このような悲劇を織り込みながら，日本のシベリア出兵は約10億円の戦費をつぎ込み，3000人以上の死者をだして，ほとんど得るところなく終わったのである。

ずれも撤兵したが，日本はなお兵力をシベリアや沿海州に駐屯させたので，国内からも国際的にも日本政府に非難が加えられ，1922(大正11)年にいたって，日本はようやく撤兵した*。

　*シベリア出兵のさなか，沿海州の黒龍江河口の都市ニコライエフスクでロシアの革命軍と日本軍との武力衝突がおこった。日本軍は敗北し，多くの兵士や居留民が捕虜となったが，1920(大正9)年救援の日本軍が迫ると，革命軍は日本人捕虜をことごとく殺害して撤退した(尼港事件)。日本は賠償を求めて一時，北樺太を保障占領した。

大戦景気

　明治末期から慢性的な不況と財政危機に悩まされていた日本経済は，第一次世界大戦をきっかけに空前の好況を迎え，いわゆる大戦景気のブームに酔った。日本は参戦したものの，アメリカとともに戦争の直接的な被害はほとんど受けず，ヨーロッパ列強が戦争で手一杯なのに乗じて中国市場をほとんど独占し，さらに全世界に日本商品を売り込んだ。軍需が急増し，なかでも世界的な船舶不足のため，船の価格や海上輸送の運賃は急騰して，海運業や造船業は空前

船成金

　第一次世界大戦中，民間の船舶は軍用として徴発されたので，大戦が長期化すると船舶不足は世界的に深刻化した。どんなボロ船でもひっぱりダコで，大戦前1トン当り3円程度だったチャーター料は1917年には40〜45円に暴騰し，船の建造価格も1トン当り50円程度から最高1000円近くまで上昇したというから，海運業者・造船業者は笑いが止まらなかったであろう。日本郵船会社は，1914年の純益484万円が1918年には8631万円と約18倍に達し，同年下半期には株主に11割の配当をしている。こんな具合で船成金が続出したが，なかでも有名なのは内田信也の場合である。彼は大戦勃発の年，資本金2万円足らず，チャーター船1隻で汽船会社を開業したが，翌々年には持ち船は16隻となり，配当は何と60割，大戦が終わった翌年には，その資産はざっと7000万円（現在の貨幣価値で1500億〜2000億円くらい）に膨れあがっていたという。内田は当時はまだ30代の青年であったが，神戸の高級保養地須磨の5000坪の敷地に大豪邸，いわゆる須磨御殿を構え，その100畳敷の大広間で紀伊国屋文左衛門を気どって連日のように大宴会を開いてジャーナリズムを賑わしたことは有名である。

の活況を呈し，いわゆる船成金が続々と生まれた。そして日本は一躍イギリス・アメリカに次ぐ世界第3位の海運国に成長し，造船技術も世界のトップレベルに肩を並べるまでになった。
　鉄鋼業では，八幡製鉄所の拡張や満鉄が経営する鞍山製鉄所の設立のほか，民間会社が相ついで創設された。薬品・染料・肥料などの分野では，ドイツからの輸入が途絶えて国産化が進み，化学工業が勃興した。
　日露戦争後から発達をみせていた電力事業は，猪苗代・東京間の送電に成功するなど水力発電の発達がめざましく*，地方都市での電灯の普及や工業原動力の電化が進み，電気機械の国産化も進行した。また，紡績業・綿織物業の部門でも，綿糸や綿布の中国市場をはじめアジア各地への輸出が急増し，製糸業もアメリカの好況に支えられてアメリカ向け生糸輸出が大きな伸びを示し，順調な発展をとげた。このように工業は未曽有の発展をとげ，工業生産額は農業生産額を追い越して，全産業生産総額の50％を超えるようになり，

1　第一次世界大戦と日本　161

利益率も数倍にのぼった。工場労働者数も第一次世界大戦開始の年から5年後には2倍近い増加を示し**，とくに重化学工業が発展した結果，男性労働者が急増した。商業・サービス業の発達もめざましく，都市への人口集中がめだった。

　*電力は，第一次世界大戦中，工場用動力馬力数で蒸気力を上まわった。
　**10人以上の従業員を使っている民間工場の労働者数は，1914（大正3）年には85万人であったが，1919（大正8）年には147万人となった。

貿易額も飛躍的に急増し，1915（大正4）年には一躍輸出超過に転じ，大戦中，この状態を持続した。この結果，国際収支はいっきょに改善されて，大幅な黒字となった。こうして1914（大正3）年末に約11億円の債務があった日本は，1920（大正9）年には約27億円の債権国となったのである。

このように，蓄積された資本は盛んに海外に輸出されるようになり，1920（大正9）年末までには，海外投資の額は約30億円にのぼったと推定されている。とりわけ第一次世界大戦後，紡績業の分野では大きな紡績会社が，盛んに上海（シャンハイ）・天津（テンシン）など中国各地に事業所を建設するようになった（在華紡（ざいかぼう））。

こうしためざましい経済発展のなかで，第一次世界大戦中から戦後にかけて，日本工業倶楽部・日本経済連盟会など資本家や経営者の団体が設立され，経済政策の形成における彼らの発言力が強まっていった。

民本主義

第一次世界大戦に参戦した世界の諸国では，広範な民衆動員が行われたが，とくに連合国側でこの戦争をデモクラシー（民主主義）対オートクラシー（専制主義）の戦いであると意義づけたこともあって，大戦のさなか世界的にデモクラシーの気運が高まった。日本においては，こうした「世界の大勢」の影響と，明治末期以来の民衆の政治的登場という新しい情勢を背景として，いわゆる大正デモクラシーとのちに呼ばれる民主主義的な風潮が広まった。

この指導理論として盛んになったのは，吉野作造の唱えたいわゆる民本主義であった。彼は民本主義をデモクラシーの訳語として用いたうえで，政治の目的が民衆の福利にあり，政策決定が民衆の意向に基づくべきであると主張した。そして，天皇の大権を後ろ盾に民意に反した政治を行っているとして，元老・藩閥・官僚・軍部・貴族院などを批判し，その改革を説き，また議会中心の政治運営や普通選挙の実施などを唱えた。これに伴って言論機関の活動も活発となり，『朝日新聞』や雑誌『中央公論』『改造』をはじめとして，多くの新聞・雑誌は，藩閥・軍部・官僚勢力の批判に鋭い論陣を張った。こうして，民本主義の思想は知識人を中心に国民の間に広まっていった。

米騒動の勃発

第一次世界大戦の好景気で，農村の過剰人口は都市産業に吸収され，農産物価格も上昇して農家の収入は増大した。しかし，同時に生活必需品の物価も上がったので，収入が増加した割りには農家の家計は楽にならなかった。

都市でも，大戦景気による成金が生まれ，労働者の賃金もかなり上昇した。反面，大戦による経済の発展で，工業労働者の増加と人口の都市集中は米の消費量を増大させ，地主制のもとでの農業生産の停滞もあり，インフレ傾向が続き，物価も相当に高騰したため，庶民の生活は楽ではなかった。大戦が長びくと，軍用米の需要が増えたこともあって，1917(大正6)年ころから米価はしだいに上昇し始めた。とくに1918(大正7)年に入ると，米価は急上昇し，庶民の生活は脅かされた。

同年7月，富山県の漁村の主婦たちが米価の高騰を阻止しようと運動を始めた。この運動はたちまち全国に広がり，8月には大都市をはじめ，各地で米商人や精米会社が群衆に襲撃されるなどの米騒動がおこった。政府は外米の輸入や米の安売りを行うと同時に，軍隊まで出してその鎮圧にあたり，1カ月余りののち，ようやく米騒動は収まった。しかし，寺内内閣は世論の激しい非難のなかで，同

1 第一次世界大戦と日本 163

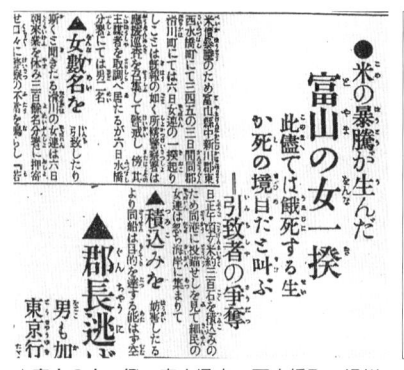

▲富山の女一揆　富山県東・西水橋町，滑川町の騒動を伝える1918(大正7)年8月8日付の新聞記事(朝日新聞社提供)。

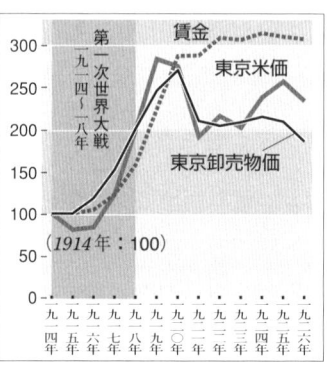

▲大戦開始後の物価指数(『日本経済統計総観』より)　数年のうちに，米価をはじめ諸物価はほとんど3倍近くに上昇した。

年9月に退陣した。

【米価上昇と米騒動】　米騒動は庶民の生活に根ざした自然発生的な事件であり，その原因は何といっても米価の急上昇であった。1916(大正5)年8月，1石(約150kg)当り13円62銭だった東京正米平均相場は，じりじりと上がり，1918(大正7)年1月には，23円84銭となった。その後，シベリア出兵をあてこんだ商人の買占めや売惜しみも噂され，同年8月には38円70銭と2年前のほぼ3倍という高騰を示し，小売価格は1升(約1.5kg)50銭を超えた。同年7月下旬，富山県魚津町の漁民の女性たちが海岸に集まって米の県外移出を阻止しようとしたのがきっかけで，8月に入ると周囲の町でも米の移出禁止や安売りを求める運動がおこった。これが「越中女一揆」として新聞でやや誇大に全国に報道されると，8月中旬以降，京都・名古屋・東京・大阪などの大都市をはじめ，各地で米の安売りを求めるデモ行進が行われ，群衆が米商人・富商・精米会社などを襲って警官隊と衝突するなど，騒動が広がった。神戸では，米の買占めで米価をつり上げたと噂された有力商社の鈴木商店が群衆に襲われ，焼打ちにあった。

　米騒動の範囲は，42道府県・38市・153町・177村に及び，参加人員は約70万人，検挙者は2万数千人と推定され，約7800人が起訴された。起訴された者の大半は未組織の下層労働者であった。なお，同年夏の全国中等学校優勝野球大会(現，全国高等学校野球選手権大会)は，米騒動のため中止となった。米騒動は自然発生的で組織的なものではなく，一定の政治的目標もなかったが，規模はこれまでになく大きく，日本の社会に大きな衝撃を与えた。

原内閣と政党政治

　米騒動を収拾した寺内内閣が退陣すると，元老たちももはや官僚内閣では世論の支持を得ることができないと考え，衆議院の第一党である立憲政友会総裁の原敬を後継の首相に推薦し，1918（大正7）年9月，原内閣が成立した。原は爵位をもたず，岩手県の出身でいわゆる藩閥政治家ではなく，日本で初めて衆議院に議席をおく内閣総理大臣だったので，平民宰相と呼ばれた。また原内閣は陸相・海相・外相を除く全閣僚が立憲政友会会員からなる政党内閣だったので，国民から歓迎された。彼は，こうした世論を背景に，優れた指導力を発揮して党内の統制をはかり，教育施設の拡充・交通機関の整備・産業の振興・国防の充実など積極政策を推進した。そして，1919（大正8）年，選挙法を改正して，選挙資格を直接国税10円以上から3円以上にまで広げ，同時に大選挙区制を小選挙区制に改め，翌年の総選挙では立憲政友会は衆議院の圧倒的多数の議席を制し，その勢力は官僚や貴族院＊にも及んだ。

　　＊当時，貴族院の最大の会派であった研究会（官僚出身の勅選議員を中心とした団体）も，原内閣に閣僚を送るなど，しだいに原に接近した。

　しかし，1920（大正9）年の恐慌によって原内閣の積極政策は行き詰まった。そして，立憲政友会の党勢拡張により，政党間の争いはいちだんと激しくなり，利権あさりをめぐって汚職事件が発生し，多数党の腐敗と横暴を非難する声も盛んにおこった。また，第一次世界大戦の末期から知識人・学生・労働組合などを中心に，選挙権における納税資格を撤廃し，普通選挙（男性のみ）の実現を要求する運動がしだいに活発になった。議会でも尾崎行雄・犬養毅・島田三郎らがこれに応じて政府に迫り，普選実施の主張は野党である憲政会や国民党のスローガンにも取り入れられていった。しかし，原首相と立憲政友会は，すぐに普通選挙を実施するのは時期尚早であるとして反対を唱え，社会運動にも冷淡な態度をとった。このことは，原の「平民宰相」というイメージを損なうことになった。

　1921（大正10）年11月，立憲政友会が横暴であると憤慨した一青

年によって原首相が東京駅頭で暗殺されたあと，立憲政友会を率いて高橋是清が組閣したが，まもなく閣内不統一で総辞職し，その後は，加藤友三郎・山本権兵衛と非政党内閣が続いた。

2　ワシントン体制

パリ平和会議

　第一次世界大戦は，いわゆる総力戦となって，きわめて大規模で深刻な様相を呈したが*，1917年のアメリカの連合国側への参戦や，ドイツ国内経済の破局による国民生活の困窮化などによって，同盟国側の敗色はしだいに濃厚となった。1918年1月，アメリカ大統領ウィルソンは，いわゆる平和原則十四カ条を発表して和平を提唱した。そのころ，ドイツ国内ではロシア革命の影響を受けて，労働者のストライキがしきりにおこり，革命運動が高まった。そして，1918年11月にはドイツの帝政が倒れ，ドイツ側の敗北によって第一次世界大戦は終わりを告げた**。

　　＊第一次世界大戦はそれまでにない大規模なもので，動員総兵力約6500万人，死者数約1800万人，戦費合計約1860億ドルに及んだ。
　　＊＊オーストリアでも敗戦とともに帝政は崩壊し，ハプスブルグ王朝は終わりを告げた。

　1919年1月からパリで対独講和会議（パリ平和会議）が開かれ，日本は西園寺公望（首席全権）・牧野伸顕ら5人の全権を中心とする代表団を派遣した。会議はイギリス・アメリカ・フランス・イタリア・日本の5大国，とりわけ英米仏の3大国の主導権のもとに進められ，同年6月にヴェルサイユ条約が締結された。この条約は，はじめウィルソンが理想主義的な原則をかかげたにもかかわらず，実際には大国の利害に基づくもので，敗戦国であるドイツに対する

▶パリ平和会議の各国首相（サー＝ウィリアム＝オーベン画）　ウィルソン米大統領（中央左），ロイド＝ジョージ英首相（中央右），クレマンソー仏首相（中央），西園寺公望（後列右から5人目）ら，各国の首脳が一堂に会した。（ユニフォトプレス提供）

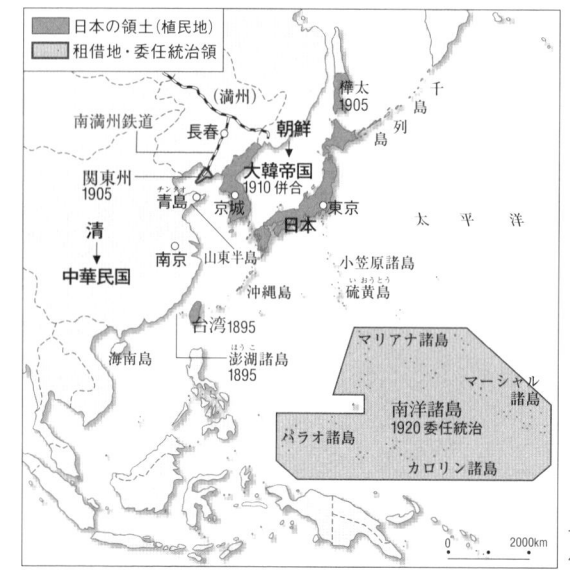

地図凡例:
- 日本の領土(植民地)
- 租借地・委任統治領

地図中の地名:
- (満洲)
- 南満州鉄道
- 長春
- 樺太 1905
- 千島列島
- 朝鮮
- 関東州 1905
- 大韓帝国 1910併合
- 青島
- 京城
- 日本
- 東京
- 清 → 中華民国
- 南京
- 山東半島
- 小笠原諸島
- 硫黄島
- 沖縄島
- 太平洋
- 台湾 1895
- 海南島
- 澎湖諸島 1895
- マリアナ諸島
- マーシャル諸島
- 南洋諸島 1920委任統治
- パラオ諸島
- カロリン諸島

◀日本領土の膨張(19世紀末期〜20世紀初期)

条件ははなはだ過酷であった。すなわち，ドイツは，(1)国土の一部とすべての海外植民地を失い，(2)巨額の賠償金支払い義務を負わされ，(3)空軍の保有を禁止され，また陸海軍も大幅な軍備制限を受けた。

【対独賠償問題】 ドイツの賠償金額は，1921年に1320億金マルクと定められたが，その後，何度か減額・支払い延期が認められ，1929年には358億金マルクに減じられた。しかし，それもそのころの世界恐慌の襲来によって，支払い不能におちいり，ヒトラー政権成立後，ヴェルサイユ条約は破棄されて，うやむやに終わってしまった。しかし，ドイツは第二次世界大戦後に，第一次世界大戦の賠償金の残額をすべて支払った。

条約はさらに民族自決の原則によってヨーロッパの国境改定を定め，ポーランド・チェコ・ハンガリー・ユーゴスラヴィア・フィンランドなどの独立が認められ，新国家が誕生した。しかし，この原則はアジアやアフリカの植民地には適用されなかった。この条約に基づいて形成されたヨーロッパの新しい国際秩序はヴェルサイユ体制と呼ばれている。

日本はパリ平和会議において，山東半島の領土権を中国に返還することは承認したが，ドイツのもっていた山東省の権益を引き継ぐ

パリ平和会議と人種差別撤廃問題

　パリ平和会議で5大国(Big Five)の一つとして最高委員会の構成国となった日本は，山東問題・南洋諸島問題と並ぶ3大要求の一つとして，国際連盟加盟国は外国人に対し人種や国籍による差別を設けてはならない，とする人種差別禁止の条項を国際連盟規約のなかに明文化することを提案した。これは，アメリカやカナダでの日本人移民排斥への対応策という意味もあったが，そこには，国際社会で欧米列強の仲間入りを果たした証を求める日本の国民感情が反映されていた。パリの日本全権団は牧野伸顕を中心に，各国の代表たちと折衝を重ねたが，日本案の採択は困難だった。というのは，アメリカでは人種差別問題は自国内の問題であり，日本の提案は内政干渉にあたるという強い反発があり，イギリスも，自治領内，とりわけ白豪主義を基本政策とするオーストラリアの強い反対にあって，両国とも日本案には賛成しなかった。日本はさらに，文言を緩和してその趣旨を連盟規約の前文に入れるよう提案し，国際連盟委員会で16カ国のうち11カ国の賛成を得たが，英米両国は依然として反対し，重要事項は満場一致を必要とするという原則により，結局，人種差別撤廃案は不採択となったのである。

ことを認めさせ，赤道以北の旧ドイツ領南洋諸島を国際連盟から委任統治することになった。また，日本は人種差別禁止の取決めを国際連盟の規約のなかに取り入れるよう提案し，多くの国々の賛成を得たが，アメリカ・イギリスなどの大国の反対にあって，その提案は採用されなかった。

　日本が山東省の旧ドイツ権益を継承したことに対して，中国では激しい反対運動がおこった。1919(大正8)年5月4日，北京では学生を中心とする大規模なデモがおこり，ヴェルサイユ条約調印反対，「打倒日本帝国主義」の声が高まり，日本商品のボイコット(日貨排斥)が全国的に広まった。これがいわゆる五・四運動である。こうした国内の反対のため，中国代表は，結局，ヴェルサイユ条約には調印しなかった。

　また，朝鮮においても同年の初めころから日本の植民地支配に反対し，民族独立を求める気運が高まりつつあったが，同年3月1日，京城(現，ソウル)において「独立万歳」を叫ぶ集会が行われ，独立運

◀三・一独立運動の情景を刻むレリーフ
（ユニフォトプレス提供）

動はたちまち朝鮮各地に広まった（三・一独立運動または三・一事件）。日本は，軍隊や警察を出動させてその鎮圧にあたったが，一方では，朝鮮総督の資格を現役の軍人から文官にまで拡大し，憲兵警察を廃止するなど，民族運動の高まりに宥和的姿勢をとった。

【三・一独立運動と文化政治】　日本の植民地となった朝鮮では，朝鮮総督府による武断的な統治や同化政策に強い反発がおこっていた。第一次世界大戦後，民族自決という国際世論の高まりにも影響されて，朝鮮では民族独立を求める声が強くなった。1919（大正8）年1月，前韓国皇帝高宗（李太王）が死去すると，日本による毒殺との噂が流れ，民族感情を刺激した。同年2月，朝鮮の在日留学生が東京で独立宣言を発表し，ついで高宗の葬儀を前に同年3月1日，ソウルのパゴダ公園（現，タプッコル公園）で，多くの民衆を前に33名の宗教家が署名した独立宣言書朗読会が行われた。これをきっかけに，朝鮮の各地で独立を求める集会やデモ，労働者たちのストライキ，学生たちの同盟休校が相ついで展開された。日本は軍隊と警察力を動員してその鎮圧にあたったが，運動はしばしば騒擾事件に発展した。武力鎮圧による朝鮮側の死者は，7000人以上に達したといわれる。日本政府はその後，朝鮮総督の任用資格を現役の軍人から文官にまで拡大し，憲兵警察を廃止するとともに，新任の斎藤実総督のもとで「文化政治」を実施し，灌漑施設の拡充・耕地整理などによる産米増殖計画を推進するなど，朝鮮統治に宥和的姿勢をとった。

ワシントン会議

第一次世界大戦による大きな戦禍は，国際社会に平和を求める気運を高めた。米大統領ウィルソンの提案に基づき，パリ平和会議において国際協力と平和のための常設的国際機関として国際連盟（The League of Nations）が設立され，ヴェルサイユ条約中にその規約が成文化された。連盟は1920（大正9）年に発足したが，アメ

リカは上院の反対によって連盟に参加せず，敗戦国ドイツは1926（大正15）年まで，ソ連も1934（昭和9）年まで加盟しなかったので，連盟の国際政治への実際の影響力は，かなり弱いものになってしまった。日本は世界の5大国の一つとして，イギリス・フランス・イタリアと並んで国際連盟の常任理事国となり，新渡戸稲造が連盟の事務局次長に就任するなど，国際的地位を高めた。

　しかし，日本が大国化し，国際政治での発言力を強め，とくに中国への進出を強化すると，アメリカをはじめ欧米諸国がしだいに日本を危険な競争相手とみなして警戒心を深め，一方中国は，日本を西洋流の帝国主義国として，その民族運動の矛先をはっきりと日本に向けるようになった。その結果，日本は国際的な孤立化の危機を深めることになった。

　このように，東アジアの国際情勢が大きく変化していく状況のなかで，アメリカは世界の強国として第一次世界大戦後の国際政治の主導権を握りつつあった。そして，東アジアにおける日本の膨張をおさえて東アジアの新しい国際秩序をつくり，あわせて日本やイギリスとの海軍拡張競争を抑制するために，1921（大正10）年，米大統領ハーディングの名で各国に呼びかけ，ワシントン会議を開いた。日本国内にはアメリカが日本の対中国政策に介入することを警戒する声もあったが，日本政府は，これをアメリカとの協調関係を確立して国際的な孤立化の危機を回避するよい機会であると判断し，海軍大臣加藤友三郎，駐米日本大使幣原喜重郎らを全権として会議に送った*。会議は同年11月から翌1922年2月まで続けられ，結局，つぎのような諸条約が締結された。

　　＊日本政府（原敬内閣）が全権たちに与えた訓令では，列国の日本への誤解を解き，国際間の信望を増進するよう努力し，とくに「米国トノ親善円満ナル関係ヲ保持スルコト」を最重要方針とするよう指示している。

　[四カ国条約]　1921（大正10）年12月，アメリカ・イギリス・フランス・日本の4カ国間で結ばれ，太平洋の島々の領土保全と安全保障を約した。なお，同条約の発効とともに日英同盟協約は終了す

会議・条約名		参加国	内容・その他	日本全権
ヴェルサイユ条約 (1919.6, パリ)		27カ国	第一次世界大戦の対独講和と戦後の処理。 国際連盟成立(1920)	西園寺公望 牧野伸顕
ワシントン会議	四カ国条約 (1921.12)	米・英・日・仏	太平洋の平和に関する条約 これにより日英同盟協約は終了	加藤友三郎 徳川家達 幣原喜重郎
	九カ国条約 (1922.2)	米・英・日・仏・伊・ベルギー・ポルトガル・オランダ・中国	中国問題に関する条約 (中国の主権と独立の尊重, 門戸開放, 機会均等)	
	海軍軍縮条約 (1922.2)	米・英・日・仏・伊	主力艦(戦艦など)保有量の制限 今後10年間, 主力艦の建造禁止	
山東懸案解決条約 (1922.2)		日・中国	二十一カ条要求のうち, 日本は山東半島における旧ドイツ権益を中国に返還	加藤友三郎 幣原喜重郎
*ジュネーヴ海軍軍縮会議(1927.6)		米・英・日	米・英・日間の補助艦制限を目的とするが, 不成立	斎藤 実
不戦条約 (1928.8, パリ)		15カ国	「国家ノ政策ノ手段トシテノ戦争」の放棄	内田康哉
ロンドン海軍軍縮条約(1930.4)		米・英・日・仏・伊	主力艦保有制限および建造禁止を1936年まで延長。米・英・日の補助艦保有量の制限	若槻礼次郎 財部 彪

▲第一次世界大戦後の主な国際条約・会議　条約名欄の( )内は調印の年月。*印は決裂。

ることが決まった。

[九カ国条約]　1922(大正11)年2月, 上記4カ国に加え, 中国に対して利害関係をもつイタリア・ベルギー・オランダ・ポルトガルに, 中国自身も参加し, 9カ国間で結ばれた。内容は, (1)中国の主権・独立と領土保全を尊重し, (2)各国の商工業の中国に対する機会均等と中国の門戸開放を定めた。この結果, 日米間の石井・ランシング協定は廃棄された。

[ワシントン海軍軍縮条約]　1922(大正11)年2月, アメリカ・イギリス・日本・フランス・イタリアの5カ国間で調印され, (1)主力艦(戦艦・巡洋艦)を1隻最大3万5000トン, 主砲を口径16インチ以下, その保有量を米英各52万5000トン, 日本31万5000トン, 仏伊各17万5000トンとし, 比率を, 米英各5, 日本3, 仏伊各1.67とする, (2)今後10年間, 主力艦を建造しない, (3)太平洋の島々の軍事施設を現状維持とする, などを取り決めた。

この会議を通じて日本はおおむね列国との協調方針を進め, とく

にアメリカとの協調関係の確立に努力した。そして，とりわけ海軍軍縮には積極的に協力する姿勢をとった。それは，当時，アメリカ・イギリスとの海軍拡張の建艦競争などによる巨額な軍事費の支出の結果，国家財政の健全な運営が困難となりつつあり，軍事費を抑制する必要に迫られていたからでもあった。海軍部内には，かねてからの対米英7割の保有量を主張して，この軍縮案に不満の声もあったが，加藤(友)全権は，国防は軍人の専有物ではなく，総合的な国力を重視すべきであるとの大局的立場から，そうした不満をおさえて調印に踏み切ったのである。

　そのほかこの会議において，日本はシベリア撤兵を宣言した。また，中国代表とは個別に山東(さんとう)問題について協議して山東懸案解決(けんあんかいけつ)条約を結び，二十一カ条要求を一部撤回し，山東半島の権益を中国へ返還することを約束した。このように，ワシントン会議によってつくり出された米英日3カ国の協調関係を基軸とする新しい東アジア・太平洋地域の国際秩序をワシントン体制と呼ぶ。

協調外交の展開

　ワシントン海軍軍縮条約は，1922(大正11)年8月に発効し，加藤友三郎内閣(加藤が海相を兼任)のもとで，老朽(ろうきゅう)艦(かん)の廃棄や戦艦の建造中止など海軍軍縮が実施された。引き続いて，日本国内では陸軍軍縮も問題となり，1922(大正11)年，同内閣の山梨半造(やまなしはんぞう)陸相のもとで，約6万人の兵力削減が実施され(山梨軍縮)，ついで1925(大正14)年，加藤高明内閣のとき，宇垣一成陸相のもとで4個師団廃止が実現するなど，陸軍の軍縮と合理化が行われた(宇垣軍縮)。陸軍はこのとき，師団を削減すると同時に，航空部隊や戦車部隊を新設・増設するなど，装備の近代化をはかった。また，整理された将校の失業対策と国防観念の普及をはかって，中学校以上の学校で軍事教練が正課となり，配属(はいぞく)将校(しょうこう)が配置された。軍縮の結果，1921(大正10)年度には国家の歳出(一般会計)中の49％を占めていた軍事費が，1926(大正15)年度には27％と大幅に減少した。

　ワシントン会議以後，ほぼ1920年代を通じて，日本政府は国際

軍縮と軍人の反発

日露戦争後,軍人の人気が高かった時代に職業軍人への道を志した少年たちが,やがて将校として一人前になるころ,軍縮の時代がやってきた。兵力の削減が進むにつれ,軍人は出世の道をせばめられ,失業の不安にさらされるようになった。世間の目は厳しくなり,軍人の社会的地位は低下した。とりわけ都会では,軍人が軍服姿で街のなかを歩くことがはばかられるような雰囲気が広がったという。陸軍の4個師団削減により廃止されることになった第15師団(豊橋)の師団長田中国重は,先輩への手紙のなかで,結婚が決まっていた若い将校のなかには,軍縮が始まったため婚約者の女性の側からの申し出で破談になった例もあるとして,軍縮により将校たちが動揺し,師団内の士気が低下していることを嘆いている。こうした世間の風潮に対する反発が,やがて政府の手で推進された協調外交や軍縮政策に不満をいだき,テロやクーデタでそれを打破しようとする急進派軍人たちの直接行動を生み出す背景になったと考えられる。

協調,とくにアメリカとの協調関係の確保に努力し,貿易の振興など経済外交を重んじた。当時,アメリカは日本にとって最大の貿易相手国であり,1920年代半ばころで,日本の総輸出額の約40%がアメリカ向けの,また総輸入額の30%近くがアメリカからの貿易品であった。したがって日本にとって,とりわけアメリカとの友好関係の維持は,もっとも重要視された。1924(大正13)年,加藤高明内閣(幣原喜重郎外相)成立後まもなく,アメリカにおいて新移民法(いわゆる排日移民法)が実施され,日本人移民がアメリカに入国することが事実上できなくなるなど,相互に国民感情を悪化させる事件がおこったが,外交レベルにおける日米両国の協調関係は維持された。また,日本政府は幣原外相のもとで,中国に対して内政不干渉政策をとり,とくに武力的干渉を行わない方針を保ち,1927(昭和2)年,国民革命軍の勢力が長江流域に及び,イギリスが日本に共同出兵を提案したり,南京の日本総領事館が国民革命軍の襲撃を受けて被害を受けたときも,出兵はしなかった。さらに,革命以来国交の絶えていたソ連とも,1925(大正14)年,加藤高明内閣のとき,

日ソ基本条約が結ばれ、日ソの国交が樹立された。

【幣原外交】 ワシントン会議の全権団に加わった幣原喜重郎は、1924（大正13）年6月、護憲三派の加藤高明内閣の外務大臣に就任してから、1931（昭和6）年12月、第2次若槻内閣の退陣によってその地位を去るまで、立憲政友会の田中義一内閣時代（1927年4月～29年7月）を除いて、4代の内閣で通算5年余りにわたり憲政会・立憲民政党系内閣の外相をつとめ、協調外交を推進し、対米協調と対中国内政不干渉政策の実施に努力した。それゆえ、幣原外相によって推進されたこの時期の協調外交を、幣原外交とも呼ぶ。

こうした協調外交は、第一次世界大戦後の国際平和に期待をかける世界的風潮を背景に、列国の国際協力と軍縮政策のもとで、ひとまず順調に推進された。軍縮会議はその後も何回か開かれ、1927（昭和2）年のアメリカ・イギリス・日本による補助艦制限のためのジュネーヴ軍縮会議は意見の一致をみずに失敗したが、1928（昭和3）年には、パリで日本を含めた世界の主要15カ国の間に不戦条約が締結された。また、1930（昭和5）年には、ロンドン海軍軍縮会議が開かれ、米・英・日3カ国の間に補助艦の保有量制限が協定されるなど、1930年代初めまで、国際協調の時代が続いた。

しかし、日本軍部の急進派や国家主義団体などの間には、ワシントン体制をアメリカ・イギリスが日本の対外発展をおさえようとするためのものと考え、協調外交や軍縮政策に反対する声もかなりあった。

社会運動の高まり

第一次世界大戦を通じてもたらされた世界的な民主主義の風潮の高まりなどの影響を受けて、第一次世界大戦が終わるころから、日本国内においてもさまざまな社会運動が勃興した。1918（大正7）年、吉野作造や福田徳三・大山郁夫らを中心に黎明会が、同年に東大の学生・卒業生によって東大新人会がつくられ、社会の改革や国家の革新を唱えて、社会科学の研究や労働運動・農民運動と結びついた実践活動を進めた。

[労働運動] 大逆事件以後、政府の厳しい弾圧のもとで"冬の時

代"をすごしていた社会主義・労働運動も，このような時代の風潮のもとでしだいに活発になった。資本主義のいちじるしい発展に伴って，多数の労働者がつくり出されて大企業に集中したこと，空前の好況にもかかわらず，インフレーションによる物価騰貴によって，必ずしも労働者の生計が楽にならなかったことに加えて，ロシア革命や米騒動の影響などが，労働運動の高揚をもたらした原因といえよう。1919（大正8）年には，労働争議件数は労働組合結成数と並んで，これまでの最高に達した。

　労働組合の中心となったのは，1912（大正元）年，鈴木文治らによって結成された友愛会であった。友愛会は，初めは労資協調の穏健な立場をとっていたが，1919（大正8）年には大日本労働総同盟友愛会と改称してしだいに急進化し*，1921（大正10）年には日本労働総同盟と改めて，はっきりと階級闘争の方針に転じた。1920（大正9）年の戦後恐慌の到来は，労働運動をますます活発にした。1920～21（大正9～10）年ころには，大規模な労働争議が各地でおこったが，なかでも，官営の八幡製鉄所のストライキ，神戸の三菱・川崎両造船所のストライキが有名である。1920（大正9）年には，日本最初のメーデーも行われた。労働組合運動は，その後，総同盟の内部に運動方針をめぐって対立が深まった。左派は除名されて，1925（大正14）年，日本労働組合評議会を結成し，日本共産党の影響のもとに急進的運動を展開したが，政府により1928（昭和3）年に解散させられた。

　　＊大日本労働総同盟友愛会は，1919（大正8）年，8時間労働制の確立，幼年労働の廃止，普通選挙の実施などの要求をかかげた。

　[農民運動]　農村では各地で小作争議が頻発したが，それは単に地主に懇願するだけではなく，小作人が小作人組合を結成し，小作料減免・耕作権確立の要求を中心とする農民運動に発展していった。1922（大正11）年には，杉山元治郎・賀川豊彦らによって日本農民組合が結成され，農民運動に指導的役割を果たした。政府も小作農の保護・維持対策をはかり，1921（大正10）年には，米穀法を制定して米価の調節につとめ，また政府資金を農村に貸し付けたりした。

▲日本農民組合結成を報じる新聞記事（『万朝報』1922〈大正11〉年4月9日付）　杉山元治郎（組合長）・賀川豊彦を指導者として神戸で結成された。（国立国会図書館蔵）

▲杉山元治郎（1885～1964。法政大学大原社会問題研究所蔵）

▲賀川豊彦（1888～1960。賀川豊彦記念松沢資料館蔵）

さらに，1924（大正13）年には小作争議調定法が制定され，当事者の申し立てにより，裁判所のもとで争議の調停ができるようになった。

［女性運動］　新しい時代の風潮は，女性の間にも自分たちを男性の従属的地位にしばりつける社会的絆（きずな）から解放し，地位の向上をはかろうとする思想・運動を生み出した。1911（明治44）年には，平塚明（らいてう）らを中心とする青鞜社*がつくられ，雑誌『青鞜』が発刊されて女性の覚醒を促した。創刊号に載せられた平塚の巻頭言「元始，女性は実に太陽であった。真正の人であった。今，女性は月である。……私共は隠されて仕舞った我が太陽を今や取戻さねばならぬ」という言葉は，運動の目標をはっきりと示したものであった。青鞜社の女性たちは，「新しい女たち」と呼ばれて大きな反響をもって迎えられ，初め1000部だった『青鞜』の発行部数は3000部にまで増加した。しかし，彼女たちが自由恋愛や自由結婚を論じたりすることに対して，世間からは日本の伝統的なモラルに反するという非難があびせかけられた。

*青鞜の語は，18世紀の半ばにロンドンのモンテーニュ夫人のサロンに集まる芸術家たちの会合に，女性作家などが正装ではない青色の靴下をはいて出席し，盛んに文学・芸術を論じたことから，因習に反する女性たちを嘲笑的にBlue Stockingと呼んだのを模して，森鷗外が命名したという。

◀新婦人協会第1回総会で挨拶する市川房枝　1920(大正9)年3月に設立された新婦人協会は，男女同権，母性保護，女性の権利擁護に取り組んだ。(毎日新聞社提供)

青鞜社の運動は，文学的思想啓蒙運動を中心とするものであったが，1920(大正9)年には平塚や市川房枝らを中心に新婦人協会が結成され，婦人参政権運動も行われるようになった。こうした運動により，1922(大正11)年には，女性の政治運動参加を禁止していた治安警察法第5条が改正され，女性の政治演説会への参加が認められた。新婦人協会は，1924(大正13)年には婦人参政権獲得期成同盟会に発展した。また，この間の1921(大正10)年には，山川菊栄・伊藤野枝らにより赤瀾会が結成され，社会主義の立場からの女性運動も展開された。

[社会主義運動]　長らく鳴りをひそめていた社会主義運動も，ロシア革命の影響や労働運動の高まりに伴って息を吹き返した。初めは大杉栄らを中心とするアナーキズム(Anarchism，無政府主義)の影響が強く，労働者の直接行動に頼り，政治闘争を軽視し，ロシア革命を否定的に評価する傾向があった。そののち，しだいに，マルクス主義が社会主義運動の主流を占めるようになり，ロシア革命にならって政治闘争を重視する，いわゆるボリシェヴィズム(Bol'shevism)が優位に立つようになった。そして，多数の社会主義者を政治的に組織して無産政党(社会主義政党)をつくろうとする動きが進み，1920(大正9)年には日本社会主義同盟が成立した。ついで1922(大正11)年には，ソ連のモスクワに本部をおくコミンテルン(Comintern，国際共産主義組織)の指導のもとに，片山潜・堺利彦・山川均らが中心となって，コミンテルンの日本支部とし

関東大震災と朝鮮人虐殺事件

　1923(大正12)年9月1日，午前11時58分，関東一帯を見舞ったマグニチュード7.9の大激震とそれに続く大火災は，東京・横浜をはじめとする関東地方南部に甚大な被害を与え，死者・行方不明者は10万人以上，被災者は340万人以上に達した。震災の大混乱のなかでさまざまな流言蜚語(りゅうげんひご)が乱れ飛び，戒厳令がしかれて，社会不安はいやがうえにも高まった。朝鮮人虐殺事件はこのような異常な雰囲気のなかで発生した。すなわち，"朝鮮人の暴動"，"朝鮮人の放火"などの流言が広がり，恐怖にかられた民間の自警団や警察官らが，朝鮮人と思われる人々をつぎつぎと捕え，暴行を加えたり殺害したりした。そのなかには，誤認された中国人や日本人も含まれていたと思われる。殺された人の総数は正確にはわからないが，3000人とも6000人ともいわれるほどに達した。虐殺事件をおこした自警団員のなかには，裁判にかけられ処罰された者もあったが，多くの者は不問に付され，事件の真相は(謎)(なぞ)の部分が多い。例えば，事件の核心ともいうべき流言の出所についても，自然に発生したとする説，日本の治安当局が意図的に流したとする説，右翼の一派が流したとする説などがあるが，真相は明らかではない。

て日本共産党が秘密のうちに結成され，君主制(天皇制)の廃止，大地主の土地没収とその国有化，8時間労働制の実現などをかかげ，プロレタリア独裁の確立をめざして，非合法活動を展開した。

　マルクス主義理論はしだいに知識人・学生・労働運動家の心をとらえるようになり，東大新人会なども，マルクス主義の研究・実践活動の団体としての性格を強めるようになった。こうして，1920年代にはマルクス主義に基づく社会科学研究が盛んになった。

　1923(大正12)年9月1日におこった関東大震災は，政治的・経済的にさまざまな混乱を巻きおこしたが，社会主義運動に対しても大きな痛手を与えることになった。震災の混乱中，社会主義者や朝鮮人が暴動を企てているという流言が広まり，戒厳令がしかれたなかで，住民のつくった自警団(じけいだん)や警察・憲兵(けんぺい)などにより，社会主義者や多数の朝鮮人が虐殺される事件がおこった*。こうした情勢に直面して，日本共産党の内部では政治方針をめぐって対立がおこり，1924(大正13)年には解党が決議された。

◀全国水平社の創立（1922〈大正11〉年3月）　創立大会で，西光万吉起草の水平社宣言が採択された。右から2人目が西光万吉。部落差別に苦しんでいた人々は，自らの解放を求めて立ちあがった。
（水平社博物館蔵）

＊アナーキストとして有名な大杉栄は，震災後の混乱のなかで，愛人で女性運動家の伊藤野枝や甥とともに憲兵大尉甘粕正彦によって殺害され，東京の亀戸署内では10人の労働運動家が，警備にあたっていた軍隊に殺された（亀戸事件）。また，このときに殺害された朝鮮人は3000人とも6000人ともいわれている。

［部落解放運動］　被差別部落の住民に対する社会的差別を自主的に撤廃しようとする部落解放運動も本格的に展開されるようになり，1922（大正11）年に結成された全国水平社を中心に，運動はねばり強く進められるようになった。全国水平社は，その後，第二次世界大戦後に部落解放全国委員会を経て，部落解放同盟に発展した。

［国家主義革新運動］　第一次世界大戦直後に革新的雰囲気が高まるなかで，多くの革新団体がつくられ，いろいろな立場の人々がこれに参加していったが，そのなかには国家主義の立場から「国家改造」を主張する人々も少なくなかった。1919（大正8）年，そうした人々が集まって猶存社を結成し，北一輝・大川周明らを中心に，国家主義革新運動を進めた。その後，彼らの思想は，協調外交・軍縮政策や政党政治に不満を抱く軍部の青年将校や中堅将校に，しだいに大きな影響を及ぼすようになった。

【日本改造法案大綱】　北一輝は1919（大正8）年，反日運動の吹き荒れる上海において，国家改造案原理大綱（のち日本改造法案大綱と改称）を書きあげた。それは猶存社によって秘密出版され，ひそかに関係者に配布された。その内容は，天皇大権の発動によって戒厳令をしき，クーデタによる天皇中心の国家社会主義的な国家改造を行おうとするもので，私有財産の制限と超過額の没収，大企業の国営化，企業の利益の労働者への配分，普通選挙の実施，華族制の廃止などの断行を唱

えるとともに，対外的には「不法ニ大領土ヲ独占」している国家（イギリスやロシア〈のちのソ連〉を想定）に対して開戦する権利があることを強調している。

普選運動の高まり

　第一次世界大戦後，さまざまな立場からの社会運動に共通の政治的要求となったのは，普通選挙の実現（納税額による選挙権の制限撤廃，男性のみ）であった。普選運動はすでに1890年代後半から続けられており，明治末期には，衆議院で普選案が多数の支持を得たこともあったが，貴族院の反対で成立しなかった。その後，運動はいったん衰えたが，第一次世界大戦直後の民主主義的風潮の高まりのなかで，1919（大正8）年ころから，にわかに都市を中心とする民衆運動として大きな盛りあがりをみせた。知識人グループや労働組合に加えて，1920（大正9）年になると，野党であった憲政会・立憲国民党が正式に普通選挙の実現を綱領のなかにかかげるようになった。また，進歩的な官僚の間にも，普選実施を説く者があらわれ始めた。

　しかし，1920（大正9）年の総選挙で，原内閣の与党である立憲政友会が大勝して衆議院の過半数を制し，野党勢力は後退した。原内閣と立憲政友会は，すぐに普選を実施するのは時期尚早であるとする立場に立ったため，野党側の提出した普選案はその後，いずれも衆議院で否決されてしまった。

護憲三派内閣の成立

　原内閣のあとを継いだ立憲政友会の高橋是清内閣が，1922（大正11）年6月，閣内不統一で退陣し，以後，加藤友三郎内閣・第2次山本権兵衛内閣と非政党内閣が続いた。第2次山本内閣は，関東大震災の救援活動と復興計画に全力を注ぐとともに，普通選挙実現のため選挙法改正を意図したが，1923（大正12）年12月の虎の門事件*により退陣したため，それは立ち消えとなった。1924（大正13）年1月，山本内閣のあとを受けて，清浦奎吾が貴族院・官僚勢力を基

公布年	公布時の内閣	実施年	選挙人			
			直接国税	性別年齢	総数	全人口比
					万人	％
1889	黒田	1890	15円以上	男25歳以上	45	1.1
1900	山県	1902	10円以上	男25歳	98	2.2
1919	原	1920	3円以上	男25歳	306	5.5
1925	加藤(高)	1928	制限なし	男25歳	1240	20.8
1945	幣原	1946	〃	男女20歳	3688	50.4

◀選挙法主要改正表(金丸三郎『新選挙制度論』より) 女性に選挙権・被選挙権が与えられたのは第二次世界大戦後である。

礎に内閣を組織したが，立憲政友会・憲政会・革新倶楽部(立憲国民党の後身)は，これを立憲政治に背を向けた特権階級による超然内閣とみなして護憲三派を結成し，世論の支持を後ろ盾に貴族院改革・行政整理・政党内閣の実現などを叫んで，清浦内閣打倒をめざす第二次護憲運動を展開した。

＊虎の門事件とは，無政府主義者の難波大助が議会の開院式にのぞむ摂政宮裕仁親王(のちの昭和天皇)を暗殺しようとして狙撃した事件。摂政宮は無事であったが，この事件は日本の指導者層にとって大きな衝撃であった。

　立憲政友会の清浦支持派は脱党して政友本党を結成したが，1924(大正13)年5月の総選挙で護憲三派が圧倒的な勝利を収め，政友本党は議席を大幅に減らした。その結果，同年6月，清浦内閣は総辞職し，第一党となった憲政会総裁の加藤高明が首相となり，護憲三派を与党とする内閣を組織した。この運動を通じて立憲政友会も普選賛成にまわり，1925(大正14)年3月，加藤高明内閣のもとで，普通選挙案を盛り込んだ衆議院議員選挙法改正案(いわゆる普通選挙法案)が両院を通過，成立した。この選挙法では，原則として満25歳以上の男性に衆議院議員の選挙権が，満30歳以上の男性に被選挙権が与えられ，納税額による選挙権の制限は撤廃された。それにより，有権者総数は約1240万人に達し，これまでの4倍以上に増加した。しかし，女性の参政権は認められなかった。また，同内閣の手で，貴族院の改革も行われたが，はなはだ不十分なものに終わった。

　また，第二次護憲運動のときになると，労働組合・無産政党・学生団体などの多くは，普通選挙は改良主義の幻想を強めるものとし

世界各国における普通選挙の実現

　普通選挙とは、納税額・財産・身分・性別などによる差別なしに選挙権・被選挙権を認める制度をいう。ただし歴史的には女性の参政権がない場合でも、それ以外の制限が撤廃されていれば、普通選挙と呼ぶことが多い。フランスでは、1830年の七月革命の結果、選挙権はいくらか拡張されたが、なお納税額による厳しい制限があり、有権者は人口の0.6%足らずにすぎなかった。しかし、1848年の二月革命の直後、フランスは男性の普通選挙制を採用した。ドイツにおいては、プロイセンの下院議員選挙では、20世紀になっても有権者を納税額によって3つのグループにわける3級選挙法という資産家に有利な制度が用いられていたが、ドイツ帝国の場合は、1871年の成立時から男性の普通選挙が実施された。これは、一般大衆の強い支持によって、自由主義的な中産階級の反対をおさえようとするビスマルク首相の政略によるものだったという。アメリカは州によって異なるが、おおむね19世紀半ばころまでに男性の普通選挙が実現している。イギリスは1832年以来、何回かの改正で選挙権が拡大されたが、普通選挙はようやく1918年に実現した。このとき、30歳以上の一定の財産のある女性にも参政権が認められた。

　女性参政権運動は19世紀後半にはアメリカやヨーロッパでかなり高まり、地方議会や一部の地域でそれが認められたところもあらわれた。国政選挙で全国的に認められたのは、1893年のニュージーランドが最初である。ドイツでは第一次世界大戦後、1919年のヴァイマル憲法で、アメリカでは翌1920年、イギリスでも1928年に男女平等の普通選挙が実現した。しかし、フランスやスイスでは、女性の参政権の全国的な実現は第二次世界大戦後にもち越され、1945年及び1971年のことであった。日本では1945年の衆議院議員選挙法改正で女性の参政権が男性と平等に認められるようになった。

て、その実現にはあまり熱意をみせなかった。一方、加藤内閣は社会革命を避ける安全弁と考えて、普選の成立に踏み切ったもので、普選運動の民衆運動としての盛りあがりは弱くなっていた。

　加藤内閣は1925(大正14)年3月に、普選法とともに治安維持法を成立させた。これは第一次世界大戦後の全世界的な社会主義運動の激化に対応したもので、とりわけ普通選挙の実施や同年1月の日ソ国交樹立の結果として、活発化が予想される無政府主義や共産主義の活動を取り締まるのが目的であった。そこでは、「国体ヲ変革」

2　ワシントン体制　　183

吉野作造の「金権政治」批判

　かつて民本主義を唱え，普通選挙の実現や議会中心の政治運営を熱心に主張した吉野作造も，現実に政党政治が定着し，普選が実施されるとかえってそれに失望し，その「金権選挙」ぶりをつぎのように批判している。「私も大正の初め頃から熱心に普選制の実施を主張した一人だ。そして普選制の功徳の一つとして金を使はなくなるだらふことを挙げた。……そして金が姿を消すとこれに代わり選挙闘争の武器として登場するのは，言論と人格との外にはないと説いたのであった。……しかしそは制度を改めただけで実現せられうる事柄ではなかったのだ。今日となっては選挙界から金が姿を消せばその跡に直ちに人格と言論とが登場するとの見解をも取消す必要を認めて居るが，普選制になって金の跋扈が減ったかと詰問されると一言もない。……今日の選挙界で一番つよく物言ふものは金力と権力である。選挙は人民の意嚮を訪ねるのだといふ，理想としては彼らの自由な判断を求めたいのである。……それを金と権とでふみにじるのだから堪らない。しかし，これは政治的に言へばふみにじる者が悪いのではない。ふみにじられる者が悪いのだ。……一言にしていへば罪は選挙民にある。問題の根本的解決は選挙民の道徳的覚醒を措いて外にない」(『中央公論』1932年6月号)。吉野はこのように，「金権政治」による政治的腐敗の根本的な責任は，選挙民にあるとして，その「道徳的覚醒」を強く主張したのである。

したり「私有財産制度ヲ否認」する運動に加わった者を処罰することが定められており，のちにはこれがしだいに拡大解釈されて，さまざまな反政府的言動を弾圧するために用いられた。

政党政治の展開

　加藤高明内閣の成立から，1932（昭和7）年5月の犬養内閣の崩壊にいたる8年足らずの間，政党政治は「憲政の常道」となり，衆議院に勢力を占める政党の党首が内閣を組織するという慣習ができあがった。1925（大正14）年に立憲政友会は，退役した陸軍長老で長州閥の系統につながる田中義一を，高橋是清にかわって新総裁に迎えるとともに，革新倶楽部と合同した。一方，憲政会は加藤の死後，大蔵官僚出身の政治家若槻礼次郎が総裁となり，1927（昭和2）年

6月に政友本党と合同して立憲民政党を結成し，立憲政友会とともに2大政党として交代で政権を担当した。

　しかし，軍部・貴族院・枢密院などの政党外の権力機構は依然として大きな力をもち，政党政治はしばしば議会の外からの干渉を受けた。しかも，政党自身も，自党の党勢拡張や政争のために，これら外部の権力機構に頼り，高級官僚出身者や軍人出身者が党の幹部となることが多かった。政党政治とはいっても，総選挙によって衆議院で多数を占めた野党が，敗れた与党にかわって内閣を組織するというかたちで政権交代が行われたことはあまりなく，議会外の権力機構と結んで内閣を倒した野党が，新しく少数与党のまま政権を担当し，総選挙を行って衆議院の多数を制するというのが，政権交代の基本的パターンであった。

　普選が実施され有権者が拡大したことによって，政党政治の裾野(すその)は広がったが，同時に政党は必然的に多額の選挙資金を必要とするようになった。その結果，財界との結びつきをますます深くし，財閥などから多額の政治資金の供給をあおぎ，また，さまざまな利権をめぐってしばしば汚職(おしょく)事件をひきおこした。こうして，政党政治は全盛時代を迎えたが，同時に，それが「金権(きんけん)政治」に毒されているというマイナス＝イメージも強くなり，国民の不信をかった。こうした事情を背景として，軍部・官僚・国家主義団体など反政党勢力による，「政党政治の腐敗(ふはい)」に対する非難が盛んになり，政党政治打倒をめざす動きも活発となった。

3　市民文化

都市化と国民生活の変化

　大正年間，とくに第一次世界大戦後になると，日本経済の飛躍的な発展，工業化の推進を背景として，都市化と大衆化が社会のいろいろな局面であらわれ始めた。1903(明治36)年には4540万人だった日本内地の人口は，1925(大正14)年には5974万人に達したが，農業人口はあまり増加せず，人口増加分はもっぱら都市の第2次・第3次産業に吸収された。この結果，明治30年代前半には有業人口の約3分の2を占めていた第1次産業(農林水産業)人口は，大正末期には50%程度に比率を低下させた。

　都市への人口集中もはっきりとあらわれ，1903(明治36)年には人口5万人以上の都市は25(植民地を除く)，その人口は合わせて555万人(内地人口の12%)だったのが，1925(大正14)年には，それが71都市，1213万人(内地人口の20%)に増加した。

　東京をはじめ全国の諸都市では，官公庁・公共建築物・会社などを中心に，明治時代以来の赤煉瓦造に加えて，鉄筋鉄骨コンクリートのビルディングが建設され，個人の住宅にも，洋風のいわゆる文化住宅が盛んに建てられた。都市ではガスや水道設備がかなり普及し，電灯は都市ばかりでなく農村でも広く用いられるようになった。

　【関東大震災と東京・横浜の復興】　1923(大正12)年9月1日，関東地方一帯はマグニチュード7.9の大地震に襲われ，東京では市内百数十

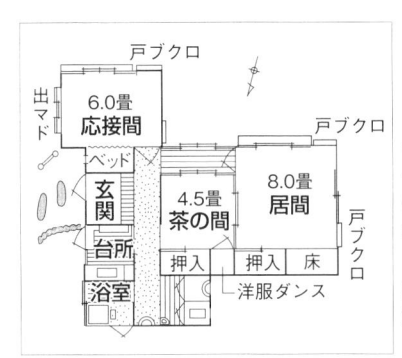

◀文化住宅の見取図(『主婦之友』1928〈昭和3〉年2月号より)　文化住宅とは，大正時代に中産階級のために大都市の郊外に建てられた和洋折衷の住宅をいう。玄関脇の洋風応接間と東西を貫通する中廊下が特徴である。「茶の間」では「ちゃぶ台」を囲んでの一家団らんが営まれるようになった。

▲大衆文化の隆盛　大正末期から昭和初期にかけて、大衆雑誌や文庫本が盛んに出版された。店頭に立つ女性は、当時流行したスタイルで、「モガ（モダンガール）」と呼ばれた。（毎日新聞社提供）

▲和文タイプライターを打つ女性　1914（大正3）年に杉本京太が発明した。1916（大正5）年に販売されて以来、急速に普及し、タイピスト養成が急がれた。（毎日新聞社提供）

カ所から火災が発生し、本所・深川などの下町は90％以上が焼失した。東京・横浜など関東地方南部を中心に各地で、死者・行方不明者10万人以上、被害世帯約57万戸、罹災者約340万人を出すという空前の惨害となった。大震災後、一部には遷都論もあったが、政府（第2次山本内閣）は後藤新平内相を帝都復興院総裁に任命して、東京の復興にあたらせた。後藤の東京復興計画はあまりにも大規模で、ぼう大な経費を必要としたため、立憲政友会など各方面からの反対でかなり縮小されたが、幹線道路の建設・区画整理などを軸に、東京は装いを新たにして再建された。これを機会に江戸情緒はほとんど一掃され、東京の住宅地帯は近郊に広がった。震災で減少した人口も再び急増し、1920（大正9）年に人口220万人弱だった東京市は、1932（昭和7）年には近郊の町村を合併し、人口は500万人を超える「大東京」となった。

また横浜も大震災により市街地の多くを焼失するという壊滅的打撃を被ったが、その復興もめざましく、40万人以下に減った人口が、震災の10年後には70万人近くに増加した。

都市と都市を結ぶ鉄道路線は、原・高橋両内閣におけるローカル線拡張計画などを通じて全国的に広がった。また、大都市の近郊に住宅地帯が広がるとともに、通勤用の郊外電車が発達した。そして大正末期以降、大都市の中心部ばかりでなく、郊外電車のターミナル駅につぎつぎと百貨店（デパート）が開店し、大衆消費時代の先駆けとなった。市街地の交通機関としては、市街電車のほか、明治後期に日本に輸入された自動車が、大正時代になると新しい交通機関として利用され、とくに乗合自動車（バス）が市民の足として盛んに

3　市民文化

サラリーマンの生活

　大正末期，大学や専門学校の卒業生は，おおむね官吏や会社勤めの俸給生活者(サラリーマン)となった。初任給(月額)は大学卒が50～60円だった。重工業部門の男性労働者の平均賃金が日給2円50銭，大工が3円50銭程度だったから，ホワイトカラーとブルーカラーの給与の差は，ほとんどなくなった。なお，女性(職業婦人)の平均月給は，タイピスト40円，電話交換手35円，事務員30円程度だったという。当時の物価は，米1升(約1.5kg)50銭，ビール1本35銭，うなぎの蒲焼30銭，タクシーの市内料金1円均一(いわゆる円タク)，東京・大阪間の鉄道運賃6円13銭(3等，普通列車)，郵便料金では封書3銭，葉書1銭5厘，新聞購読料月極め80銭～1円といったところだった。1925(大正14)年，建坪18坪(約59㎡)・木造2階建て・土地25坪(約83㎡)つきの小住宅108戸を，大阪市が分譲した。頭金420円，毎月32円で15年5カ月の月賦という条件だったが，申込みが殺到し，32倍の競争率になった。応募者の70％以上がサラリーマンだったという。

使われるようになり，タクシーもあらわれた。また，昭和初期になると東京には地下鉄が開通し，都心を結ぶ新しい交通機関となった。なお，明治末期に日本の空を初めて飛んだ飛行機は，主に軍用として発達したが，1920年代後半には郵便輸送や旅客輸送用の定期航空路も開設された。しかし，利用者はまだごく限られた人たちだけであった。

　都市を中心に，事務系統の職場で働く俸給生活者(サラリーマン)が大量に出現したが，そうした職場へ女性も進出するようになり，いわゆる職業婦人がめだち始めた。女性の洋装化も進み，大正末期から昭和初期には，時代の先端をいく洋装・洋髪の若い女性(いわゆるモガ，modern girl)の姿が，大都市の新しい風俗となった。

　こうした状況のなかで，さまざまな社会問題(労働問題・失業救済など)や都市問題(交通・住宅問題など)が取りあげられるようになった。政府が内務省に社会局や都市計画局をおいてこれらの問題と取り組み，職業紹介法・健康保険法・借地借家法などを制定したのも，1920年代前半のことであった。

大衆文化の芽ばえ

　以上のような都市化の進行に伴い，大正時代には市民文化が繁栄し，とくに第一次世界大戦後は，それがしだいに大衆化し，いわゆる大衆文化が発達し始めた。

　［教育］　大衆文化の発達を支えた大きな条件の一つには，教育の普及がある。1918（大正7）年，学校教育制度が全面的に改革され，大学令の制定によって単科大学や公立・私立の大学が認められたのをはじめ，高等学校令も改正され，公・私立の高等学校や中学校の課程を合わせた7年制の高等学校も設立されるようになった。また，中学校や高等女学校も増設されるなど，高等・中等教育機関が大幅に拡張された。1900（明治33）年には全国で約2万5000人にすぎなかった専門学校以上の学生・生徒数は，1925（大正14）年には13万人以上に急増した。これにより，知識層が拡大され，都市中間層としてこの時代の文化の中心的な担い手となった。義務教育もいちだんと普及し，1920（大正9）年には就学率が99％を超え，とくに男女の就学率の格差がほとんどなくなったことは注目に値する。こうして大正末期には，ほとんどの人が文字の読み書きができるようになり，文化の大衆化を促した。また，新しい時代の風潮のなかで，文部省の教育統制や画一的な教育方針を批判し，生活に根ざした生徒の個性と自主性を尊重する自由教育運動が盛んに進められ，沢柳政太郎の成城小学校，羽仁もと子の自由学園などが，自由教育を実践した。新しい教育運動のなかから，その後，昭和期に入って生活教育・生活綴方教育などプロレタリア教育運動が発展した。

　［ジャーナリズム］　社会の大衆化に鋭敏に反応し，またその大衆化をいっそう進展させる役割を果たしたのは，ジャーナリズムの発達であった。新聞はこの時期，第一次世界大戦や関東大震災などの大事件を通じて急速に発行部数を拡大し，大正末期には『大阪朝日新聞』『大阪毎日新聞』『東京朝日新聞』『東京日日新聞』の4大紙が，おおむね1日100万部前後に達した。このように有力新聞は，いわゆる大衆商業紙としてめざましい発達をとげ，文化の普及や政治の民衆化に大きな役割を果たすようになったが，同時にセンセーショ

▲ラジオを囲む家族　大正時代からしだいに「ちゃぶ台」が流行し，一家がちゃぶ台を囲んでラジオ（後方）を聞く光景も新しい家族のあり方を反映していた。(毎日新聞社提供)

▲大衆雑誌　1925(大正14)年1月に創刊された大衆娯楽雑誌『キング』の表紙。(日本近代文学館蔵)

ナリズムの傾向を深め，「政治や社会の情緒化」をもたらすことにもなった。

　また，『中央公論』『改造』『文藝春秋（ぶんげいしゅんじゅう）』などの各種の総合雑誌や，毎月の発行部数が100万部を超す大衆雑誌『キング』などの月刊雑誌が発展をみせ，週刊誌が出現するようになったのも，大正末期から昭和初期にかけてであった。出版界でも，『現代日本文学全集』をはじめ1冊1円の文学全集（いわゆる円本（えんぽん））や文庫本（岩波文庫）などが盛んに刊行され，低価格の出版物が大量に供給されるようになった。

　こうした活字文化ばかりでなく，新しいメディアとして1925(大正14)年から東京・大阪・名古屋でラジオ放送が始まり，翌年には放送事業を統合して日本放送協会が設立された。ラジオ放送はニュースの速報や標準語の普及に大きな役割を果たした。伝統的な国技である相撲に加えて，明治時代に日本に伝えられた野球が，全国中等学校優勝野球大会(1915〜，現在の全国高等学校野球選手権大会)や東京六大学野球リーグ戦(1925〜)の開始により人気を集め，また国際オリンピック競技会に，日本が1912(明治45)年以来参加するなど，スポーツが大衆的な関心を集めるようになったのも，新聞報道やラジオ放送などのマス＝メディアの発達によるところが

大きい。

[学問] とくに人文・社会科学の諸部門で，大正デモクラシーの高まりに伴って，自由主義的立場に立った学問・研究が広まった。内田銀蔵・河上肇・福田徳三らが経済学・経済史研究で業績をあげ，美濃部達吉は近代法学の立場から天皇機関説を唱えて，上杉慎吉の天皇主権説を批判し，学界で広く支持を得た。また，吉野作造・尾佐竹猛らが，憲政史や明治文化史研究で成果をあげ，その後の日本近代史の実証主義的研究の発展に大きく貢献した。

【天皇機関説】 19世紀末～20世紀初めのドイツの公法学者イェリネックの国家法人説に基づいて，統治権の主体は天皇ではなく法人たる国家であり，元首たる天皇は国家の最高機関として憲法の条規にしたがって統治権を行使するという学説であった。いわば大日本帝国憲法をできるだけ自由主義的・立憲主義的に解釈した学説といえよう。天皇機関説は，天皇が国家統治の主体であることを否定するもので，統治権を天皇固有の万能で絶対的な権限とみなす天皇主権説と対立したが，明治末期以降から昭和初期まで，学界ではもとより，政界・官界でも広く認められていたのである。

歴史学の分野では，津田左右吉が日本古代史の実証的研究を通じて，「記紀」の記述が史実ではなく皇室の支配の由来を示すための創作であることを説き，また国民思想の研究でも学界に新風を吹き込み，黒板勝美・辻善之助らが実証主義的研究で業績をあげた。東西交渉史の視角からアジアの研究を進めた白鳥庫吉，ジャーナリスト出身で中国史・日本文化史研究に業績を残した内藤虎次郎(湖南)らも有名である。民俗学では，柳田国男が民間伝承・風俗習慣・行事などの研究によって庶民の生活史を明らかにするなど，日本における民俗学の確立に貢献した。また，哲学が大いに流行し，西田幾多郎が『善の研究』(1911)など一連の独創的な業績を発表して知識人の間に大きな影響を与えたのをはじめ，阿部次郎・安倍能成・和辻哲郎らの理想主義・人格主義的思想家が活躍した。

マルクス主義の影響が人文・社会科学各分野にあらわれ始めたことも，この時代の特色であった。とくに，1920年代に入って，マルクスの大著『資本論』が高畠素之により，初めて完訳出版され，

経済学・歴史学・哲学などの分野はその影響を強く受けた。こうした風潮のなかで,『貧乏物語』の著者河上肇が自由主義経済学者からマルクス主義経済学者に転じ,民本主義理論家大山郁夫が無産政党運動に活躍した。1932～33(昭和7～8)年,山田盛太郎・平野義太郎・野呂栄太郎・羽仁五郎・服部之総らマルクス主義経済学者や歴史学者により『日本資本主義発達史講座』が出版された。彼らは講座派と呼ばれ,明治維新を絶対主義の形成とみなし,日本資本主義の半封建的性格を強調した。こうした見方に反対し,明治維新を不完全ながらブルジョア革命とみて,日本資本主義の半封建性を否定する櫛田民蔵ら労農派の学者たちと,講座派の学者たちとの間には,活発な論争が展開された(明治維新論争,日本資本主義論争)。しかしこれらの論争は,明治維新や日本の資本主義の発達についての歴史的分析を深めると同時に,それが日本共産党など社会主義勢力による革命運動の方針をめぐる対立に強く影響され,学問の本来のあり方を大きく歪めた点も否定できない。

　自然科学・技術の面でも明治時代に引き続いていくつかのすぐれた業績が生まれた。本多光太郎のＫＳ磁石鋼の発明(1917),石原純の相対性理論の研究,野口英世の黄熱病の研究,高木貞治の数学における類体論の確立,八木秀次の指向性超短波用アンテナ(八木アンテナ)の発明,仁科芳雄の原子核研究などがその代表的なものである。研究施設としては,民間の北里研究所・理化学研究所,東京帝大の航空研究所・地震研究所などが設立された。また航空機が実用化されて,第一次世界大戦で軍事目的に利用された。

　[文学]　文芸思潮の面では,1910年代になると自然主義がしだいに衰退し,武者小路実篤・有島武郎・志賀直哉・有島生馬らの白樺派が華々しい活躍をみせ,文壇の中心となった。彼らはいずれも上流階層の出身で,洗練された都会的感覚と西欧的教養を身につけ,雑誌『白樺』(1910年創刊)を中心に創作・評論活動にあたり,明るい人道主義的作風で世に広く受け入れられ,また単に文学の分野ばかりでなく西洋美術の紹介にも貢献した。白樺派と並んで明治末期から永井荷風・谷崎潤一郎らの耽美派(唯美派)の作家たちが,

▶『蟹工船』の表紙(左)と『白樺』創刊号の表紙(右) 小林多喜二は『蟹工船』で、北洋で働く蟹工船乗組員の厳しい生活と彼らの強い団結力とを描いた。雑誌『白樺』は1910(明治43)年4月に創刊され、反自然主義の立場で文芸活動を進めた。(日本近代文学館蔵)

官能美・感覚美に満ちた多くの作品を発表した。

　これらにやや遅れて、芥川龍之介・久米正雄・菊池寛らが理知的な作風で鋭く現実をとらえた作品を発表して文壇にデビューした。彼らは、第3次・第4次の『新思潮』(1914, 1916〜17)によって活躍し、新思潮派・新現実派・新理知主義派などと呼ばれた。

　1920年代には社会的変動を反映して、白樺派の楽天的な人道主義や新現実派の小市民的思考はしだいに行き詰まりをみせ始めた。有島武郎や芥川龍之介の自殺はその象徴であった。また大衆文学が、新聞や大衆雑誌を発表の舞台として、多くの読者を獲得していった。中里介山の『大菩薩峠』(1913〜)がその先駆をなし、久米や雑誌『文藝春秋』を創刊してその経営にあたった菊池は、大正末期以降、大衆小説作家として名をなした。

　このようななかで、プロレタリア文学運動が思想啓蒙の運動として登場した。これは、1921(大正10)年に創刊された雑誌『種蒔く人』を中心に、青野季吉・平林初之輔らによって、自然発生的な労働文学を目的意識的な革命文学へ組織することをめざして進められた。その統一組織として、1925(大正14)年、日本プロレタリア文芸連盟が結成され、雑誌『文芸戦線』を中心に活動したが、活動方針の対立から、翌年、日本プロレタリア芸術連盟に改組された。その後、何回かの分裂を経て、1928(昭和3)年には全日本無産者芸術連盟(ナップ、機関誌『戦旗』)、さらに1931(昭和6)年にこれが解散し、日本プロレタリア文化連盟(コップ)が結成された。作家としては『蟹工船』の小林多喜二、『太陽のない街』の徳永直をはじめ、

3　市民文化　193

宮本(中条)百合子・葉山嘉樹・中野重治らが名高い。こうして，プロレタリア文学運動は思想界に大きな影響を与えたが，反面，政治を芸術に優越させる理論は芸術独自の価値と役割を失わせ，政治的分裂を文学運動にもち込む結果を招き，政府による取締りの強化もあって，1930年代に入るとしだいに衰えた。

　[芸術]　美術の分野では1907(明治40)年以来，政府の手で文部省美術展覧会(文展)が開かれ，日本画では日本美術院派の画家に加えて美術学校派の川端玉章の指導下に平福百穂・鏑木清方らが活躍した。これに競合して横山大観・下村観山らは，1914(大正3)年に日本美術院を再興し，川合玉堂・小林古径・前田青邨・安田靫彦らを集めて院展を開いた。また，京都画壇では竹内栖鳳らが盛んに作品を発表した。

　洋画の分野では1912(大正元)年にフューザン会を結成した新進の岸田劉生がのち春陽会に加わって独自の画風で人物画に傑作を残した。また，石井柏亭・有島生馬・山下新太郎らの若手画家たちが，藤島武二・岡田三郎助・和田英作らの文展に結集した一派に対抗して，1914(大正3)年，二科会をおこした。この系統からは，梅原龍三郎・安井曽太郎らが輩出した。また，竹久夢二は，抒情的な美人女性の風俗画で広く庶民の心をとらえた。彫刻家としては，平櫛田中・朝倉文夫・石井鶴三らが名高い。白樺派の作家でもある柳宗悦は，庶民に根ざした民芸の蒐集・再評価に貢献した。

　演劇では，歌舞伎・新派劇がしだいに大衆化して世に受け入れられていった。また，明治末期から盛んになってきた新劇では，1913(大正2)年，島村抱月が芸術座を結成し，松井須磨子が人気スターとして世の注目を集め，新劇の普及に大きく貢献した。これらの新しい演劇の舞台となったのは，明治末期に東京の丸の内に建設された帝国劇場(帝劇)であった。さらに1924(大正13)年には，小山内薫が土方与志と協力して築地小劇場を創立して，新劇をほぼ確立した。また，沢田正二郎によって始められた新国劇が，大衆演劇としてしだいに広まっていった。

　明治後期に始められた映画は，大正時代に新しい大衆娯楽として

発展した。当時は活動写真と呼ばれ，まだ無声で，弁士が画面の情景を説明するものであった。1910年代から20年代にかけて，日活・松竹キネマ・東宝などの映画会社がつぎつぎと設立され，多くの作品を製作して大衆から歓迎された。1930年代に入ると音声つきのトーキーがあらわれた。

音楽では，明治時代以来の唱歌とともに，童謡が人気を集めて広く歌われるようになり，山田耕筰らが，作曲や演奏に活躍した。宮城道雄が箏曲に新境地を開き，オペラのソプラノ歌手三浦(柴田)環が「マダム・バタフライ」などで主役を演じ，国際的に名声を博したのも，大正時代から昭和初期にかけてであった。明治時代には蓄音器が外国から輸入されたが，明治末期には円盤式蓄音器の国産が始まり，大正後期にはレコードが大量に売れるようになり，音楽の普及，とりわけ流行歌の大衆的な広まりに大きな役割を演じた。

4　恐慌の時代

戦後恐慌から金融恐慌へ

　第一次世界大戦中のめざましい好景気も，大戦が終わってまもなくすると，泡のように消えた。日本の資本主義は戦争を通じてしばしば発展をしてきたため，軍事産業の占める比重が大きく，そのうえ，国民の購買力はいまだ十分とはいえず，国内市場はそれほど広くなかったので，つねに海外市場に依存するという不安定な構造をもっていた。

　そこで，大戦が終わって列強の生産力が回復してくると，輸出は後退して，1919（大正8）年から貿易収支は輸入超過に転じ，とりわけ，重化学工業の分野では輸入品が増加して，国内の生産を圧迫した。1920（大正9）年には株式市場が暴落し，また綿糸・生糸の売れ行きが不振となって，その相場が下落した。そのため，紡績・製糸業は操業を短縮するなどの不況に見舞われた。これをふつう戦後恐慌と呼んでいる。

　ついで，1923（大正12）年9月には関東大震災によって，京浜地区では，工場や事業所のほとんどが倒壊あるいは焼失し，日本経済は大きな打撃を受けた。このとき，銀行手持ちの手形が大量に決済不能になり，その後，慢性的不況が続くなかで，決済はなかなか進まなかった。政府は決済不能となった震災手形に対して，震災手形割引損失補償令で日本銀行から特別融資を行わせ，その合計額は4億3082万円に達した。しかし，なお1926（昭和元）年末時点で2億680万円が未決済となっていた。

　そこで憲政会の若槻礼次郎内閣は，震災手形を処理しようと考え，その法案を議会にはかったが，その過程で，片岡直温蔵相の議会での発言からいくつかの中小銀行でこげつきの不良貸付が多く，経営状態が悪いことが暴露され，1927（昭和2）年3月，銀行への激しい取付け騒ぎがおこった。これが，いわゆる金融恐慌の発端であった。

▶銀行におしかけた預金者たち　銀行の経営悪化の内情が伝えられると、預金者たちは預金を引き出そうと銀行に押し寄せ、取付け騒ぎとなり、全国の銀行は一時休業した。写真は1927(昭和2)年、東京中野銀行のようす。(朝日新聞社提供)

　4月に入って台湾銀行・十五銀行など大手の銀行も含めて32の銀行が休業するに及び、金融恐慌は全国的なものとなった。若槻内閣は、鈴木商店に対する巨額の不良債権を抱えた台湾銀行の救済をはかるため、緊急勅令を発布しようとしたが、枢密院の反対でこれが否決されたので、ついに総辞職した。あとを受けて成立した立憲政友会の田中義一内閣は、高橋是清蔵相のもとで、3週間のモラトリアム(moratorium、支払猶予令)を発して全国の銀行を一時休業させ、日銀から20億円近くの非常貸出しを行ってどうにか恐慌を鎮めることができた。

【鈴木商店と台湾銀行】　鈴木商店は、明治前期に貿易商として出発したが、その後、経営規模を拡大し、とくに第一次世界大戦中に台湾銀行の融資を受けて各種の部門に進出し、総合商社として三井・三菱に迫る急成長を示した。しかし、米騒動の際、神戸の本店が焼打ちにあい、戦後恐慌・関東大震災で大きな打撃を受けて経営は悪化し、金融恐慌の最中、台湾銀行からも融資が打ち切られ、1927(昭和2)年に倒産した。鈴木商店倒産の翌1928(昭和3)年、日商(第二次世界大戦後、日商岩井)が設立され、その営業を引き継いだ。こうしたなかで台湾銀行も経営危機におちいり、大幅な減資によって、辛うじて倒産を免れた。

　このような1920年代の慢性的不況のなかで、企業の独占・集中や資本輸出の傾向が進んだ。多くの企業部門にカルテル(Cartel、企業連合)やトラスト(Trust、企業合同)のような独占企業形態があらわれ、三井・三菱・安田・住友などは、各種の企業部門を同系

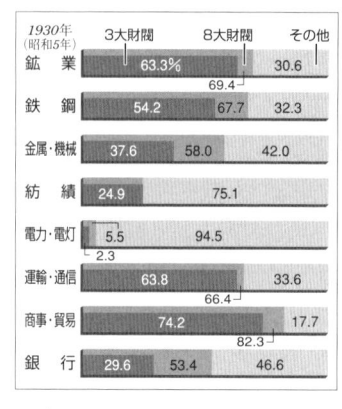

◀業種別払込資本金の財閥への集中(柴垣和夫『三井・三菱の百年』より) 1930(昭和5)年末現在。三大財閥は三井・三菱・住友, 八大財閥はこのほかに安田・浅野・大倉・古河・川崎を含めていう。

の資本のもとに結合するコンツェルン(Konzern)的多角経営に乗り出し, いわゆる四大財閥として経済界で覇を唱えるにいたった。

　銀行の産業界支配の傾向も, しだいに強まってきた。銀行の産業への貸付けは長期的・固定的となり, その額もばく大なものになった。こうして, 銀行資本は産業資本と不可分に結びついて支配力を強め, 金融資本を形成していった。

　とくに金融恐慌を通じて, 中小銀行は手痛い打撃を受けて相ついで倒れ, 三井・三菱・住友・安田・第一の五大銀行は, 中小銀行を吸収してその地位を決定的なものにした。五大銀行は, 年を追うにしたがって金融界における支配的地位を強めていった。こうして, 大銀行をもつ財閥は経済界を支配するとともに, 三井は立憲政友会, 三菱は憲政会(のち立憲民政党)との結びつきを強めて, 政治資金の供与などを通じて政治のうえでも大きな発言力をもつようになっていったのである。

社会主義運動の高まりと分裂

　1922(大正11)年, 秘密のうちに結成され, 非合法の活動を進めていた日本共産党は, その後, 党員の検挙などにより混乱して, 1924(大正13)年にいったん解党を宣言したが, 1926(大正15)年には再建された。このころになると労働運動も急進化したが, 同時にその内部で左右両派(急進派と穏健派)の対立が激しくなり, 1925(大正14)年, 日本労働総同盟が分裂し, 急進派は新しく日本労働組

合評議会を結成した。

　普通選挙制度が成立すると，労働運動や農民運動を基礎に，社会主義勢力の政治的進出の気運が高まって，合法的な無産政党を組織しようとする動きが盛んになり，1925(大正14)年には農民労働党が結成された。しかし，これは結社禁止処分を受けたので，翌年，共産党系を除いて労働農民党が成立した。ところが，発足後，共産党系勢力がここになだれ込んだことから，内部で左右の対立が激化して，まもなく労働農民党・日本労農党・社会民衆党に分裂し(のちに全国大衆党も結成)，これに応じて労働組合・農民組合もまた3派に分裂した。こうして社会民主主義諸勢力の動きも活発になり，1928(昭和3)年2月に実施された最初の普通選挙では，無産政党各派から8人の候補者が当選し，衆議院に議席を得た。

　この選挙で共産党系の活動がめだったため，これを警戒した田中義一内閣は1928(昭和3)年3月，治安維持法を適用して共産党系の活動家やその同調者を大量に検挙し(三・一五事件)，関係団体を解散させた。そして，緊急勅令により同法を改正して最高刑を死刑とし，労働農民党の山本宣治らの強い反対にもかかわらず，つぎの議会で承認を得た。続いて翌年4月には，再び共産党系活動家の大規模な検挙を行った(四・一六事件)。こうした政府の取締り強化によって，日本共産党は大きな打撃を受けた。社会主義運動は内部対立の激化もあって分裂傾向を深め，労働者や農民を十分に組織することはできなかった。

山東出兵と張作霖爆殺事件

　中国では五・四運動のあと，反帝国主義の民族運動がいちだんと盛んになり，1924(大正13)年には中国国民党と中国共産党とが第1次国共合作を行い，軍閥打倒の方針を打ち出した。孫文の死後，あとを継いで国民党の最高指導者となった蔣介石は，1926(大正15)年，国民革命軍総司令に就任し，全国統一をめざし国民革命軍を率いていわゆる北伐を開始した。

　1927(昭和2)年初めには，国民革命軍の勢力は長江(揚子江)流

◀北伐関係要図　蔣介石率いる国民革命軍が広州から北方に進軍し、各地で軍閥勢力を打ち破って中国統一をめざした。

域に及び、漢口などのイギリス租界を回収した。イギリスは日本に対し共同で中国に出兵することを提案したが、日本政府は幣原喜重郎外相の対中国内政不干渉政策により、イギリスの提案を受け入れなかった。

　ついで同年3月、国民革命軍が南京に入城した際、その兵士たちによってアメリカ・イギリス・日本などの総領事館や居留民たちが襲われ、死傷者が出たため、アメリカ・イギリスは、長江上の軍艦から報復の砲撃を加えたが、日本はこれに加わらなかった。しかしこの南京事件の結果、列国の強い抗議を受け、苦境に立った蔣介石は、列国の居留民や総領事館襲撃は共産党系勢力の行為とみなして、同年4月、反共クーデタ（四・一二クーデタ）を行って共産党と絶縁を宣言し、南京に国民政府をつくった。

　若槻内閣の幣原外相は、内政不干渉主義に則って国民革命軍の北伐にも干渉を避ける方針をとったが、陸軍・国家主義団体・野党の立憲政友会や中国に利権をもつ実業家たちなどの間からは、幣原外交を中国における日本の権益を守れない弱腰の「軟弱外交」と非難

▶張作霖遭難を伝える新聞記事 1928（昭和3）年6月4日，張作霖の乗った特別列車が爆破された。新聞には現地からその生々しい模様が報道されたが，張の死はまだ伏せられ，遭難とのみ報じられた。（朝日新聞社提供）

し，対中国強硬方針を唱える声があがった。このころ日本国内では，雑誌『東洋経済新報』に拠って小日本主義の立場から植民地を放棄して貿易関係に重点をおくことを主張した石橋湛山のようなジャーナリストもいたが，それはごく少数派で，国民の支持を集めるにはいたらなかった。

　1927（昭和2）年4月に成立した立憲政友会の田中義一内閣は，欧米諸国に対しては幣原外交時代の協調外交方針を受け継ぎ，アメリカ・イギリスと海軍の補助艦制限を話し合うジュネーヴ軍縮会議に参加し（結局，交渉妥結せず），翌年にはパリで不戦条約に調印した。しかし，対中国政策の面では，北伐を再開した国民革命軍が華北に近づくと，日本人居留民の生命・財産の保護（いわゆる現地保護政策）を理由に，1927～28（昭和2～3）年，3次にわたって山東出兵を行い，北伐の勢いが華北・満州に広がることをおさえようとした。その間，1928（昭和3）年には，済南で日本軍と国民革命軍が戦火を交える済南事件がおこった。

　第1次山東出兵のあと，田中内閣は東京で外交当局者・軍部首脳を集めて東方会議を開き，中国問題を協議し，満蒙における日本の権益をあくまで守るという方針を確認した。これに基づいて日本政府は満州の実権者である軍閥張作霖と交渉し，これを利用して満州における権益の拡大を求めた。しかしその後，張が日本のこうした政策にしだいに協力的ではなくなったので，関東軍（満州駐屯の日本軍）の一参謀がひそかに張の排除を計画し，1928（昭和3）年6

満州某重大事件

　張作霖の爆殺は、関東軍参謀河本大作がひそかに計画し、部下の軍人たちに実行させたものであった。この事件をきっかけに満州を軍事占領し、新政権をつくらせて満州を日本の支配下におこうとする意図であったと思われるが、関東軍首脳の同意は得られず、それは実現しなかった。

　関東軍当局は事件を中国国民政府側、すなわち「南方の便衣隊」（国民政府のゲリラ）の仕業と発表したが、田中義一首相は現地からの極秘情報で、日本の軍人が犯人であることを知った。事件の真相は一般国民には知らされず、議会では、事件に疑惑をいだいた立憲民政党など野党側が、「満州某重大事件」として田中内閣の責任を追及した。日本の国際信用回復と陸軍部内の規律確立を重視した元老西園寺公望の強い要請もあり、田中首相は軍法会議を開いて真相を究明し、犯人を処罰する決意を示し、その旨を天皇に上奏した。

　しかし、陸軍大臣をはじめ陸軍当局は軍法会議開催に強く反対し、閣内にも田中の考えに反対する声が強かった。田中は陸軍軍人出身の政治家であったが、現役を退いていたため陸軍内部をおさえることができず、結局、軍法会議は開かれず、真相は明らかにされないまま、警備上に不備があったという理由で、犯人は行政処分に付されたにすぎなかった。田中首相は、それまでの上奏とのくい違いを天皇に厳しく叱責され、内閣総辞職に追い込まれた。

月、北京から奉天に引きあげる途中の張の列車を爆破し、張を殺害した。陸軍はこの張作霖爆殺事件を中国国民政府側の仕業だと公表したが、国際的に疑惑をもたれ、また国内の野党（立憲民政党など）からは、満州某重大事件として攻撃された。

　【関東軍】　日露戦争の勝利で、日本はロシアから旅順・大連を中心とする遼東半島の南端地域（関東州）の租借権、長春・旅順間の鉄道権益などを獲得し、加えて鉄道を守るため、1km当り15名以内の守備兵をおく権利を得て、中国にも承認させた。1906（明治39）年、関東都督府（都督は現役の陸軍大将または中将）をおき、関東州と鉄道付属地の軍事・行政・司法の権限を統轄した。1919（大正8）年関東都督府は廃止され、民政を管轄する関東庁と軍事を管轄する関東軍司令部（長は関東軍司令官）が設置された。このとき、関東軍司令官のもとにおかれた軍隊が関東軍である。編制は1個師団と独立守備隊6大隊からなり、平時の兵力約1万2000〜1万3000人で、軍司令部は旅順におかれた（満州事変後、奉天、ついで長春に移る）。関東州・鉄道の守備が

本来の任務であったが、政府、とくに不干渉政策に立った幣原外交の対満蒙・対中国政策には強い不満をいだき、より強硬な対満蒙政策を主張した。1920年代末ころから、石原莞爾ら関東軍参謀たちが満蒙武力占領計画を検討するなど、幣原外交反対・対満蒙強硬論の急先鋒となり、1931〜32(昭和6〜7)年には満州事変や「満州国」建国の主役を演じた。

　張作霖のあとを継いで満州の実権者となった息子の張学良は、日本の反対を無視して国民政府に忠誠を示し、1928年12月、満州全土に中国国民党の旗(青天白日旗)をかかげ(いわゆる易幟)、満州における中国側の抗日気運はいちだんと高まった。このように、満州もひとまず国民政府の傘下に入り、この地を日本の特殊権益地帯として、中国本土から切り離して日本の権益を強めようとしていた田中内閣の対中国政策は失敗に終わった。こうして内外ともに苦境に立った田中内閣は、1929(昭和4)年、張作霖爆殺事件の善後措置に失敗して退陣した。

協調外交の行き詰まり

　田中内閣のあとを受けた立憲民政党の浜口雄幸内閣は、再び幣原外相を起用して協調外交の方針を打ち出した。1930(昭和5)年、イギリスの提唱によって米・英・日・仏・伊の5カ国の代表によりロンドン海軍軍縮会議が開かれることになると、政府は若槻礼次郎元首相・財部彪海相らを全権として派遣した。

　そして、同年4月、米・英・日の3カ国の間にロンドン海軍軍縮条約を結び、(1)主力艦建造禁止をさらに5カ年延長すること、(2)米・英・日の補助艦の保有比率は、全体で10:10:7とし、大型巡洋艦は10:10:6とすること、(3)潜水艦保有量は3カ国とも5万2700トンとすること、などを取り決めた。ところが、かねてから対米7割の保有量を主張していた海軍部内では、政府が海軍軍令部の反対をおさえてこの条約に調印したため、加藤寛治軍令部長ら海軍の強硬派(いわゆる艦隊派)が、これを統帥権干犯として激しく非難し、軍縮条約反対の声をあげた。野党の立憲政友会強硬派・国家主義団体ら、浜口内閣の協調外交・軍縮政策に不満をいだいた勢

▲ロンドン海軍軍縮会議で発言する若槻礼次郎代表　1930年1月21日から4月22日まで開催された。日本全権は若槻礼次郎(元首相)・財部彪(海相)・松平恒雄(駐英大使)・永井松三(駐ベルギー大使)であった。(毎日新聞社提供)

	イギリス	アメリカ	日本	日米比(％)
大型巡洋艦（甲級）	14万6800t	18万0000t	10万8400t	60.2
小型巡洋艦（乙級）	19万2200t	14万3500t	10万0450t	70.0
駆逐艦	15万0000t	15万0000t	10万5500t	70.3
潜水艦	5万2700t	5万2700t	5万2700t	100.0
合　計	54万1700t	52万6200t	36万7050t	69.8

▲ロンドン海軍軍縮条約による補助艦の保有数　日本は大型巡洋艦は対米60.2％で妥協し、小型巡洋艦や駆逐艦は対米70％以上であったが、合計すると69.8％でわずか0.2％海軍軍令部の要求に満たなかった。

力の間からも、これに同調する動きがおこった。浜口内閣は反対論を押し切って天皇による条約の批准を実現したが、これがもとで、浜口首相は、同年11月、国家主義団体の青年によって東京駅頭で狙撃されて重傷を負い(31年8月死去)、1931年4月、内閣は総辞職した。

　この間、満蒙問題などをめぐって、対中国外交においても困難な問題が山積していたが、1930(昭和5)年に日本は日中関税協定を結び、中国に関税自主権を認めた。しかし幣原外交は、権益回収をめざす中国の国民政府の強い外交方針(いわゆる革命外交)と日本国内の反対派からの「軟弱外交」という非難に挟撃されて、しだいに行き詰まっていった。

【統帥権干犯問題】　統帥権とは一般に軍隊の作戦・用兵権などを指し、天皇大権と定められていた(憲法第11条)。それは陸海軍の統帥機関(参謀本部・海軍軍令部)の補佐のもとに発動され、政府も介入できない慣行になっていた(統帥権の独立)。しかし、兵力量の決定はいわゆる天皇の編制大権であり(憲法第12条)、内閣(国務大臣)の輔弼事項と考えられていた。ところが海軍軍令部など軍縮条約反対派は統帥権を拡大解釈し、兵力量の決定も統帥権と深く関係するものとして、浜口内閣が海軍軍令部の意に反して軍縮条約に調印したのは統帥権を犯したものだと攻撃したのである。その後、軍部はしばしば「統帥権の独立」を理由に軍事問題に対する政府の介入を拒否し、政府の統制を離れて行動するようになった。

金解禁と世界恐慌

　1920年代の長びく不況に際して、政府はこれを救済するため日銀券増発によるインフレ的な放漫財政をとったので、一時的には経済破綻を防いだものの、経済界の整理は進まず、インフレ傾向が深くなって工業の国際競争力は弱くなり、1917(大正6)年以来の金輸出禁止と相まって、外国為替相場は下落と動揺が重なり、国際収支はますます悪化した。

　そこで、財界のなかからも、欧米諸国に準じて金の輸出を解禁し、本格的に経済界を整理することを望む声がしだいに高くなった。こうした声を背景に、立憲民政党の浜口雄幸内閣は、井上準之助を蔵相とし、産業合理化・緊縮財政につとめて物価引下げをはかった。そして、1930(昭和5)年1月から円の実勢価格より円高の旧平価(100円＝49.85ドル)で、金の輸出解禁(金解禁)を断行した。そのねらいは金の輸出入を自由化することによって、為替相場を安定させ、輸出を促進して景気を回復しようとするところにあった。

　ところが、政府が金解禁の準備を進めていた1929(昭和4)年10月、第一次世界大戦以来好況が続いて永久繁栄の夢に酔っていたアメリカで、ニューヨークのウォール街株式市場での株価大暴落がおこり、その影響はたちまち全世界に広まって、世界恐慌となった。アメリカでは、倒産した会社・銀行が2万を超え、失業者は500万

国名	禁止	解禁	再禁止
アメリカ	1917.9	1919.6	1933.4
ドイツ	1915.11	1924.10	1931.7*
イギリス	1919.4	1925.4	1931.9
イタリア	1914.8	1927.12	1934.5*
フランス	1915.7	1928.6	1936.9
日本	1917.9	1930.1	1931.12

▲世界各国の金輸出禁止と解禁・再禁止の動き(＊印は為替管理)

▶世界恐慌　1929年10月24日、アメリカのニューヨークのウォール街の株式取引所でおこった株価の大暴落は、ヨーロッパ諸国や日本などに波及し、世界恐慌による経済危機の発端となり、世界を大きく揺り動かした。(ユニフォトプレス提供)

◀落穂を集める子どもたち　日本での恐慌の影響はとりわけ農村に打撃を与え，農民の窮乏化が深刻な社会問題となった。（毎日新聞社提供）

人に及び，1933（昭和8）年には一時，全銀行が休業するほどであったから，その激しさは空前のものであったといえる。

　そうしたなかでの日本の金解禁は，まさに"嵐のなかで雨戸をあける"ような状態となった。日本にとって最大の輸出市場であったアメリカの恐慌の影響はいちじるしく，輸出は激減して入超が続き，とくに金の流出が激しくなった。わずか2年間で7億3000万円の正貨が流出し，日本経済は深刻な打撃を受け，恐慌状態におちいった（昭和恐慌）。1931（昭和6）年にはイギリスが再び金輸出を禁止し，多くの国がこれにならったので，日本も同年12月，成立早々の犬養毅内閣（立憲政友会，高橋是清蔵相）が再び金輸出を禁止するにいたった。

　恐慌は日本経済のすみずみにまで浸透した。物価・株価は急速に下落し，産業は振わず，企業の操業短縮や倒産が相つぎ，産業合理化による人員整理や賃金切下げが行われた。また，失業者は街頭にあふれ，1931（昭和6）年中に約200万人に達した。

[農村恐慌]　恐慌の打撃は，農村ではもっとも深刻であった。家計を助けるために都会に出稼ぎに出ていた農村出身の労働者は，職を失って帰村を余儀なくされたうえ，米価をはじめ農産物価格の下落によって，農家経済はいよいよ苦しくなった。とくに，アメリカ向けの生糸輸出が減少し，そのあおりを受けて繭の価格が暴落したので，農村の重要な副業であり，現金収入源であった養蚕業は，大

きな打撃を受けた。生活が苦しくなった中小地主は，土地を手放したり，小作地を取りあげようとし，激しい小作争議が各地でおこった。

　1931（昭和6）には冷害による凶作の影響もあって東北地方を中心に農家の困窮は深刻化し，欠食児童や婦女子の身売りが大きな社会問題になった。こうした経済政策の失敗と農村の惨状を背景として，民間の農本主義者・国家主義者の団体や軍部の青年将校を中心に，政党政治・協調外交や財閥の打破をめざす国家改造運動が活発となった。とりわけ，政党と財閥の癒着が非難をあび，金輸出の再禁止によるドル高・円安を見込んで，ドル買いにより巨額の利益を得たと噂された三井財閥は攻撃の的となった。

5　軍部の台頭

満州事変

　1920年代末，中国において国民政府のもとで中国全土統一の動きが進んでいた。満州においても，1928(昭和3)年，張作霖のあとを継いだ張学良政権が，国民政府の勢力下に入った。国民政府は中国全土に高まりつつあった民族運動を背景に，これまで列強諸国に与えていたさまざまな権益の回収(治外法権の撤廃・関税自主権の確立・鉄道権益の回収・外国人租界や租借地の回復・外国軍隊の撤退など)をめざして，国権回復に乗り出した。また，満州をはじめ中国各地で組織的な日本商品のボイコット(日貨排斥運動)が行われ，中国側により満鉄並行線が敷設されて，満鉄の経営が赤字になるなど，政治的にも経済的にも満州における日本の活動は大きな打撃を受けた。

　満州は日露戦争以来の日本の特殊権益地帯であり，対ソ戦略拠点としても，また重工業発展のための重要資源供給地としても，日本の「生命線」とされていたので，中国側のこのような国権回復の動きに直面して，日本側，とくに陸軍の間に危機感が高まった。

◀満州事変要図

▲柳条湖事件を伝える新聞記事(『東京朝日新聞』1931〈昭和6〉年9月19日付)　「奉軍」とは奉天に駐屯していた張学良の軍隊を指す。(朝日新聞社提供)

▶溥儀の執政就任式
清朝復活を熱望していたもと宣統帝溥儀は,日本軍の手引で天津を脱出し,満州国執政(のち皇帝)となった。写真は長春で挙行された就任式後の記念撮影。溥儀を中心に,右に鄭孝胥総理,左が本庄繁関東軍司令官。(ユニフォトプレス提供)

そのころ日本国内では,1931(昭和6)年4月,立憲民政党の第2次若槻内閣が発足し,幣原外相を中心に中国政府との間に満蒙問題などをめぐって外交交渉が続けられていたが,日中間には懸案の問題が山積し,交渉はなかなか進まなかった。こうした状況のなかで,関東軍を先頭とする日本の陸軍部内には,幣原外交を「軟弱外交」と非難し,"満蒙の危機"を打開するために,軍事力を発動して満州を中国の主権から切り離し,日本の勢力下におこうとする気運が高まった。1931(昭和6)年7～8月には,満州で兵要地誌の調査にあたっていた日本の参謀本部員中村大尉が中国兵に殺されたり(中村大尉事件),中国人農民と朝鮮人農民が衝突した万宝山事件がおこったりして,満州の空気はいっそう緊迫しつつあった。

1931(昭和6)年9月18日夜半,奉天(現在の瀋陽)郊外の柳条湖で,満鉄線路爆破事件(柳条湖事件)がおきると,関東軍はこれを中国側の仕業と発表してただちに軍事行動をおこし,奉天・長春など南満州の主要都市を占領した。日本の朝鮮駐屯軍の一部も独断で鴨緑江を渡って満州に入って関東軍を支援した。若槻内閣は事変の不拡大方針を声明したが,関東軍はこれを無視してつぎつぎと軍事行動を満鉄沿線外にまで拡大し,翌年2月までに,チチハル・錦州・ハルビンなど満州各地を占領した(満州事変)*。

＊満州事変の勃発(1931年9月)から第二次世界大戦の終結(1945年8月)まで,足かけ15年間(正確には13年11ヵ月)を一連の戦争とみなして,「十五年戦争」という呼び方がしばしばなされている。しかし一方では,塘沽停戦協定の成立(1933年5月)で満州事変は終結し,以後,日中戦争の勃発(1937年7月)まで日中間にはとりたてて戦闘

◀五・一五事件の新聞記事　急進派の海軍青年将校らは首相官邸を襲い、「話せばわかる」と語りかけた犬養首相を「問答無用」と射殺した。これは話し合いによる議会政治の没落を物語る事件として、世人に大きな衝撃を与えた。(毎日新聞社提供)

行為はなかったので、「十五年戦争」という呼称は学問的に不正確で不適切だとする考え方も有力である。

【柳条湖事件】　事件直後、関東軍は鉄道線路爆破を中国軍(張学良の軍隊)の仕業と発表したが、実際は武力行使の口実をつくるため、板垣征四郎大佐・石原莞爾中佐ら関東軍参謀の一部がひそかに計画し、関東軍の現地部隊に実行させたものであった。計画立案の中心となったのは石原で、彼は将来、日本がアメリカと世界最終戦を戦うものと予測し(世界最終戦論)、かねてからそれに備えて満州を日本が占領することを計画していた。軍司令官の本庄繁は着任早々で満州の事情にうとく、棚あげされていて参謀たちの陰謀には関与していなかったと思われる。

　若槻内閣は軍部をおさえることができず、世論もまた関東軍の行動を強く支持した。結局、事変不拡大に失敗した若槻内閣は、軍部の急進派のクーデタ計画(十月事件)に脅かされ、閣内に野党の立憲政友会と提携して協力内閣を組織しようとする動きがおこるなど動揺が生じ、1931(昭和6)年12月に退陣し、かわって立憲政友会総裁の犬養毅が新内閣を組織した。

　関東軍は満州事変勃発直後から、張学良政権を排除したのち、満蒙に新政権を樹立して中国国民政府から切り離し、日本の自由となる「独立国」をつくろうとする計画を進めた。若槻内閣、とりわけ幣原外相は、それが中国の主権・独立の尊重をとり決めた九カ国条約の違反になり、日本が列国の非難にさらされるとして、この計画に強く反対した。しかし関東軍は、政府の反対を無視して計画を実行し、1932(昭和7)年2月までに東三省(黒龍江・吉林・奉天)の要地を占領すると、3月には清朝最後の皇帝であった溥儀(もと宣統帝)を執政として「満州国」の建国を宣言させ、事実上の支配権を握っ

た。犬養内閣は満州国承認を渋っていたが，同内閣が1932（昭和7）年5月，五・一五事件で倒れ，斎藤実内閣が成立すると，軍部の圧力と世論の突きあげにあって，政府も満州国承認に傾いた。この間，1932（昭和7）年に排日運動は華中の上海にも飛火し，同年1月には日本軍が軍事行動をおこして上海事変が勃発したが，列国の強い抗議によって5月に停戦した。

国際連盟脱退

　中国は満州事変勃発直後，これを日本の侵略行動であるとして国際連盟に提訴し，もとより「満州国」の独立を認めなかった。初め，事変をごく局地的なものとみて楽観的だった列国は，事変不拡大という日本政府の約束が実行されないため，日本の行動は不戦条約と九カ国条約に違反するとして，しだいに対日不信感を強めた。1932（昭和7）年1月，日本軍が張学良側の仮政府がおかれた錦州を占領すると，アメリカはこれらの条約に違反してつくられた既成事実を認めることはできないとする不承認宣言を発して日本を非難した。国際連盟は満州問題調査のためにイギリスのリットンを代表とするリットン調査団を関係各国に派遣し，1932（昭和7）年10月，調査団はリットン報告書を発表した。それは，満州に対する中国の主権を認め，「満州国」が自発的な民族独立運動の結果，成立したものとする日本の主張を否定していたが，同時に日本の権益も保障していた。そして，満州（東三省）に中国の主権下に自治政府をつくり，治安を守るため少数の憲兵隊をおいて，それ以外の軍隊は撤廃するという解決案を提示していた。

　ところが日本政府（斎藤実内閣）は，陸軍のつくりあげた既成事実を認め，リットン報告書の発表直前の1932（昭和7）年9月，日満議定書を取り交して，いち早く満州国の独立を承認した。そしてさらに日本軍は，1933（昭和8）年2月，熱河省にも軍事行動を拡大した。これは国際連盟をいちじるしく刺激し，同年2月の連盟臨時総会では，リットン報告書をもとに満州に対する中国の主権を確認し，満州における自治政府の樹立と日本軍の撤退を勧告した決議案

が，42対1（反対は日本だけ）で可決された。全権松岡洋右はただちに退場し，3月12日，日本政府は国際連盟脱退を通告した（正式発効は2年後）。こうして日本は，アメリカ・イギリスなど世界の多くの国々が反発するなかで国際的に孤立していった。

　1933（昭和8）年5月，日本軍は中国と塘沽停戦協定を結び，満州事変はひとまず終結し，日本はその後，独力で「満州国」の経営を進めた。「満州国」は東三省と熱河・興安省を加えた5省からなり，新京（長春）を首都とした。1934（昭和9）年3月には帝政を実施し，執政の溥儀は皇帝になった。しかし，日本軍（関東軍）が駐屯し，日本人官吏が任命されて軍事・外交・行政の実権を握り，交通機関も日本側が管理するなど，「満州国」は事実上，日本の傀儡国家であった。

　中国側の抗日ゲリラ活動に対しては，平頂山事件＊にみられるように，日本軍による厳しい報復が実行された。「満州国」の承認後，日本政府は多数の移民を日本から送り込んだ（満州移民）。最初は在郷軍人らによる満蒙開拓団に編成されて，移民するケースが多かった。また若者たちが満蒙開拓青少年義勇軍という名称で入植した。敗戦時までの満州移民の総数は27万人といわれる。なお，そのほかに朝鮮総督府により朝鮮人の移民も送り込まれた。のちに1945（昭和20）年8月，ソ連が対日参戦して関東軍は敗走し，「満州国」は大混乱におちいり，多くの開拓民が避難の途中，ソ連軍の攻撃や飢餓・病気などで死亡した。親を失って取り残された孤児など多くの中国残留孤児が出たのは，こうした事情によるものであった。

　　＊1932（昭和7）年9月，日本の経営する撫順炭坑が抗日ゲリラに襲撃され，大きな損害を受けた。関東軍はその報復として，ゲリラに通じていたとみなして平頂山の中国側の集落を襲い，住民の多数を殺害した。中国側は当時，国際連盟に犠牲者の数を700余名と報告している。なお，日本の敗戦後，中国側の裁判で撫順炭坑関係者の日本人7名が，住民殺害に関与したとして銃殺刑に処せられた。

【満州事変と国内世論】　1930年代初め，『東京朝日』『大阪朝日』『東京日日』『大阪毎日』の4大新聞は，いずれも発行部数が1日100万〜150万部に達し，国内世論の形成に大きな影響力をもっていた。柳条湖事件がおこると，これらの新聞はいっせいに，「明らかに支那側の計画

的行動」と断定的に報道して中国側を非難し,「日本軍の強くて正しいことを徹底的に知らしめよ」(『東京朝日新聞』1931〈昭和6〉年9月20日付夕刊)といった類いの,日本軍の行動を熱狂的に賛美するキャンペーンを展開した。現地から送られてくる写真を載せた新聞号外の発行や,ニュース映画の上映などにより,満州各地をつぎつぎに占領する日本軍のようすが伝えられると,国民の興奮はいっそう高まった。第2次若槻内閣は事変不拡大を内外に声明し,いかに日本軍の行動をおさえるか苦慮したが,多くの新聞は「国民の要求するところは,ただわが政府当局が強硬以て時局の解決に当る以外にはない。われ等は重ねて政府のあくまで強硬ならんことを切望するものである」(『東京日日新聞』1931〈昭和6〉年10月1日付社説)といった調子の強硬方針を主張した。こうしたマス゠メディアの強硬な主張に支えられ,日本の関東軍は政府の不拡大方針を無視して,さらに軍事行動を拡大し続けた。そして翌1932(昭和7)年10月,リットン報告書が公表されると,新聞はいずれも満州国を認めないような提案は断じて受け入れられないとして,国際連盟脱退の気運を盛りあげた。元外相の幣原喜重郎はこうした新聞論調を「偏狭なる排外思想」と批判したが,このような新聞などジャーナリズムの活動を通じて,政府の事変不拡大・協調外交路線は世論の支持を失って挫折し,日本は戦争への道を突き進むことになったのである。

政党内閣の崩壊

　日本国内では1930年代に入ると,ロンドン軍縮問題,満蒙問題の切迫,農村の疲弊など,"内外の危機"に触発されて「革新」の気運が高まり,軍部の青年将校や民間の国家主義団体による急進的な国家改造運動がしだいに活発となった。彼らは,元老・政党・財閥などの支配層が国家の危機と国民の窮状をよそに,私利私欲・党利党略にふけっているものとして,これらの支配者たちを直接の実力行動によって打倒しようと計画するようになった。

　そして,1931(昭和6)年3月には,急進的な国家改造をめざす陸軍の秘密結社桜会の将校と民間の国家主義活動家たちが,無産政党をも動員して,政党内閣を打倒し軍部政権の樹立をはかろうと,クーデタを計画する事件(三月事件)がおこった*。そののち満州事変が勃発すると,国民の軍部への期待が高まるなかで,国家主義革新の動きがいっそう激しくなり,同年10月には,また同様なクーデ

タ計画(十月事件)がおこった。両事件はともに未遂に終わったが,十月事件は満州事変の不拡大方針をとる第2次若槻内閣を退陣に追い込むうえで,大きな役割を果たしたと考えられる。また,政党政治家や財界の指導者に対するテロの動きもおこり,1932(昭和7)年2月には前蔵相井上準之助,3月には三井合名理事長団琢磨らが相ついで血盟団員**によって暗殺された(血盟団事件)。

　＊このクーデタ計画は,橋本欣五郎を指導者とする桜会の中堅・青年将校たちと,民間の国家主義活動家の大川周明らが中心になったものであるが,陸軍の高官や無産政党の幹部たちも関係していた。しかし,軍部政権の首班に擬せられた宇垣一成陸相の反対で,中止されたという。そのため,宇垣はのちに陸軍の中堅層から排撃されることとなった。

　＊＊血盟団は井上日召を指導者とし,"一人一殺"・"一殺多生"を唱えたテロリズムの集団。井上準之助や団琢磨のほかにも,多くの政府首脳・政党幹部・財界指導者がねらわれていた。

　ついで1932(昭和7)年5月15日には,海軍青年将校の一団が首相官邸を襲って犬養首相を射殺し,さらに青年将校や民間の農本主義者の一派が牧野内大臣邸・警視庁・立憲政友会本部・日本銀行・東京近郊の変電所などを襲った。これが五・一五事件である。こうした一連の直接行動は支配層に大きな衝撃を与えた。陸軍は事件後,政党内閣の継続に強く反対し,結局,元老西園寺公望は各方面の意見を聞いて政党内閣の成立を断念し,妥協人事として穏健派の海軍大将斎藤実をつぎの首相に推薦した。斎藤は軍部・貴族院・官僚勢力・政党から閣僚を選び,いわゆる挙国一致内閣が発足した。こうして「憲政の常道」として8年間続いた政党内閣は終止符を打ち,第二次世界大戦の終了後まで復活することはなかった。

　斎藤内閣と,これに続く岡田啓介内閣は,挙国一致内閣あるいは中間内閣と呼ばれ,まだ軍部の支配は確立してはいなかったが,政党の勢力は弱くなり,軍部及びそれと結びついた革新官僚をはじめ,既成の政党に反対し現状打破を主張する国家主義革新勢力の政治的発言力が,しだいに大きくなった。1934(昭和9)年,陸軍当局が「国防の本義と其強化の提唱」というパンフレット(陸軍パンフレッ

ト)を公表して，単に軍事面だけでなく政治・経済・思想・国民生活など全般にわたる改革を主張したことは，軍部(陸軍)の政治的発言力増大の一つのあらわれといえよう。

恐慌からの脱出

　1931(昭和6)年12月，犬養内閣(蔵相高橋是清)は成立後ただちに金輸出再禁止を断行し，兌換制度を停止したので，日本経済は管理通貨制度の時代に入った。金輸出再禁止の結果，円の為替相場が大幅に下落し，1932(昭和7)年には一時100円が約20ドルと金解禁時代の半分以下に下がったが，不況のなかで合理化を推進しつつあった諸産業は，円安を利用して輸出振興をはかった。

　世界恐慌への対応策として，アメリカは1933(昭和8)年以来，フランクリン＝ローズヴェルト大統領のもとで，政府資金を投入して農業を保護し，大規模な公共事業をおこすなど，いわゆるニューディール政策を実施して経済危機を乗り切った。また，イギリスは1930年代初めから，本国と属領との結びつきを強めてブロック経済圏を強化した。そして，日本商品の進出を国際価格を無視したソーシャル＝ダンピングと非難して，それをおさえるために，輸入品に対して割当制をとり，高率の関税をかけるなど，自国の産業を保護した。しかし，日本の綿織物の輸出は，後退した生糸・絹織物輸出にかわって飛躍的に拡大し，輸出規模はイギリスにかわって世界第1位となった。一方日本は，輸入の面では綿花・石油・屑鉄・機械など，依然としてかなりアメリカへの依存度が高かった。

　高橋蔵相のもとで進められた赤字国債の発行による軍事費・農村救済費を中心とする財政の膨張と，輸出の振興(高橋財政)とによって，産業界は活況を呈した。そしてほかの資本主義諸国に先駆けて，日本経済は恐慌を克服し，1933(昭和8)年ころには，大恐慌以前の生産水準を回復するにいたった。とくに，1931(昭和6)年に重要産業統制法が公布され，各種産業部門におけるカルテルの活動の保護と生産価格の制限や，満州事変以後の軍需の増大と政府の保護政策とに支えられて，重化学工業がめざましい発展をとげ，1930

年代後半になると軽工業生産を上まわるようになり*，日本の産業構造は大きな変化を遂げた。

> *1937(昭和12)年には，工業生産額のうち，金属・機械・化学工業が54.6%と過半数を占めた。

　鉄鋼業では1934(昭和9)年，八幡製鉄所を中心に製鉄大合同が行われ，半官半民の国策会社として日本製鉄会社が発足し，鋼材の自給を達成した。自動車工業や化学工業では，鮎川義介の日産コンツェルンや野口遵の日窒コンツェルンなど新興財閥が中心となって，電力を基礎とした化学コンビナートが発展し，軍部と結びついて朝鮮や満州にも進出していった。そして，従来は重化学工業部門にはあまり力を入れていなかった旧財閥(三井・三菱など)も，しだいにこの分野に乗り出した。

　この間，農村においては政府の指導下に農山漁村経済更生運動が進められ，産業組合拡充などを通して官僚統制が強化された。政府による経済統制が進むにつれ，経済関係の官僚(いわゆる新官僚，のち革新官僚)の進出がいちじるしく，軍部の幕僚グループと手を結んで，強力な国防国家建設の計画が進められた。

【新興財閥】　明治時代から大正時代にかけて財閥を形成し，財界で大きな勢力をふるった三井・三菱など既成財閥に対して，昭和初期に電気・機械化学など重化学工業を中心にコンツェルンを形成し，大きく発展した新興の企業集団を新興財閥と呼ぶ。軍部，とくに関東軍が一時満州経営から既成財閥を排除する方針をとったので，これに乗じて新興財閥は軍部と結び，満州事変以後，満州に進出するなど急成長を遂げた。なかでも日本産業会社を中心に発展した鮎川義介の日産コンツェルンは，1937(昭和12)年満州重工業開発会社を設立し，満州経営に大きな役割を果たした。そのほか，日本窒素肥料会社を中心に化学工業の部門で発展した野口遵の日窒コンツェルン，昭和電工を中心とする森矗昶の森コンツェルン，日本曹達会社を中心とする日曹コンツェルンなどが新興財閥として名高い。これらは，既成の財閥に比べて株式の公開・同族経営の排除など，より合理的な経営方針をとった。

転向の時代

　1930年代初めの内外の急激な変動，とくに満州事変を直接のきっ

かけとして，日本国内には国家主義（ナショナリズム）の気運が急激に高まった。内外の現状打破を叫ぶ革新運動はいちじるしく盛りあがったが，その主流となったのは，国家主義（右翼）革新の動きであった。それは天皇が日本の中心であることを強調し，議会（政党）政治・資本主義経済・国際協調外交の変革ないし打破を唱え，軍部と結びつきながら活動を進めた。

こうした動きは，あらゆる分野に大きな影響を及ぼしたが，共産主義・社会主義などいわゆる左翼の陣営のなかからも，国家主義の陣営に転向する者が続々とあらわれた。日本共産党は1930年代初め，コミンテルンの指導による武装闘争方針に失敗し，当局の厳しい取締りのもとで壊滅状態になったが，1933（昭和8）年には獄中にあった日本共産党の最高指導者佐野学・鍋山貞親らが転向を声明し，天皇制打倒・帝国主義戦争反対という日本共産党の方針とモスクワに本部をおくコミンテルンの指導のあり方を，一国社会主義の立場から批判してその誤りを認め，天皇のもとに一国社会主義革命を行い，満州事変を民族解放戦争に導く必要性を説いた。これをきっかけに，共産党関係者の大量転向がおこった。

【転向の条件】 佐野学らの転向声明をきっかけとした地滑り的集団転向の結果，治安維持法で検挙された人々のほぼ90％が転向したという。治安当局は日本共産党などの反体制活動を厳しく取り締まったが，その反面，治安維持法の最高の刑罰である死刑は原則として適用せず，転向者を再び国家有用の人材としていろいろな分野で登用する方針をとった。1930年代後半には，内閣調査局（のち企画院）などに治安維持法で検挙された経歴のある旧左翼関係者が，しきりに官僚として起用された。これは，同時代の一党独裁国家であるナチス＝ドイツやソ連で，反体制・反党活動家などを大量に処刑・粛清したのとは異なる，日本独特のやり方だったと考えられる。

無産政党各派のなかでも，国家社会主義に傾き軍部に接近する動きが顕著になった。社会民衆党を脱党した赤松克麿らが，1932（昭和7）年，日本国家社会党を結成したのはそのあらわれであろう。また，社会民衆党は同年，全国労農大衆党と合同して社会大衆党（委員長安部磯雄，書記長麻生久）を結成したが，翌々年，麻生久が陸軍パンフレット支持の発言をするなど，同党幹部のなかには，軍部

と結んで資本主義体制を打破しようとする者もあらわれた。軍部の側でも，既成政党(保守政党)をおさえるために無産政党を支援する動きがあり，1936(昭和11)年2月の総選挙で，社会大衆党は従来の5議席から18議席(同党の系統を含めると22議席)と勢力を拡大した。このとき，岡田内閣はひそかに社会大衆党に政治資金を提供するなど，同党を援助したという。一方，社会主義を守り続けていた鈴木茂三郎らの日本無産党などは，1937(昭和12)年には政府の弾圧によって活動を停止した。

　国家主義の高まりのなかで，思想・言論に対する取締りはいちだんと強化され，マルクス主義はもとより，自由主義・民主主義的な思想や学問も厳しい取締りの対象となった。1933(昭和8)年には，『刑法読本』などを著して自由主義的刑法学説を唱えていた滝川幸辰京都帝大教授が大学を追われ(滝川事件)，ついで，1935(昭和10)年には東京帝大で長らく教授をつとめ退官したばかりの憲法学者美濃部達吉の天皇機関説が，軍部や国家主義団体から日本の国体に反する学説であると攻撃されて，大きな政治問題となる事件がおこった(天皇機関説問題)。

【天皇機関説問題】　美濃部達吉の天皇機関説は，統治権の主体は法人としての国家であり，国家の元首である天皇はその最高機関として，憲法の条規にしたがって統治権を行使するという学説であった。これは国家統治の大権が天皇個人に属する無制限の絶対的な権利であるという考え方を否定するもので，明治憲法の起草にあたった伊藤博文らの憲法理解にも通じ，明治末期以来，学界で広く承認されていたばかりでなく，元老や政府首脳も天皇機関説的な考え方に立って政治の運営にあたってきた。ところが，1935(昭和10)年，軍人出身の議員菊池武夫が貴族院でこれを非難したのをきっかけに，軍部や国家主義グループは，天皇主権説の立場から統治権の主体は天皇であるとして，天皇機関説は日本の国体にそむく不敬の学説であると攻撃したのである。彼らの真のねらいは天皇機関説攻撃にこと寄せて，岡田内閣とそれを支えている穏健な「現状維持勢力」を打倒・排除することにあった*。そこで岡田内閣は，やむなく2度にわたって国体明徴声明を出して天皇機関説を否定し，反対派の攻撃をかわしたが，美濃部は貴族院議員を辞任し，その著書は発禁処分とされた。この事件は，明治憲法における立憲主義の理念がほぼ全面的に否定されたことを意味するもので，明治の元勲や政治家たちによって築かれた日本の立憲政治は

218　第2章　近代日本とアジア

いわば骨抜きにされたといってもよいであろう。
　＊例えば，当時「憲法の番人」とされた枢密院の一木喜徳郎議長や岡田内閣の法制局長官金森徳次郎らは，天皇機関説論者として反対派の攻撃にさらされた。

こうして自由主義までも反国体的思想とみなされるようになり，政府の文化・思想統制と相まってジャーナリズムなどの間にも，欧米文明・思想の摂取に対する批判，日本の伝統的な文化の再評価の気運が高まった。

二・二六事件

1930年代半ばころには，軍部，とくに陸軍の政治的発言力はいちだんと大きくなったが，その内部において，いわゆる皇道派と統制派を中心とする派閥的対立がしだいに激しくなった。

【皇道派と統制派】 皇道派は荒木貞夫・真崎甚三郎らを中心とするグループで，天皇中心の革新論を唱え，元老・重臣・政党・財閥など「現状維持勢力」を強く排撃した。天皇機関説攻撃にもっとも熱心だったのは，このグループである。北一輝の思想的影響を受けた急進的な隊付の青年将校たちが，皇道派系に集まっていた。これに対し陸軍全体の統制を強化し，その組織的動員によって高度国防国家をめざす諸般の革新政策を実行しようとするグループが統制派（清軍派）で，元老・重臣・財閥・既成政党から無産政党にいたるまで，いたずらにこれらを排撃することなく，むしろこれを利用あるいは活用しようとした。林銑十郎を擁し，永田鉄山を中心に，中堅の実務的な幕僚たちの支持を集めていた。荒木が陸相だった時代には，皇道派の動きが活発だったが，荒木についで林が陸相になると，永田を軍務局長に起用して皇道派の活動をおさえようとし，真崎が教育総監の地位を追われた。1935（昭和10）年８月にはこれに反発した皇道派系の将校相沢三郎が陸軍省内で永田を襲って殺害する事件もおこり，皇道派と統制派の対立はいちだんと激化した。

1936（昭和11）年２月26日未明，ついに，皇道派系の急進的な青年将校たちは，1500名近くの兵を率いてクーデタをおこし，首相・蔵相・内大臣・教育総監・侍従長などの官・私邸，警視庁などを襲撃して，蔵相高橋是清・内大臣斎藤実・教育総監渡辺錠太郎らを殺害し，東京の永田町一帯を占拠した。これが二・二六事件で

▲二・二六事件　1936（昭和11）年2月26日未明に行動をおこした「蹶起部隊」は首相官邸・警視庁など東京の中心部を占拠した。戒厳司令部は，「勅命下る軍旗に手向かふな」と書いたアドバルーンをあげるとともに，「下士官兵ニ告グ」のビラをまいて「反乱部隊」の帰順を呼びかけ，29日になって兵は原隊に復帰した。左の写真は警視庁を占拠した兵士たち。（左：毎日新聞社提供，右：ユニフォトプレス提供）

ある。この事件は正規軍による反乱であり，いままでにないほど大規模なものであった。

　陸軍当局は初め事件の処理に苦慮し，一部には反乱軍に同調する動きさえあったが，海軍側の強硬な鎮圧方針や天皇自身の強い意向もあり，結局，鎮圧に乗り出した。反乱軍は蜂起後の具体的なプランをもたなかったこともあってまもなく帰順し，青年将校たちは自殺あるいは降伏して事件は鎮定された。反乱を指導した青年将校たちは，いずれも戒厳令下に非公開で行われた軍法会議で死刑に処せられ，彼らに大きな思想的影響を与えた北一輝やその側近西田税も，事件の黒幕とみなされ死刑になった。この判決は，五・一五事件に比べてはるかに厳しい処分であった。

　二・二六事件をきっかけに，陸軍当局は"粛軍"を実施して軍部内の統制回復をはかるとともに，後継内閣の閣僚人事に介入し，親英米派・自由主義者と目される人物の入閣を拒否した*。そして広田弘毅内閣が成立すると，首相に迫って軍部大臣現役武官制を復活させた。軍部，とくに陸軍の政治的発言力が強まるなかで，広田内閣は"広義国防国家"の建設を政綱として，ばく大な軍事予算を計上す

るとともに，1936(昭和11)年8月，首相・外相・陸相・海相・蔵相からなる5相会議で「国策の基準」を決定し，中国大陸と南方とを日本中心にブロック化する国策を打ち出して，国内改革と外交刷新をはかっていった。

　＊例えば広田内閣に外務大臣として入閣を予定されていた前駐英大使吉田茂は，陸軍側に拒否されて入閣できなかった。

6　第二次世界大戦

枢軸陣営の形成

　日本が東アジアにおいて，ワシントン体制の枠組みを踏み越えて，中国大陸への進出を強めているころ，ヨーロッパにおいても，独裁政権をつくったドイツ・イタリアがイギリス・フランス・ソ連などと対抗しつつ勢力を拡大し，ヴェルサイユ体制打破に乗り出していた。

　すなわち，世界恐慌の影響で社会不安の高まったドイツでは，1930年代に入ると，ヒトラーを指導者とするナチス（国民〈国家〉社会主義ドイツ労働者党）が急速に勢力を拡大し，1932（昭和7）年の総選挙で国会の第一党となり，1933（昭和8）年1月，ヒトラー内閣が成立した。同年3月，ヒトラーは全権委任法を制定して独裁権を手中にし，ナチス以外の政党を禁止し，翌年には大統領と首相をかねて総統となり，国民投票によってその承認を受けた。こうしてドイツにおいては，ヴァイマル共和制は崩壊し，ヒトラーのもとにナチスの一党独裁体制が確立された。その間，1933（昭和8）年10月，ドイツは日本に続いて国際連盟を脱退し，1935（昭和10）年，公然とヴェルサイユ条約の軍備制限条項を破棄して再軍備を宣言し，1936（昭和11）年には非武装地帯であったラインラントに進駐した。

　イタリアではこれより先，1922（大正11）年にファシスト党を率いたムッソリーニが政権を握り，しだいに一党独裁体制を固めたが，1935（昭和10）年にはエチオピア侵略を開始した。1936（昭和11）年，スペインでフランコが民族主義勢力を率いて人民戦線内閣に反乱をおこすと（スペイン内乱），ドイツ・イタリアはともにフランコ派に軍事援助を与え，それを通じて両国は手を結んで，いわゆるベルリン・ローマ枢軸が結成された。

　このころ，東アジアにおいては，日本が中国政策をめぐってアメリカ・イギリスと対立を深めつつあった。1934（昭和9）年，日本は単独でワシントン海軍軍縮条約を廃棄し，ついで1936（昭和11）

「日本ファシズム」論をめぐって

　ナチス=ドイツやファシスト党支配下のイタリアに典型的に代表されるような，全体主義的独裁体制をファシズムと呼ぶ。そこでは，反対党の存在は許されず，複数の政党による自由主義的な議会制民主主義は認められない。メディアを通じて民族ないし国家主義・軍国主義が高唱され，軍備拡張と対外強硬政策がとられ，自由主義・議会主義・国際平和主義などは抑圧され，厳しい情報統制のもとで思想や言論の強制的な画一化，価値の一元化がはかられる。ファシズムの形成は，恐慌などの経済危機に基づく社会不安，国際的対立の激化による戦争の危機，政治の大衆化や階級対立の深刻化に対応すべき議会政治の非能率化や腐敗による国内政治の不安定化，などをその客観的背景とする。こうした内外の危機をそれまでの自由主義的な政党政治・議会政治が解決する機能を失い，大衆が自主的・理性的な判断力を喪失しているような場合，その危機を実力により打破するため，国家主義団体や軍部が国家社会主義的な革新政策をかかげて，大衆的な独裁体制をつくり出すのである。

　日本の場合，国家主義グループや青年将校らによるテロやクーデタ未遂事件はあったものの，ドイツやイタリアのように大衆運動に依拠して政権を奪取するという「ファシズム革命」が行われたわけではなく，1930年代半ばころから，「内外の現状打破」を叫ぶ軍部の政治的発言力が強まり，官僚統制が強化されて，軍部や官僚を中心とする支配体制が徐々に形成され，ドイツ・イタリアと提携して国際的なファシズム陣営の一環に連なったのである。しかし，そうした1930年代後半以降の日本における軍部中心の支配体制自体をファシズムとみるか否かという点では，日本近代史研究者や政治学者の見解はおおむね否定的である。かつては，既成の天皇制支配機構を通じてファシズムが形成されたものとみて，天皇制ファシズムという概念を日本に適用する研究者もいたが，最近では，さまざまな新しい史料を利用した実証的な研究が進み，当時の日本の支配体制とナチス=ドイツなどとの異質性が強調されている。そして，日本の場合はせいぜい「戦時体制」あるいは軍国主義にすぎず，政治体制としてのファシズムは成立しなかったとする見方が有力である。また，欧米諸国の日本研究者の間でも，日本におけるファシズムの成立を否定する見解が主流である。

　確かに日本では，ファシズムの最大の特質と考えられるナチス流の強力な一党独裁体制を欠き，ヒトラーのような独裁者も出現せず，政治的反対派に対する徹底した大量粛清もなかった。天皇機関説の否認，国家総動員法の制定，大政翼賛会・翼賛政治会の成立（複数政党制の解消）などにより，明治憲法の立憲主義的側面は制定者の意に反して大幅に後退し，議会の権限は弱体化したが，憲法自体は改廃されなかった

> から，ドイツのナチス独裁やソ連の共産党独裁のような強力な独裁体制をつくりあげることは困難だった。
> 　ファシズムという呼称は，学問的には非常にあいまいな概念でありながら，もっぱら，何かを非難・糾弾するための政治的用語として用いられることが多いので，意識的にファシズムという用語を避けて，戦時下の日本の政治の実態について，もっと歴史の事実に則して実証的に分析しようとする傾向が，研究者の間で深まってきている。
> 　なお，ファシズムと，ソ連のような社会主義国家における共産党（社会主義政党）の一党独裁体制とを含めたより包括的概念として，全体主義という用語が用いられる場合もある。

年には，ロンドン海軍軍縮会議からも脱退した。その結果，国際的孤立化を深めた日本は，ヨーロッパの「現状打破勢力」たるドイツ・イタリアに接近をはかった。

　一方，レーニンの死後，権力を掌握したスターリンのもとで，共産党による一党独裁体制を強めていたソ連は，5カ年計画を通じて社会主義国家として国力を増大させ，1934年，国際連盟に加盟して国際社会で大きな発言力をもつようになった。そして人民戦線の結成などにより，国際共産主義（コミンテルン）の運動を活発に進めた。同時に，スターリンは国内において反対派を徹底的に弾圧・粛清し，独裁者としての地位を固めた。

　こうしたソ連の動きに脅威を感じた日本は，陸軍の主導により，1936（昭和11）年，広田内閣のときに，ソ連とコミンテルンの活動に共同で対抗するために，ドイツとの間に日独防共協定を結び，翌年にはイタリアも参加して日独伊三国防共協定となった。そして，37年，イタリアも国際連盟を脱退した。

　こうして，ワシントン体制とヴェルサイユ体制を打破して「世界新秩序」をめざす日本・ドイツ・イタリアの3カ国によって，いわゆる枢軸陣営が形成された。このように世界には，枢軸諸国，アメリカ・イギリス・フランスなどの自由主義・民主主義諸国，社会主義国であるソ連という3つの勢力が対立して，国際情勢は急速に流動化を深めていった。

日本の華北進出

　1933(昭和8)年5月，満州事変の事後処理として日本軍は中国と日中軍事停戦協定(塘沽停戦協定)を結んだが，日本の陸軍はさらに華北進出の機会をうかがって，1935(昭和10)年11月，長城以南の非武装地帯に冀東防共自治政府をつくらせ，中国国民政府から切り離す工作(華北分離工作)を進めた。1936(昭和11)年8月，日本政府(広田内閣)も華北5省を日本の影響下におく方針を明確にした。

　その後，日本国内では軍備拡張による国際収支の悪化などから政党勢力が広田内閣に不満をいだき，これに対し高度国防国家をめざす軍部は，国内改革が不徹底だとして広田内閣にあき足らず，結局，両者の挟撃にあって，1937(昭和12)年1月，内閣は退陣した。かわって，宇垣一成が後継首相の大命を受けたが，陸軍がこれに強く反発し，陸相候補を推薦せず宇垣内閣を流産させた。この出来事は，政治における陸軍の発言力の強さを示す事件であった。その結果，林銑十郎内閣が成立したが，既成政党(立憲政友会・立憲民政党)などの協力が得られず，同内閣は4カ月余りで退陣した。

　林内閣のあとを受けて，1937(昭和12)年6月，若い革新政治家として陸軍をはじめ国民の大きな期待を集めていた近衛文麿＊が内閣を組織した。

　　＊近衛文麿は五摂家筆頭の公家出身の公爵で，青年時代の第一次世界大戦終結直後に，英・米中心の国際平和主義に反対する評論を書いたりしたこともあって，陸軍側から政党政治と協調外交を打破する革新政治家として期待されていた。また，国民の間からも「政党政治の腐敗」に汚されていない政治家として，その若さ(総理就任時，数え年47歳)と清新さに大きな人気が集まっていた。

　一方，中国では蔣介石が指導する国民党と毛沢東が指導する共産党の内戦が続いて，1934(昭和9)年から共産党のいわゆる長征(瑞金より延安への大移動)が行われたが，その途中，共産党は1935年3月，抗日救国統一戦線を呼びかける宣言(八・一宣言)を発表した。その後，日本の華北進出が強化されると，1936(昭和11)年12月の西安事件をきっかけに，国共接近が行われ，抗日民族統一戦線の動

きが進められた。

【西安事件】 蔣介石の指示により,西安に赴いて共産軍と戦っていた張学良が,共産党の抗日救国統一戦線の呼びかけに同調して,1936年12月,督戦のため西安を訪れた蔣介石を捕らえ,内戦の停止による挙国抗日を迫った。共産党の指導者周恩来を交えて,蔣・張・周の3者会談の結果,蔣はこれを受け入れて南京に帰り,日中戦争がおこると,1937(昭和12)年9月,第2次国共合作が成立した。

日中戦争の勃発

　1937(昭和12)年7月7日夜半から8日早朝にかけて,北京郊外盧溝橋付近で日本軍と中国軍の衝突がおこった*。現地の日中両軍の間では停戦協定が成立したが,この盧溝橋事件の報を受けた近衛内閣は,初め事件不拡大の方針をとりながら,陸軍部内や政府部内の強硬派の意見に押されて強硬方針を打ち出し,立憲政友会・立憲民政党・社会大衆党や,言論機関などもこれを支持した。その結果,陸軍は華北での軍事行動を拡大し,ついで,同年8月になって華中の上海で中国側による大山大尉殺害事件がおきた(第2次上海事変)のを機として,海軍(米内光政海相)もまた強硬姿勢をとり,日本本土の基地などから出撃した海軍航空部隊が東シナ海を越えて中

▲盧溝橋　永定河にかかる全長200m余り,大理石の歴史的名橋である。(シーピーシー・フォト提供)

◀日中戦争要図

盧溝橋事件

1937(昭和12)年7月7日の夜半,北京(北平)の西南郊にある盧溝橋の付近で演習を行っていた日本軍(1901年の北京議定書で駐留を認められていたいわゆる支那駐屯軍)に何者かが発砲した。日本軍は中国軍が発砲したものとみて,翌8日早朝,近くの宛平県城付近の中国軍を攻撃し,戦闘が展開された。発砲したのが何者かについては,日本側の自作自演の謀略説,中国共産党の計画的陰謀説,警備の中国軍の誤認発砲説など諸説があるが,現在まで真相は不明である。

事件がおきたとき,日本国内では,この機会に中国の抗日気運をおさえるために武力を行使すべきだという意見と,満州の経営に全力を注ぐために中国との全面衝突は避けた方がよい,とする意見とがあった。結局,陸軍の派兵要求に基づき,同年7月11日,近衛内閣は日本内地・朝鮮・満州から日本軍を華北に派遣することを決定し,「重大決意」を内外に声明した。同日,北京では日本軍と中国側との間に現地協定が成立して事件は収拾されつつあったが,近衛内閣の強硬な声明によって,その後の交渉はまとまらず,7月28日,ついに日本軍の総攻撃が始まった。こうして小規模な局地的衝突は,8年余りに及ぶ日中両国の全面戦争に発展したのである。

国の首都南京を爆撃するなど,日本は中国と全面戦争(日中戦争)に突入した**。

* 夜間演習中の日本軍に対し何者かが発砲した事件をきっかけに,日本軍の軍事行動が始まった。最初に発砲したのが誰かについては,日本軍の自作自演,中国軍の誤認発砲,中国共産党の計画的行動など諸説あるが,真相は不明である。
** 盧溝橋事件がおこった当初,政府は華北での日中の戦闘を「北支事変」と呼び,これが華中にも広がると「支那事変」と呼んだ。第二次世界大戦後は「日華事変」と呼ばれるようになったが,実際にはこれは宣戦布告なき戦争であったので,今日では「日中戦争」と呼ばれている。

軍首脳は初め,ごく短期間で中国を制圧できると考えていたが,中国軍の根強い抵抗のために日本軍は苦戦となり,つぎつぎに大部隊を増援して,ようやく同年12月に国民政府が首都としていた南京を占領した。南京占領に際して,日本軍はいわゆる「敗残兵の掃蕩」を行ったが,この際,多数の中国人非戦闘員や捕虜を殺害したため

(南京事件)，国際的に激しい非難をあび，かえって中国人の抗日意識を奮いおこさせた*。

> *殺害した人数については，数千人という説から約30万人という説(中国政府の公式見解)まであって，その概数も定かではなく，事件の全容は必ずしも明らかではない。研究者の間では，30万人説は誇大な数字と考えられている。

このころ，近衛内閣はドイツを仲介として中国との和平工作を進めていたが，和平条件が過酷なため中国の国民政府が難色を示すと，1938(昭和13)年１月，「爾後国民政府を対手とせず」との声明を発して，和平の機会を自ら断ち切ってしまった。同年10月，日本軍は広東・武漢を占領したが，重慶に首都を移した国民政府は，中国共産党の協力のもとに抗日戦を展開した。こうして中国の屈服により戦争が短期で終了すると考えた日本側の予測はまったくはずれ，日本は長期化した戦争の収拾に苦しんだ。

そこで近衛首相は，1938年11月・12月の２度にわたって「善隣友好・共同防共・経済提携」のいわゆる近衛三原則を明らかにし，また，この戦争の目的が"東亜新秩序"の建設にあることを声明し*，国民政府からの同調者が出ることを期待した。そして，これに応じた国民政府の要人汪兆銘(精衛)を重慶から脱出させ，1940(昭和15)年には，各地の傀儡政権を統合して，南京に汪を中心とする政権(南京政府)を樹立させ，和平の実現をめざした。こうして日本は，日本・満州及び中国の日本占領地域を円ブロックとして，日本円による経済地域を形成した。しかし，蔣介石を指導者とする国民政府はアメリカ・イギリス・ソ連などの援助を受けて，依然として抗戦を続け，戦いは長期戦の泥沼にはまり込んでいった。

> *この声明は日本が中心となって中国・満州の協力のもとに，東アジアの国際秩序を保っていくというもので，アメリカ・イギリスなどとの協調により東アジアの安定した秩序を維持していくこれまでの政策を大きく転換するもので，とりわけアメリカの強い反発にあい，日米関係を悪化させ，アメリカの蔣介石政権援助が本格化した。

戦時体制の強化

　広田内閣のとき，大規模な軍備拡張が進められ，軍事支出を中心に国家財政は急激に膨張し，軍需物資の輸入も増大して，国際収支は悪化した。政府は直接的な経済の国家統制に乗り出し，日中戦争勃発直後に，「不要不急」物資の輸入停止と重要物資の軍需産業への優先的投入を定めた輸出入品等臨時措置法，同じく軍需産業への資金の優先的投入をめざす臨時資金調整法を公布した。

　日中戦争が長期化すると，経済統制を強化して総力戦に対応できる国家総動員体制をつくりあげることが，当面の急務となった。そのための総合的な基本法の制定については，日中戦争以前から軍部，とりわけ陸軍が要請するところであり，1935（昭和10）年に総合的な基本国策を調査する機関として内閣調査局が設置された。のちにそれが企画庁となり，さらに日中戦争勃発後まもない1937（昭和12）年10月，資源局と合併して企画院となった。陸海軍の現役軍人，各省の官僚，専門の学者たちが調査官・専門委員となり＊，総力戦に備え，ソ連やナチス＝ドイツの経済などを調査して，統制・計画経済の研究にあたった。

　　＊調査官・専門委員には治安維持法による検挙歴のある旧左翼関係者も盛んに起用され，軍人の調査官らと協力して国家総動員法の立案にあたった。彼らのなかから，第二次世界大戦後の日本社会党の指導者が輩出したのも注目される。

　企画院を中心に立案が進められた国家総動員法は，第1次近衛内閣の手によって議会に提出され，両院での可決を経て，1938（昭和13）年4月に公布された。これによって，経済と国民生活のいろいろな分野にわたって，政府はいちいち議会の議決を経ることなく，勅令によって統制を加えることができるようになった。また，同じ議会で電力（国家）管理法が可決され，政府の私企業への介入が強められた。

　　【国家総動員法】　戦時において国防目的を達成するために，物資の生産・配給・輸送，労働力の徴発，輸出入の制限と禁止，企業の管理・設備改良の新設，利益の処分，労働条件などについて，政府が法律で

はなく勅令によって統制できるように規定したものである。立法の過程で財界や既成政党(立憲政友会・立憲民政党)の間からは，自由主義的な資本主義経済を否定し，議会の立法機能を妨げるもので，憲法の精神に反するとして強い反対がおこった。一方，近衛内閣の与党的立場にあった社会大衆党は，社会主義への途を開くものとして国家総動員法の支持を決めた。結局，陸軍の強い圧力のもとで既成政党もしぶしぶ賛成にまわり，濫用を戒める付帯決議つきで同法は成立し，1938(昭和13)年5月からつぎつぎに発動された。この結果，憲法で定められた帝国議会の立法の機能は大きな制約を受けることとなった。

　こうして，政府は大きな権限を握って戦時経済体制の形成を進めた。1938(昭和13)年から企画院の手で，物資総動員計画が作成され，軍需品の優先的確保がはかられて，軍需産業には輸入資材や資金が集中的に割り当てられた。1939(昭和14)年には，賃金統制令・会社利益配当及び資金融通令，国民徴用令などが相ついで実施されて，労働者の賃金，株主への利益配当，会社の資金調達などが統制され，また徴用により一般国民が軍需産業に動員されるようになった。こうした状況が進むなかで，国家総動員法の制定やその発動をめぐってしばしば対立してきた軍部と財界はしだいに妥協し，かつては軍部の急進派などから排撃された旧財閥も，軍需生産に積極的に協力し，財界代表が内閣に加わるなど*，大企業も戦時経済体制に協力するようになっていった。しかし，軍需物資の確保は「東亜新秩序」(「円ブロック」)地域内だけではとうてい足りず，米・英諸国とその勢力圏からの輸入に頼らなければならないことが多かった。ところが，日本が「東亜新秩序」の形成に乗り出すと，アメリカはこれを自国の東アジア・東南アジア政策への本格的挑戦とみなして，中国(重慶の蔣介石政権)への援助を強化するとともに，日本に対する経済制裁の姿勢を示し，1939(昭和14)年7月，日米通商航海条約廃棄(翌1940年1月発効)を通告してきたため，日本の軍需物資の獲得はきわめて困難になった。

　　＊軍部主導による国家総動員法の制定など，経済統制の進行に対して
　　　財界が強い不満をいだいたので，政府はそれを緩和し，財界の協力
　　　を求めるため，1938(昭和13)年5月，近衛内閣の大蔵大臣として三

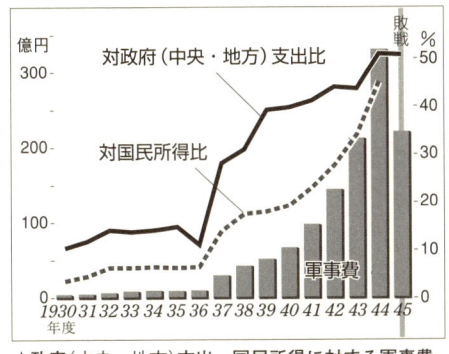

▲政府(中央・地方)支出・国民所得に対する軍事費の割合(『長期経済統計』より)　日中戦争の長期化に伴い、1937(昭和12)年度以降に急増している。

▲切符制による販売　1939(昭和14)年12月15日、長野県の神科村産業組合がもっとも早く切符制を開始した。消費者は、あらかじめ配布された切符を、品物に応じて定められた点数分だけ出したうえ、代金を支払う仕組みになった。(朝日新聞社提供)

井財閥の中心人物池田成彬を入閣させた。

　一方、民需品の生産・輸入・消費などは厳しい制限を受け、中小企業の強制的な整理・統合も進められた。1938(昭和13)年には綿糸配給切符制・公定価格制や綿製品の製造制限、ガソリン切符制が実施され、翌1939(昭和14)年には価格等統制令、40(昭和15)年にはぜいたく品の製造・販売の制限(七・七禁令)、砂糖・マッチの切符制、さらに41(昭和16)年には米の配給制や衣料の切符制がしかれるなど、生活必需品に対する政府の統制はいちだんと厳しくなり、国民生活は苦しくなっていった。

【七・七禁令】　政府は1940(昭和15)年7月6日、奢侈品等製造販売制限規則を公布し、翌7月7日より実施した。これは「不要不急」の「奢侈贅沢品」の製造や販売を制限あるいは禁止したもので、消費物資への購買力をおさえ、貯蓄を増やし、政府発行の公債を買い入れさせようとする政策をあらわしていた。この七・七禁令により、例えばダイヤ・ルビー・サファイアなどの宝石類は全面的に製造・販売が禁止され、250円以上の裾模様の高級和服、130円以上のオーダーメイドの背広、35円以上の靴、50円以上のひな人形、200円以上の箪笥などの販売が禁止された(当時の1円の価値は、現在の2000円くらい)。

　農村では1940(昭和15)年から、米の供出制(政府による米の強制的買上げ制度)が実施された。小作料の制限や生産者米価の優遇

などで，地主の取り分は少なくなったが，政府の食料増産奨励にもかかわらず，労働力・肥料・生産資材などの不足によって，1939(昭和14)年を境に食料生産は減少し，食料難が訪れ始めた。

　資本家や労働者の組織も，戦時体制に即応して再編成された。すなわち，1938(昭和13)年には，労資が協調して戦争を遂行するために，資本家や労働組合幹部を集めて産業報国連盟が結成され，各職場ごとに産業報国会が組織されて，これまでの労働組合も産業報国会に改組された。1940(昭和15)年には中央統一組織として大日本産業報国会がつくられたが，その傘下に入った単位会数約7万，組織人員約418万人という従来の労働組合組織に比べてはるかにぼう大なものとなった。また，農村では産業組合の拡充などによる農民の組織化が進んだ。

　戦時体制の強化とともに国家財政は膨張の一途をたどったが，とくに軍事費の増大はいちじるしく，1930(昭和5)年には国民所得の5％以下だった軍事費は，1940(昭和15)年には，国民所得の20％近くに達した。政府は巨額な歳出をまかなうために相つぐ増税を行ったが，それではとうていまかない切れず，多額の赤字国債を発行し，日本銀行券の増発と相まって，インフレーションをおさえることは難しくなっていった。

戦時下の文化と国民生活

　1920年代にはマルクス主義が広く知識人の心をとらえて大いに流行したが，1930年代に入ると，政府の厳しい取締りや国家主義的気運の高まりのなかで転向者が相つぎ，マルクス主義はしだいに衰えて，日本の伝統的文化・思想への回帰が盛んに叫ばれるようになった。1930年代後半にはこの傾向はいっそう濃厚となり，共産主義的思想・自由主義的思想や，そうした言論活動に対する政府の取締りもいちだんと強化された。

　1937(昭和12)年，文部省が『国体の本義』を発行し，また，教学局を設置して『臣民の道』(1941)を刊行するなど，国民思想の教化をはかったことにあらわれたように，このころから政府・軍部は，

国体論を強く表面に押し出して，天皇の神格化につとめ，同年には国民精神総動員運動をおこして，国体観念の国民への浸透と軍国主義・国家主義の鼓吹(こすい)に力を注いだ。1940(昭和15)年には内閣情報局が設置され，言論報道機関・出版物・映画・演劇などに対する検閲(けんえつ)が強化され，言論の自由は大幅に制約されるにいたった。

　教育面では，1941(昭和16)年に小学校が国民学校と改められ，皇国民の育成・訓練を目的とする国家主義的教育が進められた。また，日本の植民地であった朝鮮や台湾では，日本語教育とその使用がいっそう強化されるなど，「皇民化」政策が推し進められた。朝鮮では，姓名を日本風に改める創氏改名(そうしかいめい)の実施や神社参拝などが強制された。

　このような状態のもとでは，学問の自由な発展を望むことはますます困難になった。

　歴史学の分野では，昭和の初めにはマルクス主義の立場からの研究者を中心に『日本資本主義発達史講座』(1932〜33)の編集などが行われ，講座派・労農派による日本資本主義や明治維新の本質規定をめぐる論争が活発となった。反面それは，社会主義革命運動の目標や戦術をめぐる対立と深く結びついたため，学問よりも政治やイデオロギーが優先するという弊害をもたらした。

　一方，1920年代後半から30年代にかけて，自由主義的な立場からの明治文化や立憲政治の成立についての研究と史料の蒐集が，吉野作造・尾佐竹猛・大久保利謙(おおくぼとしあき)らを中心に本格的に進められた(憲政史研究)。しかし，1930年代後半からは，マルクス主義史学や実証主義的なアカデミズム史学にかわって，平泉澄(ひらいずみきよし)を中心とする国粋主義的な皇国史学が流行し，とくに歴史教育を通じて，天皇中心の歴史観(皇国史観)が教え込まれた。

　哲学部門では，わずかにドイツ新カント派の流れをくむ西田哲学が，日本の観念哲学として，社会科学に目を閉ざされた知識人の心をとらえた。

　こうしたなかで，学問や思想・言論活動に対する弾圧事件も，しばしばおこった。『帝国主義下の台湾』などにより政府の植民地政策

を批判していた東京帝国大学教授矢内原忠雄が，反戦思想と攻撃されて辞職を余儀なくされた事件(1937年，矢内原事件)，同じく大内兵衛・有沢広巳らの教授グループが，人民戦線の結成をはかって政府に反対をしたとして，治安維持法により検挙された事件(1938年，人民戦線事件)，同じく自由主義経済学者河合栄治郎が，『ファシズム批判』で軍部や政府の政策を批判して，著書を発禁とされたうえ，休職処分となった事件(1937～38年，河合栄治郎事件)，早稲田大学教授津田左右吉の日本古代史の実証的研究(『神代史の研究』『古事記及日本書紀の研究』)が，皇室の尊厳を傷つけるものとして，著書が発禁となったりした事件(1940年)などは，その事例であった。

　文学の分野では，1920年代後半に華々しい活躍をみせたプロレタリア文学作家の多くが，1930年代に入ると弾圧の強化や時代の風潮を反映して転向し，しだいに衰えた。一方，プロレタリア文学に対抗して感覚的な表現のなかに文学の実体を求めようとしたいわゆる新感覚派(モダニズム)のなかからは，横光利一・川端康成らが出て活躍した*。谷崎潤一郎・永井荷風・徳田秋声・島崎藤村・志賀直哉らの既成の大家たちも，創作活動を続けた。また，日中戦争下，火野葦平の『麦と兵隊』，石川達三(第1回芥川賞受賞者)の『生きてゐる兵隊』など，戦争と兵士を描いた文学作品もあらわれたが，後者は戦場での残虐行為を描写したため，発売禁止となった。

　　*横光は『寝園』(1930)・『旅愁』(1937)，川端は『雪国』(1937)などの名作を著した。

　演劇界では，プロレタリア劇場同盟とそのあとを継いだ新協劇団・新築地劇団が中心となって新劇活動が行われたが，統制が厳しくなるにしたがってふるわなくなり，新派は一時衰退したが，その後やや息を吹き返し，1937(昭和12)年には，新生新派が結成されて，時局物・花柳界物などを上演した。歌舞伎は日本の伝統的な演劇として優遇されたが，そのなかで，歌舞伎革新をめざして，1931(昭和6)年，前進座が創立されて，歌舞伎に新しい息吹きを吹き込んだ。また，大衆演劇として，いわゆる軽演劇や少女歌劇が人気を集

▲『麦と兵隊』の表紙　1938（昭和13）年，作家の火野葦平が徐州作戦に従軍したようすを描いた戦記。（日本近代文学館蔵）

▲国債募集のポスター（阿部泉氏提供）

▲防空の手引き（阿部泉氏提供）

め，映画は1931～32年ころからトーキー（発声映画）が採用されて飛躍的発展をとげ，いわゆる文芸映画がつぎつぎと生み出された。

画壇をみると，洋画では西洋近代絵画の影響がかなりあらわれ，日本画では1930年代に少しずつ新進画家の進出が認められたが，みるべきものはあまりなかった。

日中戦争が長期化すると，これらの諸芸術の分野にも軍国調の波が押し寄せ，国策にそって戦争に協力する体制がととのえられ，あるいは従軍作家・従軍画家として動員され，芸術活動の自主性はほとんど失われた。

国民生活・世相の面では，大正末期から昭和初期にかけて，衣食住それぞれの面で洋式が普及し，国民生活の近代化が進んだ。しかし，世界恐慌による国民生活の困窮，失業者の増大，労働争議・小作争議が頻発するなど，社会不安は増大した。そうした世相を背景に，1930年代前半，都会では退廃的・享楽的生活が広がり，いわゆるエロ・グロ・ナンセンス時代が訪れ，苦しい生活の息抜き・うさばらしの面もあって，カフェー・バー，ダンスホールが繁盛し，歌謡曲やジャズが流行した。

しかし，1937（昭和12）年，日中戦争をきっかけに国民精神総動

員運動が始まると、消費節約・貯蓄が奨励され、勤労奉仕・生活改善が説かれ、風俗面の取締りも強化されて、統制の網の目は、国民の私生活にまで広く及んだ。1939～41(昭和14～16)年には、「ぜいたくは敵だ」のスローガンのもとに、男子学生の長髪や女性のパーマネントをやめさせたり、ネオンサインの廃止、ダンスホールの閉鎖、ぜいたく品の製造・販売の制限・禁止、国民服・戦闘帽(男性)やモンペ(女性)の着用など耐乏生活が奨励された。また大学では軍事教練を必修とするなど、国民生活のいろいろな面で、軍国主義的統制が加えられるようになった。この間、1938(昭和13)年には町内会・隣組が制度化され、戦争を目的とした"国策"に沿うように国民生活の相互監視・規制が強められた。

第二次世界大戦と三国同盟

　1930年代後半に入ると、ヨーロッパではドイツの対外膨張政策はいちだんと活発になり、これをめぐって、独仏・独英間の緊張がしだいに高まった。ドイツは1938(昭和13)年3月にはオーストリアを併合し、さらにチェコスロヴァキアに、同国内のドイツ人が多く住むズデーテン地方の割譲を要求した。この問題を処理するために、1938年9月、英・仏・伊・独4カ国代表が集まってミュンヘン会議が開かれたが、英仏側の譲歩により、ドイツの要求が認められた。

　英・仏との対立を深めつつあったドイツは、1938年、中国から軍事顧問団を引き揚げ、「満州国」を承認するなど日本との提携強化をはかり、日独伊防共協定をイギリス・フランスなどをも対象とする軍事同盟に発展させようと、日本に働きかけた。そのころ日中戦争の収拾に苦慮していた日本は、張鼓峰事件(1938年)・ノモンハン事件(1939年)など、満ソ・満蒙国境でソ連と武力衝突事件をおこした。とりわけ、ノモンハン事件では、精鋭をうたわれた日本の関東軍が戦車部隊を中心としたソ連軍との交戦で大きな損害を出したことにより、陸軍当局は大きな衝撃を受けた。

　こうしたなかで、陸軍は独伊との軍事同盟締結に積極的な姿勢を

▶第二次世界大戦中のヨーロッパ

示したが，海軍や外務省は，アメリカ・イギリスなどとの戦争の危険をもたらすものとして，これに反対した。この問題をめぐって平沼騏一郎内閣は閣内対立を生じ，しかも，1939（昭和14）年8月にいたって，ドイツが突然ソ連と不可侵条約を結んだため，外交の方向性を見失って総辞職した。独ソ不可侵条約の秘密協定では，ドイツとソ連がポーランドなど東ヨーロッパにおける独ソ両国の勢力範囲をひそかに協定し，独ソによるいわば東ヨーロッパの分割を取り決めていた。

ドイツは，1939（昭和14）年9月1日に突如としてポーランドに侵入を開始し，ポーランドと相互援助条約を結んでいたイギリス・フランスは，2日後，ドイツに宣戦を布告して，ここに第二次世界大戦が始まった。ソ連もまた半月ほどのちに，東方からポーランドに侵攻して独ソ両国でポーランドを分割した。さらに同年末から翌年にかけて，ソ連はフィンランドの一部を占領し，バルト3国を併合した。

第二次世界大戦が勃発したとき，阿部信行内閣は大戦不介入を声明し，そのあとを受けた海軍大将の米内光政を首相とする内閣は，独伊との軍事同盟に消極的で，大戦不介入方針を取り続け，米英との関係改善を意図した。しかし，1940（昭和15）年4月ころから，ドイツ軍はヨーロッパの西部戦線においてめざましい電撃作戦を開

6　第二次世界大戦　237

◀日独伊三国同盟条約の調印式　1940(昭和15)年9月27日、ベルリンで調印。前列左から、来栖三郎駐独大使・チアノ伊外相・ヒトラー。この日、東京でも松岡外相・オットー駐日ドイツ大使らが出席して祝賀会が開かれた。(毎日新聞社提供)

始し、英仏連合軍を撃破して、華々しい勝利を収め、6月にはイタリアもドイツ側に立って参戦した。そして同年6月、ドイツ軍はパリを占領して、フランスはドイツに降伏した。

　このころになると、日本国内各界にドイツの勝利を礼讃する空気が高まり、マス＝メディアは近い将来にイギリスもドイツに屈伏し、ドイツの勝利で大戦は終わるとの予測を宣伝した。そうした空気を背景に陸軍を中心に、この機会にアメリカ・イギリスとの戦争を覚悟しても、ドイツと軍事同盟を結んで南方に進出し、東南アジアを日本の勢力圏に取り入れようとする主張が強くなった。そして、親英米的とみられた米内光政内閣は陸軍の圧力で同年7月に倒れ、かわって第2次近衛内閣が成立した。近衛内閣は外務大臣に松岡洋右、陸軍大臣に東条英機を起用して、これまでの大戦不介入の方針を大転換し、ドイツ・イタリアとの提携強化、南方諸地域への積極的進出の方針を打ち出した。こうして、1940(昭和15)年9月、日独伊三国同盟を結び、枢軸陣営の強化をはかった。

【日独伊三国同盟】　日本はヨーロッパにおけるドイツ・イタリアの指導的地位を、ドイツ・イタリアは「大東亜」(東アジア・東南アジア)における日本の指導的地位を相互に認め合い、3国のいずれかが現在戦っていない他国から攻撃された場合、互いに政治的・軍事的に援助し合うことを取り決めたもので、アメリカに対抗するための軍事同盟であり、とりわけドイツとしてはアメリカの第二次世界大戦への参戦を阻止することが目的であった。

　三国同盟の成立と相前後して、日本は東アジアと東南アジアを勢力圏とする「大東亜共栄圏」(大東亜新秩序)の確立をめざして積極的

ドイツ熱の高まり

　1940年6月，ドイツの電撃作戦による軍事的優勢が続くと，日本国内にはナチス＝ドイツを称賛する声が高まるなかで，イギリスもまもなく屈服し，ドイツの勝利で第二次世界大戦は終わるとする観測が広まった。つぎのような新聞の評論は，その一例である。「ドイツの本格的対英攻撃近迫が伝へられ，その時期については早ければ1カ月以内，おそくも夏中には着手するだらうと言はれる。之に対し英国は仏国から遁れた海・空軍と自国のそれを以て必死の抗戦をするだらうと看做すのが一般の常識であるが，然しその抗戦の結果は独軍を撃退し得べしと信ずるものは殆どない。……そこで残された途として英本土が攻略されない前適当な時期に手を挙げて，和平工作に出づるのではないかとの観測が成り立つ」(『東京朝日新聞』1940〈昭和15〉年6月29日付)。ドイツの圧倒的優勢のなかにあって，イギリス側の最終的勝利を予測した者もいないわけではなかった。例えば，92歳の元老西園寺公望は，日本の新聞がドイツびいきすぎる点を批判して対米英協調の必要性を説き，「差当ってドイツが戦勝国となるやうに見えるかも知れないけれども，しかし，結局はやはりイギリス側の勝利に帰すると自分は思ふ」と語ったという(原田熊雄『西園寺公と政局』)。また，吉田茂元駐英大使(第二次世界大戦後の日本の首相)もドイツの最終的勝利を疑問視している。あとから考えると，上記の新聞の評論がまったく見当はずれだったのに対し，西園寺や吉田の見通しはまことに的確であったが，当時ドイツ熱に浮かされていた朝野の大多数の人々からは，こうした意見はもはや「保守的な老人」の繰り言として，ほとんど顧みられなかったのである。

に南方進出をはかり，蘭印(オランダ領東インド)と物資獲得の交渉を進めた。一方，援蔣ルート(米・英・仏などの中国国民政府援助ルート)の遮断と南方進出の足がかりをつくるため，ドイツの支配下におかれていたフランス政府(ヴィシー政権)と交渉し，北部仏印(フランス領インドシナ)での飛行場の使用や軍隊の派遣を認めさせ，日本軍は同年9月，北部仏印進駐を開始した。しかし，アメリカが徐々に第二次世界大戦に介入する姿勢を強めているときに，日本がドイツ・イタリアと同盟を結んで，「大東亜共栄圏」確立に乗り出したことは，アメリカとの対立を決定的なものにし，アメリカが屑鉄や航空機用ガソリンの対日輸出禁止を決定するなど，米英をはじめ

とする連合国側は着々と対日経済封鎖を強めていった。

新体制運動

1930年代後半，軍部の政治的発言力の高まりと反比例して，政党の発言力は弱まり，1940(昭和15)年2月，衆議院で軍部を批判する発言をした立憲民政党の斎藤隆夫は議員を除名された(斎藤反軍演説事件)。政党の間からは軍部と協力して力を取りもどそうとする動きもおこった。まもなく，ヨーロッパにおけるドイツ軍の軍事的優勢が展開されると，それは日本の国内体制の改革にも大きな影響を及ぼした。1940(昭和15)年6月ころから，指導力を失った既成政党にかわって，近衛文麿を押し立て，ドイツのナチスやソ連の共産党のような一国一党の強力な全体主義的国民組織をつくりあげようとする新体制運動がにわかに活発になった。陸軍も新体制運動を支援し，近衛内閣の実現を策して，米内内閣を退陣に追い込んだ。同年7月には，社会大衆党が真先に解党してこの運動に加わったのをはじめ，立憲政友会各派，立憲民政党反主流派などの既成政党や諸団体がつぎつぎに解散し，初めはこの運動に消極的だった立憲民政党主流派も時流には抗し得ず，同年8月に解党した。

▲大政翼賛会の発足 1940(昭和15)年10月12日に発足した大政翼賛会は，首相を総裁(初代は近衛文麿)とし，道府県，郡・市町村に支部をもち，町内会・隣組などを末端機構として国民を戦争に動員するうえで大きな力を発揮した。しかし，意図したようなナチス流の強力な一党独裁組織にはならなかった。(ユニフォトプレス提供)

▲紀元二千六百年祭 1940(昭和15)年は，神武天皇即位から2600年目とされたので，各地で盛大な行事が行われた。国民は，祭りに熱狂した。図は東京地下鉄労働者のパレード。

こうして1940(昭和15)年10月には，これらの諸勢力を集めて総理大臣である近衛文麿を総裁に大政翼賛会が発足した。しかしそれは，最初意図したようなナチス流の一国一党的政治組織とはならず，いろいろな思惑をもった諸勢力を寄せ集めた団体としての性格が強く，上意下達のための官僚行政の補助組織にとどまり，強力な政治指導力を発揮するにはいたらなかった。とはいえ，大政翼賛会は，のちには産業報国会・大日本婦人会・町内会・部落会(隣組)などを含む諸団体を傘下に収め，太平洋戦争下において，政府の意思を国民に伝え，国民を広範に戦争遂行のために動員するうえで大きな役割を果たした。こうして，複数政党制のもとで，政府に反対する政党(野党)の存在を認めることを前提とした立憲政治のもとでの議会制度は形骸化し，議会はすっかり力を失ってしまったのである。

7　太平洋戦争の勃発から敗戦へ

日米交渉の行き詰まり

　1941(昭和16)年4月，第2次近衛内閣の松岡外相はソ連との国交調整をはかるため，モスクワにおいて日ソ中立条約を結んだが，これによって日本は「北守南進」気運を強め，またアメリカは日本の南進政策がいっそう進行するものとして警戒の念を深めた。アメリカとの戦争を回避しようとした近衛内閣は，悪化しつつあった日米関係を調整するため，1941(昭和16)年4月から駐米大使野村吉三郎に命じて日米交渉を始めた*。しかし，同年6月にドイツが独ソ不可侵条約を破って独ソ戦を開始すると，軍部の強い主張によって日本は対米英戦の危険を冒していっそう南方進出を強化すると同時に，北方においても，ソ連がドイツに敗北した場合にはソ連を攻撃することとし，いわゆる関特演(関東軍特種演習)と称して，満ソ国境に大軍を集めた。

　＊1940(昭和15)年末から日米の民間人同士の接触が行われていたが，1941(昭和16)年4月にいたって，両国政府はこれを正式の外交ルートにのせ，日米交渉が始まったのである。日本側は野村吉三郎駐米大使が交渉にあたったが，のちに来栖三郎が，野村を助けてともに折衝にあたった。

　なお日米交渉に望みをたくしていた近衛首相は，1941(昭和16)年7月，いったん総辞職をしたのち，対米強硬論者の松岡外相を除いて第3次内閣を組織し，さらに日米交渉を進めた。しかし，アメリカは強い対日不信感を抱き，同月，日本軍の南部仏印進駐の計画が明らかになると，在米日本資産の凍結でこれに応じた。さらに同月末，日本軍の南部仏印進駐が開始されたのに対抗し，アメリカは，8月には対日石油輸出の全面的禁止という強い制裁措置を発動した。そして，アメリカ(America)・イギリス(Britain)・中国(China)・オランダ(Dutchland)は，いわゆるABCD包囲陣をもって対日経済封鎖を強化した。

　最重要軍需物資の一つである石油の大部分をアメリカから輸入し

指導者の年齢

1941年の日米開戦のとき，日本流の数え年では最年長がチャーチルの68歳，以下スターリンは63歳，ローズヴェルト60歳，ムッソリーニ59歳，東条英機58歳，蒋介石55歳と続き，最年少はヒトラーの53歳であった。日本では，対外危機の深まりとともに1930年代後半から，近衛（首相就任時47歳）・東条のような若い首相が出現したことが注目される。しかし，その若い政治指導者のもとで日本は敗戦につながる泥沼の戦争に突入したのである。

ていた日本にとって，これは大きな打撃であった。日本国内では，アメリカの対日石油禁輸をきっかけとして，軍部を中心に，このままでは日本が"ジリ貧"になって経済的に屈服せざるを得なくなるから，アメリカ・イギリスに対して開戦し，武力によって対日包囲陣を打ち破るべきだ，とする主張が高まった。

1941（昭和16）年8月，アメリカ大統領ローズヴェルトとイギリス首相チャーチルは大西洋上に会し，大西洋憲章を発表して枢軸諸国の侵略行為を鋭く非難し，現在の戦争がファシズムに対する民主主義防衛の戦争であることを宣言した。こうして，米・英両国と日本との関係は悪化の一途をたどった。

日本は1941（昭和16）年9月6日の御前会議で，もし日米交渉で10月上旬までに日本の要求が通る見通しが立たないときは，米・英両国と開戦を決意するという方針（帝国国策遂行要領）を決定した。初めは開戦に消極的だった海軍も，このころにはしだいに陸軍の強硬論に同調するようになっていた。日本側の要求は，米英の日中戦争への不介入，米英は極東において日本の国防の脅威になるような行動にでないこと，米英は日本の物資獲得に協力することなどであったが，アメリカ側は日本軍の中国・仏印からの撤退，日独伊三国同盟の事実上の空文化を強く主張し，交渉はまったく行き詰まった。

開戦

　1941(昭和16)年10月半ばになり、近衛首相はなお開戦をためらい、中国からの撤兵問題ではアメリカに譲歩しても、日米交渉を継続しようとしたが、陸軍大臣の東条英機は撤兵に強く反対し、交渉打切りを主張して譲らず、ついに第3次近衛内閣は総辞職した。そのあとを受けて、東条英機が木戸幸一内大臣ら重臣会議の推薦によって首相に任命され、陸軍大臣を兼任した。組閣に際して9月6日の決定の再検討という天皇の意向が伝えられ、東条はその再検討を進めた。その結果、東条英機内閣のもとで、政府・軍部の最高首脳を集めて開かれた1941年11月1～2日の大本営・政府連絡会議で、開戦準備と対米交渉を並行して進め、12月1日までに交渉が妥結しなければ、対米英開戦することを決定した(正式決定は11月5日の御前会議)。

　このころになると、アメリカも日本の南方進出が続く以上、戦争は不可避と考え、11月26日に、日本軍の中国・仏印からの全面撤兵、三国同盟の空文化、国民政府(蔣介石の重慶政府)以外の政権の不承認などを要求した覚書(ハル＝ノート)を日本側に提示した。これは、満州事変以来の日本の対外政策をほとんど全面的に否定しており、これまでのアメリカの対日提案のなかで、もっとも強硬なものであった。それまで、日米交渉の妥結に腐心していた東郷茂徳外相も、ハル＝ノートにより、交渉継続を断念せざるを得なかった。

　ハル＝ノートをアメリカによる事実上の最後通牒とみなした日

◀太平洋戦争の勃発　右は12月8日の日米開戦を報じる新聞記事。左は真珠湾奇襲攻撃を受けて炎上するアメリカ太平洋艦隊。(左：毎日新聞社提供、右：読売新聞社提供)

真珠湾攻撃と交渉打切り通告

　東郷茂徳外相は，初め対米交渉打切りについて，その通告をアメリカ側に手交する時間的余裕を考慮し，12月5日午後（日本時間，以下同じ）にワシントンの日本大使館宛に発電する予定であった。しかし，開戦意図を直前まで隠して，真珠湾奇襲攻撃の効果をあげようとしていた海軍側の強い要求で，発電は12月7日午前4時に繰り下げられ，アメリカ側への通告は，12月8日午前3時（真珠湾攻撃開始の30分前）と決定された。しかし，対米開戦について知らされていなかったワシントンの日本大使館では，暗号解読や浄書に手間取り，結局，通告は真珠湾攻撃開始から1時間余り遅れる結果となった。

　アメリカはこれを「卑怯なだまし討ち」とみて日本に対する憤激を高め，"Remember Pearl Harbor!"（真珠湾を忘れるな！）を合言葉に，挙国一致で対日戦争に突入した。このように戦術的には先制攻撃で大きな戦果をあげた日本海軍の真珠湾奇襲攻撃（連合艦隊司令長官山本五十六の発案）も，かえってアメリカの国論を統一させ，アメリカ国民の士気を高める結果を招くという大失敗をもたらした。

　なお，マレー半島における対英軍事行動は真珠湾攻撃より1時間以上早く始まっていたが，イギリスに対する事前の最後通告は何もなかった。

本は，12月1日の御前会議で最終的に米・英両国との開戦を決定した。そして，1941（昭和16）年12月8日，日本陸軍はイギリス領マレー半島に（一部の日本軍はタイ領に）上陸し，海軍はアメリカ海軍の重要基地であるハワイの真珠湾を攻撃するなど，日本は東南アジア・太平洋地域で軍事行動を開始し，同日アメリカ・イギリスに宣戦を布告した。ここに太平洋戦争が始まり，3日後，ドイツ・イタリアもアメリカに宣戦を布告したので，第二次世界大戦はアジア・太平洋地域とヨーロッパ地域を戦場とする空前の大戦争に発展したのである*。

　　*アメリカ・イギリスは，日本の対米英宣戦布告後，ただちに日本に対して宣戦を布告した。また1941（昭和16）年12月9日，中国の国民政府も，対日・独・伊に宣戦を布告し，翌年1月，タイが日本側に立って米・英に宣戦を布告した。

緒戦の勝利

　日本軍は，開戦の初めにハワイでアメリカ太平洋艦隊の主力を，マレー半島沖でイギリス東洋艦隊の主力を撃滅し，1941(昭和16)年12月中にグアム島・香港，1942(昭和17)年1月にはフィリピンのマニラ，2月にはマレー半島・シンガポール，3月には蘭印(オランダ領東インド〈現，インドネシア〉)，4～5月にはビルマ(現，ミャンマー)・フィリピン全島などを相ついで占領し，開戦以来半年足らずで，東南アジアのほとんど全域を制圧した。日本政府は「支那事変」を含めてこの戦争を「大東亜戦争」と呼称し＊，欧米勢力の植民地支配からアジア諸民族を解放し，アジア人による共存共栄の「大東亜共栄圏」を建設するという戦争目的をかかげた。そして，1943(昭和18)年11月には，日本の勢力下にあった中国の南京政府(汪兆銘政権)・満州国・タイ・ビルマ・フィリピン・自由インド仮政府の代表者を東京に集めて大東亜会議を開き，大東亜共同宣言を発表して，欧米の植民地支配からの脱却や人種差別撤廃をうたい，戦争への協力を求めた。しかし，日本軍の敗北が続くようになると，「大東亜共栄圏」のなかからも，欧米諸国にかわる日本の支配に対して，しだいに民族的抵抗の動きが高まった。

　　＊戦後になって太平洋戦争というアメリカ側の呼称が用いられ定着したが，最近では「アジア・太平洋戦争」という呼び方も行われるようになっている。

　一方，中国では初めから抗日の気運が強く，日本軍は抗日ゲリラの拠点と目される村々に対し武力掃蕩作戦を実施したが，これは中国側の激しい非難を浴び，中国の抗日運動はいっそう活発となり，

◀大東亜会議に参加したアジアの首脳たち　左からビルマ首相バーモウ，満州国国務総理張景恵，中国南京政府首席汪兆銘，日本首相東条英機，タイ国首相名代ワンワイタヤコーン，フィリピン大統領ラウレル，自由インド仮政府主席チャンドラ＝ボース。(毎日新聞社提供)

日本占領下の東南アジア

　日本軍は占領地に軍政をしいた。地域により異なるが，戦争初期には，日本軍は欧米諸国の植民地支配からの解放をもたらすものとして，しばしば現地で歓迎を受け，日本も旧宗主国に対する現地住民の民族運動を支援した。例えば，ビルマ人による独立軍，シンガポールなどで日本軍の捕虜となったインド兵士によるインド国民軍が組織され，日本軍の支援によりイギリス軍と戦った。日本は1943（昭和18）年，ビルマ・フィリピンの独立を認め，イギリスからの独立をめざす自由インド仮政府を承認した。しかし，何よりも優先されたのは，日本軍の軍事上の必要性だった。日本の東南アジア占領の主な目的は，石油・ゴム・ボーキサイトなど重要軍需資源の獲得にあり，そのための資源の強引な調達は，現地の経済を混乱させた。独立を認めた地域でも，日本軍が実権を握り，住民の歴史・文化・生活様式などを無視した神社参拝や天皇崇拝の強要，日本語の学習，土木工事への強制就労，集会の禁止などが住民の反発を呼んだ。とりわけ，シンガポールでは多数の中国系住民を反日活動の容疑で処刑し（シンガポール華僑殺害事件），フィリピンでも現地住民を巻き込んだ激しい陸上戦闘が展開されるなかで，日本軍による残虐行為があったため，これらの地域では抗日の動きが早くから強かった。こうして戦局の悪化に伴い，日本軍は各地で住民の抵抗運動に悩まされたのである。

抗日根拠地（解放区）が拡大されていった。
　また，満州では関東軍防疫給水部（いわゆる七三一部隊）の細菌戦の研究のための生体実験などが，戦後，戦争犯罪として大きな問題となった。
　日本国内では，戦争初期の大勝利が呼びおこした熱狂的興奮のなかで，政府・軍部に対する国民の支持が高まった。東条内閣はこの機会をとらえて，1942（昭和17）年4月，衆議院議員総選挙を実施した。これは政府系の団体が，定員一杯の候補者を推薦するといういわゆる翼賛選挙＊で，自由立候補も認められたが，選挙の結果，当選者の80％以上が推薦候補であった。当選者は翼賛政治会に組織され，戦争遂行のための国内体制が強化された。

　　＊翼賛選挙では，政府の援助を受けた団体が定員一杯の候補者を推薦したが，非推薦による自由立候補も認められていた。選挙の結果は，

▲勤労動員の女学生　女子挺身隊として工場に動員され，日の丸の鉢巻をしめ，なれない手つきでやすりをかけている。(毎日新聞社提供)

▲学徒出陣壮行会(東京都明治神宮外苑)　戦局の悪化により1943(昭和18)年10月，政府は文科系大学生などの徴兵猶予を停止したため，12月から陸海軍の部隊へ入営が始まった。(朝日新聞社提供)

　推薦候補中の381名が当選し(衆議院の定員466名)，とくに革新色の濃い大都市では軍人候補の進出がめだった。残りは非推薦候補者が当選したが，そのなかには，尾崎行雄・鳩山一郎・芦田均・片山哲・中野正剛ら，経験に富んだかつての政党政治家たちの名がみえる。

　また，産業報国会・農業報国連盟・大日本婦人会・文学報国会などが大政翼賛会のもとに糾合され，労働者・農民・文化人などの各界各層の人々がすべて，戦争協力に動員された。1942(昭和17)年12月，内閣情報局の指導下に戦争に協力的とみられる言論人を集めて大日本言論報国会が結成されるなど，言論界への指導・統制もいちだんと強化され，マス＝メディアは，"鬼畜米英"といった言葉を盛んに使って，国民の敵愾心をあおり立てた。

　【大日本言論報国会】　言論界の長老徳富蘇峰を会長に，津久井竜雄(国家社会主義者)・野村重臣(評論家)・市川房枝(女性運動家)らが役員に名を連ね，情報局と協力して親米英的・自由主義的と目される言論人を排除し，戦争遂行のための言論の指導と統制にあたった。

　経済面でも戦時体制はいっそう強まり，官僚統制により，諸企業に対する資材や生産の割当て・価格の決定・利潤の配分などが決められ，民需工場の軍需工場への転用が行われるなど，全力をあげて軍需生産の増大がはかられ，民需はいちじるしく圧迫された。戦争のために働き盛りの労働者が大量に兵士として召集されたので，労働力不足は深刻となり，それを補うため徴用制度が拡大され，学徒

動員によって中学校以上の学生・生徒が軍需工場に動員された。また，女性も勤労動員されて，女子挺身隊として工場などで労働に従事させられた。その結果，それまで男性が中心だった職場にも女性の進出が数多くみられるようになった。

朝鮮や台湾では，これまで陸軍志願兵制度などを通じて現地の人々が兵士として日本軍に加わっていたが，朝鮮には1943(昭和18)年，台湾には1944(昭和19)年に徴兵制が施行され，朝鮮・台湾の人々も兵役の義務を負うこととなった。また，多数の中国人・朝鮮人が日本に連行され，鉱山や土木工事現場などで働かされた。女性たちのなかには，戦地の日本軍の慰安施設で働くことになった人たちも多かった。

1943(昭和18)年には文科系学生の徴兵猶予が廃止され，いわゆる学徒出陣により，多数の学生が学業半ばで戦場に赴いた。東条内閣はこうして戦争を遂行するとともに，憲兵や警察によって国民生活に鋭い監視の目を光らせ，反戦・反政府的言動を取り締まった。

一方，アメリカでは日本との戦争が始まると，西海岸諸州に住む10万人以上の日系人が家や土地を捨てさせられ，強制収容所に入れられた。市民権をもつ日系2世のなかには，アメリカ合衆国に忠誠を示すため，志願してアメリカ軍に入り，ヨーロッパでドイツ軍と戦った人たちもいた。

戦局の悪化

しかし，戦局は大きく転換し始めた。東南アジアや太平洋戦線ではアメリカが総力をあげ，巨大な物量をつぎ込んで反攻に転じた。まず1942(昭和17)年5月，日本軍は海軍が珊瑚海海戦でアメリカの機動部隊の反撃にあって，ポートモレスビー(ニューギニア島)の攻略に失敗し，ついで同年6月，ミッドウェー海戦で日本海軍が敗北した。1943(昭和18)年2月には補給をほとんど断たれた陸軍部隊が，アメリカ軍との激しい戦い(ガダルカナル戦)の末，ガダルカナル島から退却した。また同年5月には，アリューシャン列島のアッツ島を占領していた日本軍が，圧倒的な兵力のアメリカ軍の反

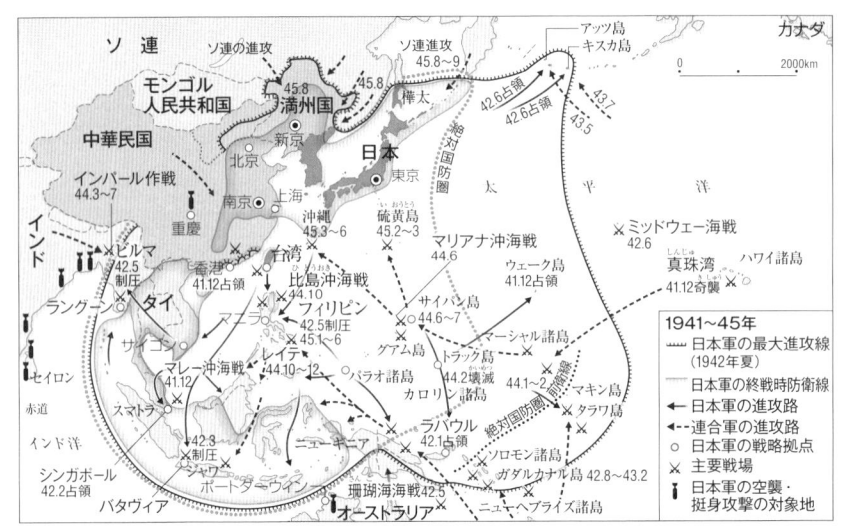

▲太平洋戦争要図

攻により全滅した。

【ミッドウェー海戦】 日本海軍のミッドウェー攻略作戦が，アメリカ側の暗号解読により事前に察知され，待ち構えていたアメリカの海軍機動部隊の攻撃を受け，日本海軍は航空母艦4隻が撃沈され，多数の艦載機を失うなど大惨敗し，これをきっかけに太平洋における日本の制海権・制空権は失われていった。しかし，日本海軍は戦争の指導にあたる大本営・政府連絡会議にまで敗北の事実をひた隠しにし，国民にはあたかも勝利のごとく虚偽の発表をして，新聞は「大勝利」として報道した。こうした海軍の秘密主義により，国民は真相を知らされないままに，戦局は急速に敗勢に向かっていったのである。

このころ，ヨーロッパでも戦況はようやく枢軸側に不利となってきた。1943年2月，30万人のドイツ軍がスターリングラード（現，ヴォルゴグラード）でほとんど全滅し，西部戦線でも連合国軍が全面的反攻に出て，同年7月，イタリアのムッソリーニ政権が倒れ，9月にはイタリアは連合国に降伏した。

一方，太平洋戦線においても日本軍は，1944（昭和19）年6月，マリアナ沖海戦で海軍が壊滅的打撃を受けるなど，制海権・制空権をまったく失い，1944（昭和19）年7月には，ついに「絶対国防圏」の一角とされたマリアナ諸島のサイパン島がアメリカ軍に占領された。日本の敗勢とともに国内においては，海軍や重臣の間に反東条

▲防空訓練　もんぺに防空頭巾という服装で、バケツリレーなどによる消火訓練をさせられたが、実際のB29の焼夷弾による空襲に対しては、ほとんど無力であった。(毎日新聞社提供)

▲学童の集団疎開　親もとをはなれた児童たちが、地方の旅館や寺などに収容された。写真は、1944(昭和19)年、疎開先の宮城県で学習する東京の国民学校6年生たち。(毎日新聞社提供)

　の気運がおこり、同年7月に東条内閣は倒れた。この間、連合国側は1943(昭和18)年11月には、ローズヴェルト米大統領・チャーチル英首相・蔣介石中国国民政府総統がエジプトのカイロに会し、日本の無条件降伏まで戦い抜くことなどを宣言した(カイロ宣言)。

　【カイロ宣言】 これは、(1)日本が第一次世界大戦以来、奪取または占領した太平洋の島々を取りあげ、(2)満州・台湾など中国より奪った地域を中国に返還し、(3)朝鮮を自由・独立の国とする、などの目的をもって対日戦の徹底遂行を宣言したものである。

　東条内閣のあと、陸軍大将の小磯国昭が、海軍大将の米内光政と協力して内閣をつくったが、1944(昭和19)年10月には、アメリカ軍がフィリピンのレイテ島に上陸し、日本軍は後退を続けた。日本軍は特攻隊による体当り攻撃という非常手段の戦術まで採用したが、戦局を挽回することはもはやとうていできなかった。本土空襲の危険が迫ると、日本国内ではこれを避けるため、1944(昭和19)年8月から、大都市の国民学校(現在の小学校)の児童は強制的に地方に疎開(学童疎開)させられた。1944(昭和19)年末ころから、本土は連日のようにアメリカ軍機による空襲に見舞われ、東京をはじめ全国の諸都市はつぎつぎに廃墟と化した。とりわけ東京は、1945(昭和20)年3月9日夜半から10日早朝にかけて、焼夷弾による無差別爆撃を受け、江東地区など下町一帯は完全に焼き払われ、約10万人

の死者を出した。海上補給路も断たれ、工業・農業生産力は激減し、軍事インフレが激しくなって国民生活はまったく荒廃し、とくに食糧難は深刻なものとなった。政府・軍部はなお"聖戦完遂"を叫び、マス＝メディアは"必勝の信念"を国民に説いたが、国民の戦意はしだいに失われ、厭戦気分が漂い始めた。

【日本本土空襲】　アメリカ軍機の日本本土空襲は、1942(昭和17)年4月、空母から発進したB25陸上爆撃機十数機による、東京などの爆撃が最初であった。この被害はそれほど大きくはなかったが、緒戦の勝利に酔っていた軍部や国民は心理的衝撃を受けた。その後、1944(昭和19)年には中国本土を基地とする北九州への爆撃に続き、同年11月ころからサイパン島などマリアナ諸島を発進した大型爆撃機B29による爆撃が開始された。

　1945(昭和20)年に入ると空襲は本格化し、同年3月9～10日のB29約300機による東京大空襲では、東京の下町は19万発の焼夷弾攻撃で焼け野原となり、一夜で約10万人が死亡した。東京は4～5月にも大空襲にあい、ほとんど市街地の全域が焼き払われた。その後、空襲は全国の大都市はもとより、中小都市にまで及び、被害は焼失・破壊家屋約240万、死者20万人、負傷者27万人に達した(原爆による被害を除く)。

　アメリカ軍の日本本土空襲の目的は、軍事施設や工業設備の破壊だけでなく、都市の無差別爆撃(戦略爆撃)により、一般の市民生活に徹底的な打撃を加え、国民の戦意を喪失させることにあった。なお、釜石・日立・浜松などの工業施設に対しては、日本の沿岸に接近したアメリカ艦隊から直接艦砲射撃が加えられた。しかし、それに対し、日本軍はこれを防衛する力をまったく失っていた。

敗戦

　1945(昭和20)年3月には硫黄島がアメリカ軍の手に落ち、同年4月には、沖縄本島にもアメリカ軍が上陸した。そして、激しい戦闘の末、6月下旬には沖縄の日本軍はほぼ全滅し、アメリカ軍の占領するところとなった。

【沖縄戦】　アメリカ機動部隊による海と空からの激しい砲爆撃に続いて、アメリカ軍は1945(昭和20)年3月30日、慶良間列島に、ついで4月1日には沖縄本島に上陸した。日本軍守備隊約10万人と現地召集の一般住民による郷土防衛隊は、制海権・制空権をまったく失った状況下で、圧倒的物量を誇るアメリカ軍に対し総力をあげて戦ったが、そ

れは絶望的戦いとなった。支援のため本土から出撃した世界最大の戦艦大和（やまと）も，沖縄海域に到着することなくアメリカ軍機の空爆雷撃を受けて撃沈された。沖縄の男子中等学校の生徒たち約1800人は鉄血勤皇隊（てっけつきんのうたい）に組織され，戦闘に参加し，ほぼ半分が戦死した。また約600人の女子の生徒たちも，ひめゆり隊・白梅（しらうめ）隊などの学徒隊に編成されて看護要員として動員され，半数以上の犠牲者を出した。こうして激しい戦闘が3カ月近く続いたのち，6月23日，日本軍は全滅し，組織的戦闘は終わりを告げ，沖縄はアメリカ軍に占領された。激戦のなかで，集団自決に追い込まれた住民もあった。沖縄戦の死者は，日本側軍人10万人弱，民間人10万人余り，合計約20万人で，アメリカ側は約1万2000人と推定されている。

これに先立ち，1945（昭和20）年2月には，ローズヴェルト，チャーチル，スターリンの3首脳が，ソ連（現，ウクライナ）のクリミア半島のヤルタで会合し（ヤルタ会談），ドイツ降伏後の処分や東欧の処理についてヤルタ協定が結ばれたが，その秘密協定として，ソ連がドイツ降伏の2，3カ月後に対日参戦することが，極秘のうちに取り決められた。

ヨーロッパでは，1945年4月，連合国軍がドイツの首都ベルリンに迫るなかで，ヒトラーは自殺し，同年5月，ドイツはついに降伏し，日本はまったくの孤立無援になった。軍部は本土決戦を唱えたが，1945（昭和20）年4月に成立した鈴木貫太郎（すずきかんたろう）内閣は，戦争終結の手段を真剣に考えるようになり，6月まだ日本と中立関係にあったソ連を通じて和平工作に着手した。むろん，ヤルタ協定の秘密付属協定によるソ連の対日参戦の約束にはまったく気づかなかったのである。7月，ベルリン郊外のポツダムにトルーマン・チャーチル（のちアトリー）・スターリンの米英ソ3国首脳がドイツ処理問題で会談し（ポツダム会談），この機にアメリカは対日戦後処理と日本軍隊の無条件降伏を呼びかけることをイギリスに提案し，中国の蔣介石の同意を経て，7月26日，米英中3国の共同宣言（のちソ連も参加）のかたちでポツダム宣言を発した。

日本政府はソ連を仲介とする和平に望みをかけて，鈴木首相は初めポツダム宣言を黙殺（もくさつ）すると発表したが，これを拒絶と判断したアメリカは，これに対し8月6日まず広島に，ついで8月9日に長

▲広島(上)・長崎(下)の爆心地の惨状　原爆は広島市中心部の上空で爆発し，約20万人が生命をうばわれ，ついで長崎でも原爆による死者は7万人以上と推定されている。現在でも多くの人が放射線障害で苦しんでいる。

崎へ原子爆弾を投下し，一瞬のうちに両市を壊滅させ，大量の一般市民を殺傷した。死者の総数は広島で約20万人*，長崎で約7万人と推定されているが，その大部分は女性や子どもを含む非戦闘員であった。

> *広島での死者は1945年12月までで約14万人，その後も放射線障害や白血病など被爆が原因とみられる大量の死者が続いた。

この間，8月8日には，日本側が和平仲介者として望みを託していたソ連が，日ソ中立条約を侵犯して日本に宣戦を布告し*，満州・南樺太・千島に侵攻した。

> *ソ連は1945(昭和20)年4月，日ソ中立条約の不延長の通告をしてきたが，なお1946(昭和21)年4月までは条約は有効であった。

こうした状況のなかで，日本政府はついに戦争終結の意を決した。政府・軍部(大本営)の最高首脳からなる最高戦争指導会議*では，ポツダム宣言受諾を説く東郷茂徳外相・米内光政海相らと，なお本土決戦に望みを託し戦争継続を主張する阿南惟幾陸相・両総長(梅津美治郎参謀総長・豊田副武軍令部総長)との間に意見の対立があっ

▶降伏文書の調印 1945（昭和20）年9月2日，東京湾内に停泊中の戦艦「ミズウリ号」上で降伏文書の調印式が行われた。日本政府代表重光葵外相，軍部代表梅津美治郎参謀総長とマッカーサー連合国軍最高司令官と9カ国の代表が署名し，3年8カ月にわたった太平洋戦争が終結した。（毎日新聞社提供）

たが，1945（昭和20）年8月10日，8月14日の再度にわたって御前会議が開かれ，鈴木貫太郎首相の要請により昭和天皇が裁断を下すという異例のかたちで，ポツダム宣言の受諾が決定された＊＊。日本のポツダム宣言受諾の最終的決定は，1945（昭和20）年8月14日夜，中立国のスイス政府を通じて連合国側に通告され，翌8月15日正午，昭和天皇自身のラジオ放送により，国民に明らかにされた。同年9月2日，東京湾内に停泊中のアメリカ戦艦ミズウリ号上で，日本と連合国との降伏文書調印式が行われ，ここに史上空前の災害を及ぼした第二次世界大戦は終わりを告げたのである。

＊国務と統帥の一体化をはかるため，1944（昭和19）年8月，従来の大本営・政府連絡会議にかわって設置され，首相・外相・陸相・海相及び参謀総長・軍令部総長の6名を構成員とし，1945（昭和20）年5月から戦争終結問題について討議を重ねた。

＊＊日本政府は「国体護持」を最大の条件とし，8月10日の御前会議では，天皇の国家統治の大権を変更する要求を含んでいないという了解のもとに，ポツダム宣言を受諾することを決定し，この旨を連合国側に通告した。これに対して連合国側では，天皇と日本政府の国家統治の権限が連合国軍最高司令官の制限のもとにおかれる（原文はSubject to＝従属するの意）と回答した。

【第二次世界大戦の被害】 全世界における大戦の人的被害は，あまりにぼう大で正確なデータに乏しく，確実な数字は明らかではない。しかし，戦後，連合国軍総司令部のもとで戦史の編纂にあたった服部卓四郎によれば，大雑把にみて，戦死者約2200万人，負傷者3400万人に及んだと推定されている。日本の被害は，軍人・軍属の死亡・行方不明者約186万人，一般国民の死亡・行方不明者約66万人，罹災家屋は

約236万戸，罹災者約875万人に達し，1937～45年の臨時軍事費は1654億1377万円の巨額にのぼり，国富被害は約635億円余りに及んだとされる（服部卓四郎『大東亜戦争全史』，経済安定本部『太平洋戦争による我国の被害総合報告書』による）。日本の死亡者のなかには，敗戦後，中国(満州を含む)で死亡した民間人約17万人という数字が含まれている。また，最近の日本側及びロシア側の調査では，ソ連に降伏した日本の兵士などのうち，約60万人が戦後シベリアやモンゴル人民共和国などに連行されて，強制労働に従事させられ，約6万人が死亡したといわれる。なお，上記の日本の軍人・軍属や一般国民の死亡・行方不明者の総数は，まだ調査が十分には実施されていない時期の数字なので，現在ではこれよりさらに多く，軍人・軍属・一般国民あわせて，死亡・行方不明者総数はおよそ300万人と推定されている。

索引

●あ
鮎川義介　216
愛国公党　59
愛国社彬　231
愛国社　60
相沢三郎　219
会沢安　18
アイヌ　42
青木繁　146
青木周蔵　85
青野季吉　193
赤字国債　232
赤旗事件　127
赤松克麿　217
赤煉瓦　147
秋月の乱　55
芥川龍之介　193
『安愚楽鍋』　142
上知令　10
浅井忠　146
安積疎水　42
朝倉文夫　146, 194
『朝日新聞』　48, 140, 163
アジア・太平洋戦争　246
足尾銅山鉱毒事件　126
芦田均　248
麻生久　217
アトリー　253
アナーキズム　178
阿南惟幾　254
安部磯雄　125, 217
阿部次郎　193
阿部信行　237
阿部信行内閣　237
阿部正弘　12
安倍能成　191
アヘン戦争　5, 9
甘粕正彦　180
雨宮製糸工場ストライキ　124
荒木貞夫　219
有沢広巳　234
有島生馬　192, 194
有島武郎　193
有栖川宮熾仁親王　18, 24
鞍山製鉄所　161
安重根　108
安政の改革　13
安政の五ヵ国条約　14
安政の大獄　17
安藤信正　18

●い
井伊直弼　14, 17
イェリネック　191
硫黄島　252
医学所　24
『生きてゐる兵隊』　234
イギリス公使館焼打ち事件　16
英吉利法律学校　137
生野の変　19
池貝鉄工所　120
池田成彬　231
池田屋事件　19
異国船打払令　9
伊沢修二　145
石井菊次郎　
石井柏亭　194
石井・ランシング協定　158
石川島造船所　124
石川啄木　144
石川達三　234
石橋湛山　201
石原莞爾　203, 210
石原純　192
泉鏡花　143
板垣外遊問題　68
板垣征四郎　
板垣退助　31, 51, 59, 60, 63, 93
市川左団次　
市川団十郎〈9代目〉　144
市川房枝　178, 248
一木喜徳郎　219
違勅調印　14
一国社会主義　217
乙巳保護条約　107
一世一元の制　29
伊藤左千夫　143
伊藤野枝　178, 180
伊藤博文　3, 7, 25, 38, 40, 42, 49, 62, 70, 72, 74, 76, 82, 90, 94, 95, 107
伊藤博文内閣〈第1次〉　
伊藤博文内閣〈第2次〉　82, 86, 89, 93
伊藤博文内閣〈第3次〉　93
伊藤博文内閣〈第4次〉　95
伊東巳代治　74
委任統治　169
犬養毅　64, 152, 165, 210, 214
犬養毅内閣　206, 210, 215
井上円了　133
井上馨　25, 62, 83, 95
井上毅　74, 76, 136
井上準之助　205, 214
井上哲次郎　132, 139
井上日召　214
岩倉使節団　49, 59
岩倉具視　23, 24, 49, 57, 62, 83
岩崎弥太郎　40, 123
岩瀬忠震　
院展　194
印旛沼の掘割工事　10

●う
ウィッテ　105
ウィルソン　167, 170
ヴィルヘルム2世　109, 153
右院　32
植木枝盛　63, 64, 81
上杉慎吉　191
上田梯子　49
ウェード　52
上原勇作　151
植村正久　134
ヴェルサイユ条約　167
ヴェルサイユ体制　168, 222
宇垣一成　173, 214, 225
宇垣軍縮　173
打ちこわし　22
内田銀蔵　
内田信也　161
内村鑑三　102, 104, 133, 134
内村鑑三不敬事件　133, 134
梅謙次郎　74, 139
梅田雲浜　
梅津美治郎　254
梅原龍三郎　146, 194
浦賀　11
浦上教徒弾圧事件　43
売込商　15
得撫島　12

●え
映画　146, 194
営業税　153
永宗城　51
「ええじゃないか」　22
江川太郎左衛門　13
易幟　203
越中女一揆　164
江藤新平　51, 54, 59
江戸城　6
江戸城接収　26
択捉島　12
榎本武揚　25, 27, 50
ABCD包囲陣　242
海老名弾正　134
エロ・グロ・ナンセンス　235
援蔣ルート　239
袁世凱　156
円・銭・厘　38
円タク　188
円盤式蓄音器　195
円ブロック　228, 230
円本　190

●お
奥羽越列藩同盟　26
欧化政策　84
王政復古の大号令　5, 23, 29

●
汪兆銘　228
大井憲太郎　60, 63, 70, 88, 131
大内兵衛　234
大岡育造　94
大川周明　180, 214
大久保利謙　233
大久保利通　21, 24, 30, 37, 40, 42, 49, 51, 52, 55, 57, 59, 60
大隈重信　31, 40, 42, 62, 63, 69, 84, 93, 136, 153
大隈重信内閣〈第1次〉　93
大隈重信内閣〈第2次〉　158
『大阪朝日新聞』　102, 106, 140, 141, 189
大阪会議　60
大阪事件　70
大阪商船会社　115
大阪紡績会社　114
『大阪毎日新聞』　141, 189
大新聞　48, 140
大杉栄　178, 180
太田黒伴雄　55
大津事件　85
大西祝　139
大原重徳　18
大村益次郎　26, 32, 57
大森房吉　138
大山郁夫　175, 192
大山巌　96
大山大尉殺害事件　226
岡倉天心　146
御蔭参り　22
岡田啓介　
岡田啓介内閣　214
岡田三郎助　146, 194
沖縄県　52
沖縄戦　253
沖縄本島　252
荻原守衛　146
尾崎紅葉　143
尾崎行雄　64, 93, 94, 152, 165, 248
尾佐竹猛　191, 233
小山内薫　145, 194
忍藩　
小野梓　64
尾上菊五郎　144
小野組　39
お雇い外国人　46
オランダ国王の勧告　10
織物消費税　153
オールコック　20, 25
音楽取調掛　145

●か
階級闘争　176
海軍軍縮　173

海軍軍令部　203, 204
海軍伝習所　13
戒厳令　106, 179
外光派　146
外国航路　115
外国人教師　138
開国和親　28
会社利益配当および資金融通令　230
改正教育令　135
開成所　24, 45
改税約書　20
『改造』　163, 190
開拓使　42
開拓使官有物払下げ事件　62
改定律例　73
解放令　33
外米　163
カイロ宣言　251
臥雲辰致　114
価格統制令　231
賀川豊彦　176
革新運動　217
革新官僚　214, 216
革新倶楽部　182
学制　44, 134
学童疎開　251
学徒出陣　249
学徒動員　248
『学問のすゝめ』　47
景山(福田)英子　70
臥薪嘗胆　91
ガス灯　147
和宮　18
華族　33
華族令　71
ガソリン切符制　231
片岡健吉　60, 61, 63, 94
片岡直温　196
片山潜　105, 125, 127, 178
片山哲　248
片山東熊　147
学校教育制度　135
学校令　135
活動写真　195
活版印刷　141
勝義邦(海舟)　6, 14, 26
桂小五郎　21
桂・タフト協定　107
桂太郎　95, 111, 151
桂太郎内閣〈第1次〉　95
桂太郎内閣〈第2次〉　127
桂太郎内閣〈第3次〉　151
活歴劇　144, 145
加藤高明　152, 156, 173, 182
加藤高明内閣　173, 175, 182

加藤友三郎　166, 171, 173
加藤友三郎内閣　166, 173, 181
加藤寛治　203
加藤弘之　47, 58, 59, 132
仮名垣魯文　142
神奈川宿　12
神奈川条約　12
金森徳次郎　219
『仮名読新聞』　140
蟹工船』　193
鐘淵紡績会社　114
金子堅太郎　74, 103
狩野芳崖　144
加波山事件　68
樺山資紀　82, 91
歌舞伎　144, 234
歌舞伎座　144
株式会社設立　113
株仲間の解体　36
鏑木清方　194
貨幣法　116
華北分離工作　225
亀戸事件　180
『我楽多文庫』　143
樺太・千島交換条約　50
ガラ紡　114
カルヴァン　134
カルテル　197
家禄　30, 34
河合栄治郎　234
河合栄治郎事件　234
川合玉堂　194
川上音二郎　145
河上清　125
河上肇　191, 192
川越藩　5
川崎造船所ストライキ　176
川路聖謨　12
河竹黙阿弥　144
川手文治郎　22
川端玉章　194
川端康成　234
川俣事件　126
官営工場　41
官営事業　41
官営事業の払下げ　113
官営模範工場　41
韓国統監府　107
韓国併合　108
韓国保護協約　107
関西美術院　146
関西法律学校　137
漢城条約　87
官制改革　32
関税自主権　14, 83
関税自主権の完全回復　86
間接消費税　118
艦隊派　203

神田孝平　48
関東軍　201-203, 209
関東軍司令部　202
関東軍防疫給水部　247
関東州　108
関東大震災　179, 186, 196
関東庁　202
関東都督府　108, 202
関特演(関東軍特種演習)　242
管野スガ　127
官幣社　43
管理通貨制度　215
官立女学校　45
官僚　96
咸臨丸　14

●き
生糸　15
議院内閣制　3
紀尾井坂の変　56
器械製糸　114, 116
議会政策派　127
機械制生産　114
企画院　217, 229
企画庁　229
企業勃興　113, 120
菊池寛　193
菊池大麓　138
紀元節　43
岸田(中島)俊子　70
岸田劉生　194
議定　24
議政官　29
既成財閥　216
寄生地主　119
貴族院　77
北一輝　180, 219
喜田貞吉　133
北里研究所　192
北里柴三郎　138
北村透谷　143
冀東防共自治政府　225
木戸幸一　244
木戸孝允　21, 24, 28, 30, 31, 49, 51, 56, 59, 60
木下尚江　125
義兵運動　107
奇兵隊　21
義務教育制度　135
義務教育の普及　189
木村栄　138
九カ国条約　172
旧財閥　216
九州帝大　135
九州鉄道　123
卿〈各省長官〉　32
教育勅語　55
教育令　45, 134
教科書検定制度　135

行政官　29
協調外交　175
協定関税制　14
共同運輸会社　115
教導職　43
京都守護職　18, 27
京都所司代　18
京都帝大　135
教派神道　22, 133
教部省　43
清浦奎吾　181
清浦奎吾内閣　182
共和演説　93
挙国一致内閣　214
キヨソネ　146
居留地　14, 15
キリスト教　43
キリスト教婦人矯風会　129
義和団　99
義和団事件　100
緊急勅令　197, 199
緊急勅令発布権　75
金玉均　87
金銀複本位制　38
『キング』　190
金権政治　185
近代化政策　93
欽定憲法　75
金の輸出解禁(金解禁)　205
金本位制　38, 115
禁門の変　19
金融恐慌　196
金融資本　198
金輸出禁止　205
金輸出の再禁止　215
金禄公債証書　34, 115
金禄公債条例　34

●く
陸羯南　132
久坂玄瑞　16
櫛田民蔵　192
宮内省　72
グナイスト　70, 76
国木田独歩　143
久米邦武　133, 139
久米正雄　193
クラーク　42
グリフィス　31
来栖三郎　242
黒板勝美　191
黒住教　22
黒住宗忠　22
黒田清隆　50, 51, 63, 95
黒田清隆内閣　85
黒田清輝　146
郡会・市会　73
郡区町村編制法　60
軍事教練　173
軍人勅諭　55
軍部大臣現役武官制　94, 153

軍部大臣現役武官制復活 220
群馬事件 68
「君民共治」 58
軍令部 75

● け
桂園時代 95, 111
慶應義塾 45, 136
刑事訴訟法 74
警視庁 33
芸術座 194
京城 108
敬神党(神風連)の乱 55
刑法 73
刑法官 29
激化事件 69
戯作文学 142
欠食児童 207
血税一揆 33
血盟団 214
血盟団事件 214
牙彫 146
県 30
権益の回収 208
建艦競争 173
研究会 165
健康保険法 188
原始的蓄積 67
原子爆弾 254
憲政会 182, 196
憲政史研究 233
憲政党 93, 94
「憲政の常道」 184
憲政本党 94
憲政擁護 152
憲政擁護運動 152
県知事 31
言文一致体 142
硯友社 143
玄洋社 85
県令 31
元老 80, 95, 111
元老院 60

● こ
小磯国昭 251
五・一五事件 211, 214
黄海海戦 90
航海奨励法 117
郊外電車 187
公害問題 125
工学寮 42
江華島事件 51
江華条約 51
黄禍論 109
広義国防国家 220
公議所 58
公議政体論 23
公議輿論 29, 58
航空研究所 192
航空部隊 173
皇国史学 233

皇国史観 233
甲午農民戦争 89
講座派 53, 192, 233
皇室財産 72
皇室典範 76
交詢社 64
工場払下げ概則 66
工場法 128
甲申事変 69, 87
公定価格制 231
高等学校令 135, 189
高等女学校 137, 189
高等女学校令 135, 137
皇道派 219
幸徳秋水 102, 104, 125, 127
高度国防国家 219
高度成長 4, 121
抗日民族統一戦線 225
豪農民権 61
河野敏鎌 64, 69
河野広中 61, 63, 152
公武合体政策 18
降伏文書調印式 255
講武所 13
工部省 42
工部美術学校 146
神戸 14
「皇民化」政策 233
神鞭知常 102
孝明天皇 13, 17, 22
河本大作 202
康有為 99
五箇条の誓文 28
国際協調時代 175
国際連盟 169, 170
国際連盟脱退 212, 213
「国策の基準」 221
国産力織機 117, 122
国粋保存主義 132
『国体の本義』 232
国体明徴声明 218
国恥記念日 158
国定教科書 136
国幣社 43
「国民皆兵」 33
国民学校 233
『国民新聞』 102, 131
国民精神総動員運動 233, 235
国民政府 200, 208
国民徴用令 230
国民党〈中国〉 156, 225
『国民之友』 131, 141
国務大臣 71
国立銀行 39
国立銀行条例 38
護憲運動〈第一次〉 152
護憲運動〈第二次〉 182

護憲三派 182
護憲三派内閣 181
小御所会議 24
小作争議 176, 207
小作争議調停法 177
小作人組合 176
小作料 119
五・四運動 169
児島惟謙 86
戸主権 74
小新聞 48, 140
御親兵 31
御前会議 103
五大銀行 198
五代友厚 25, 63
国会開設の勅諭 62
国会期成同盟 61
国家改造案原理大綱 180
国家改造運動 207, 213
『国家学会雑誌』 141
国家主義 132, 180, 217
国家主義革新運動(勢力) 180, 214
国家総動員体制 229
国家総動員法 229
国共合作〈第1次〉 199
国共合作〈第2次〉 226
国権回復 208
国権論 131
後藤象二郎 23, 24, 51, 59, 63, 70, 81
後藤新平 92, 152, 187
近衛篤麿 102
近衛三原則 228
近衛文麿 225, 240
近衛文麿内閣〈第1次〉 225
近衛文麿内閣〈第2次〉 238, 242
近衛文麿内閣〈第3次〉 242, 244
近衛兵 33, 56
小林古径 194
小林多喜二 193
五品江戸廻送令 16
五榜の掲示 29, 43
駒場農学校 42
コミンテルン 178, 224
小村寿太郎 86, 105
米騒動 163
米の供出制 231
米の配給制 231
小山正太郎 146
五稜郭 26
コレラ 149
金光教 22, 133
コンツェルン 123, 198
近藤勇 19

コンドル 84, 147

● さ
西園寺公望 94, 95, 111, 167
西園寺公望内閣〈第1次〉 111
西園寺公望内閣〈第2次〉 151
在華紡 162
最恵国待遇 12
在郷商人 11
最高戦争指導会議 254
西郷隆盛 6, 21, 24, 26, 31, 51, 55, 56
西郷従道 52, 95
『西国立志編』 47
斎藤隆夫 240
斎藤反軍演説事件 240
斎藤実 153, 170, 211, 214, 219
斎藤実内閣 211, 214
済南事件 201
財閥 123, 198
サイパン島 250
済物浦条約 87
左院 32
堺利彦 104, 125, 127, 178
坂下門外の変 18
佐賀の乱 55
坂本龍馬 21
相楽総三 28
桜会 213
桜田門外の変 18
座操製糸 114, 116
鎮台 5
薩英戦争 17
薩長連合 22
札幌農学校 42
サトウ(アーネスト) 21, 26
佐野学 217
サライェヴォ事件 154
沢田正二郎 194
沢宣嘉 19
沢柳政太郎 189
三・一五事件 199
三・一事件 170
三・一独立運動 170
三院制 32
三月事件 213
産業革命 9, 116
産業組合運動 112
産業組合中央会 112
産業組合法 112
産業報国会 232, 241, 248
産業報国連盟 232
散切りの頭髪 45
散切物 144, 145
参勤交代 5

索引 259

三国干渉 91,97	支払猶予令 197	ジュネーヴ軍縮会議 175,201	壬午軍乱 87
三国協商 154	師範学校令 135		震災手形 196
三国同盟(伊独墺) 154	渋沢栄一 38	春陽会 194	震災手形割引損失補償令 196
三条実美 19,72	紙幣整理 65	攘夷運動 16	『新思潮』 193
三職 24	シベリア出兵 159	情意投合 111	新思潮派 193
三大事件建白運動 70,84	シベリア鉄道 97	正院 32	神社神道 43
三治制 29	資本主義 120	唱歌 145	人種差別禁止の取り決め 169
山東懸案解決条約 173	資本主義恐慌 115	蔣介石 199,225,251,253	人種差別徹廃問題 169
山東出兵 201	資本主義的世界市場 9	小学校 44	
山東省の旧ドイツ権益 168,169	島崎藤村 143,234	小学校令 135	真珠湾攻撃 245
散髪脱刀令 45	島地黙雷 133	小学校令改正 135	薪水給与令 9
参謀本部 75,204	島田三郎 64,152,165	彰義隊 26	新生新派 234
讒謗律 55	島津重豪 16	小区 60	新撰組 19
産米増殖計画 170	島津忠義 16	将軍継嗣問題 17	『新体詩抄』 143
三民主義 156	島津斉彬 12,17	将軍後見職 18	新体制運動 240
参与 24	島津久光 16,18	招魂社 43	新築地劇団 234
山陽鉄道 123	島村抱月 145,194	情実任用 96	神道 133
	四民平等 33	『小説神髄』 142	新派劇 234
●し	ジーメンス事件 153	小選挙区制 165	神風連の乱 55
ジェーンズ 133	下瀬雅允 138	尚泰 52	新婦人協会 178
市街電車 117,148	下関条約(日清講和条約) 90	松竹キネマ 195	神仏分離令 43
志賀潔 138	下村観山 146,194	上知令 9	新聞 48
『史学会雑誌』 133,139,141	社会運動 175	常任理事国 171	新聞紙条例 55,61,67
資格任用 96	社会主義運動 178	昌平坂学問所 45	進歩党 93
四カ国条約 171	社会主義研究会 125	商法 74	新見正興 14
志賀重昴 132	社会進化論 125	条約改正問題 83	臣民 77
志賀直哉 192,234	社会大衆党 217	松隈内閣 93	人民戦線事件 234
『しがらみ草紙』 141	社会民衆党 199	昭和恐慌 206	『臣民の道』 232
辞官納地 24	社会民主党 125	昭和天皇 182,255	人力車 45
私擬憲法 64	社会問題 188	『女学雑誌』 141	新理知主義派 193
「私擬憲法案」 64	借地借家法 188	女学校 137	新律綱領 73
自警団 179	写実小説 142	初期議会 81	
史劇 144	奢侈品等製造販売制限規則 226	職業紹介法 188	●す
重野安繹 139	上海事変 211	職業の自由公認 36	水力発電 138,161
四国艦隊下関砲撃事件 20	上海事変〈第2次〉 226	職業婦人 188	枢軸陣営 224
『時事新報』 140	周恩来 226	殖産興業 38	枢密院 74
私小説 144	集会条例 61,67	女工 41,124	末広鉄腸(重恭) 142
地震研究所 192	自由学園 189	『女工哀史』 188	杉浦重剛 132
市制・町村制 72	十月革命 157	女子英学塾 50,137	杉山元治郎 176
自然主義 143	十月事件 210,214	女子師範学校 45,137	鈴木梅太郎 138
士族 33	衆議院 3,77	女子挺身隊 249	鈴木貫太郎 255
士族授産 35	衆議院議員選挙法 77	女子留学生 49	鈴木貫太郎内閣 253
「士族の商法」 35	衆議院議員総選挙〈第1回〉 2,81	職工義友会 124	鈴木商店 164,197
士族反乱 55	自由教育運動 189	『職工事情』 124	鈴木文治 176
士族民権 61	自由劇場 145	『白樺』 192	鈴木茂三郎 218
事大党 87	重工業 161	白樺派 192	スターリン 224,253
七卿落ち 19	十五銀行 197	白鳥庫吉 139,191	角藤定憲 145
七・七禁令 231	十五年戦争 209	私立学校令 135	ストライキ 125,127
実業学校令 135	修身教育 135	史料編纂掛 139	スペンサー 70,76
実証主義歴史学 139	修正民法 74	新移民法 174	住友 123,197
七宝 147	自由党 63	辛亥革命 151,156	
私鉄ブーム 115	自由党解党 69	新貨条例 38	●せ
幣原外交 175	『自由之理』 47	シンガポール華僑虐殺事件 247	西安事件 225
幣原喜重郎 171,174,175,203,209,213	自由民権運動 59	新感覚派 193	正院 32
自動車 138	重要産業統制法 215	新官僚 216	生活教育 189
自動織機	粛軍 220	神祇官 32,43	生活綴方教育 189
品川弥二郎 82	主戦論 102	新京(長春) 212	征韓論 51
支那事変 227	シュタイン 70,76	新協劇団 234	政教社 132
	種痘所 24	新劇 145,194,234	製糸業 15,114
		新現実派 193	政治小説 142
		人権宣言 2	政事総裁職 18
		新興財閥 216	政社 60,81
		新国劇 194	政商 113,123

成城小学校　189
製造制限　231
政体書　29
青天白日旗　203
『青鞜』　141,177
青鞜社　177
政党政治　184,185
政党内閣　3,64,165,182
制度取調局　71
西南戦争　7,55
青年会　112
青年将校　219
「生命線」　208
政友本党　182
政論新聞　140
世界恐慌　205
世界最終戦論　210
「世界新秩序」　224
赤報隊　28
赤瀾会　178
積極政策　165
摂津紡績会社　114
『戦旗』　193
宣教使　43
選挙干渉　82
戦後恐慌　196
全国水平社　180
全国大衆党　199
全国中等学校優勝野球大会　190
戦後経営　115
戦時経済体制　230
戦車部隊　173
前進座　234
全体主義　224
全日本無産者芸術連盟（ナップ）　193
『善の研究』　191
旋盤の完全製作　120
専門学校令　135

● そ
ソヴィエト　157
ソヴィエト政府　159
総合雑誌　190
総裁　24
創氏改名　233
壮士芝居　145
造船奨励法　117
造幣寮　38
副島種臣　51,52
ソーシャル＝ダンピング　215
孫文　107,156
尊王攘夷派　18
尊王攘夷論　18

● た
第一議会　81
第一国立銀行　39
第一次世界大戦　153,167
大院君　87
対外硬同志会　102

対外硬派　82
大学南校　45
大学令　135,189
大韓帝国　98
大逆事件　127
大教宣布の詔　43
大区　60
大衆化　186
大衆文化　189
大衆文学　193
大正政変　152
大正デモクラシー　162
大正天皇　151
大審院　60,85
大豆粕　119
大政奉還　23
大西洋憲章　243
大政翼賛会　241
大選挙区制　165
大東景気　160
大東亜会議　246
大東亜共栄圏　238,246
大東亜戦争　246
大同団結運動　70
対独講和会議　167
第二議会　82
第二次世界大戦　1,237
対日経済封鎖　242
対日石油禁輸　242
大日本言論報国会　248
『大日本古文書』　139
大日本産業報国会　232
『大日本史料』　139
大日本帝国憲法　74
大日本婦人会　241,248
大日本労働総同盟友愛会　176
台場　13
大輔　32
太平洋画会　146
太平洋戦争　245
『大菩薩峠』　193
大本営・政府連絡会議　244
大冶鉱山　141
『太陽』　132,141
『太陽のない街』　193
太陽暦　46
対露同志会　102
台湾　91
台湾銀行　197
台湾出兵　52
台湾総督府官制　91
台湾総督府条例　91
高木貞治　192
高島炭鉱　167
高島炭鉱事件　124
高杉晋作　16,21

高田事件　68
高野房太郎　125
高橋是清　103,166,206,215,219
高橋是清内閣　181
高橋由一　146
高畠素之　191
高浜虚子　143
高峰譲吉　138
高村光雲　146
高山樗牛　132,143
財部彪　203
兌換券　65
兌換制度停止　215
滝川事件　218
滝川幸辰　218
滝廉太郎　145
タクシー　188
田口卯吉　48,139
竹内久一　146
竹内栖鳳　194
竹越与三郎　132
竹内綱　81
竹橋事件　56
竹久夢二　194
太政官　32
太政官札　36,38
『太政官日誌』　140
脱亜論　88
辰野金吾　147
伊達宗城　12,52
田中義一　184,202
田中義一内閣　175,197,199,201
田中正造　126
谷崎潤一郎　192,234
谷干城　84
『種蒔く人』　193
ターミナル駅　187
田山花袋　143
団菊左時代　144
段祺瑞　159
塘沽停戦協定　209,212,225
団琢磨　214
耽美派　192

● ち
治安維持法　183
治安警察法　94,125
治安警察法第5条　178
地価　36
蓄音器　146
地券　36
治罪法　73
地税の整理　108
地租改正　2,36
地租改正条例　36
地租増徴案　93
秩父事件　68
秩禄　34
秩禄処分　34
秩禄奉還の法　34
知藩事　30

地方改良運動　112
地方官会議　60
地方三新法　60
地方税規則　60
チャーチル　243,251,253
『中央公論』　141,163,190
『中外新聞』　140
中学校　189
中学校令　135
中華民国　156
中国同盟会　107
張学良　203,208
張鼓峰事件　236
張作霖　201,202
張作霖爆殺事件　202
長州征討〈第1次〉　20
長州征討〈第2次〉　21
長州藩　19
長州藩外国船砲撃事件　19
長征　225
朝鮮　98
超然主義　80
朝鮮人虐殺事件　179
朝鮮総督　108
町内会　236,241
徴兵告諭　33
徴兵制　33
徴兵の詔　33
徴兵令　33
『朝野新聞』　48,140
直接行動派　127
勅任議員　77
賃金統制令　230
鎮台　33

● つ
通行税　153
通商章程　52
築地小劇場　194
津久井竜雄　248
九十九商会　41
辻善之助　191
対馬占拠事件　16
津田梅子　50,137
津田三蔵　85
津田左右吉　191,234
津田真道　25,47,60
坪井九馬三　139
坪内逍遙　142,144

● て
定期航空路　188
帝国議会　77
帝国劇場　194
帝国国防方針　112,151
帝国在郷軍人会　112
帝国主義　8,97,100
帝国大学　135
帝国大学令　135
帝国農会　112
帝政　212

索引　261

鉄工組合　125
鉄道　148
鉄道国有法　122
鉄道敷設(法)　40, 115
手紡　114
寺内正毅　159
寺子屋　5, 44
寺島宗則　25, 83
寺田屋事件　18
天狗党の乱　19
転向(者)　217, 232
電信　39
天津条約　88
伝染病　149
天誅組の変　19
天長節　43
電灯　121, 147
天皇　75
天皇機関説　191, 218
天皇機関説問題　218
天皇主権説　218
天皇制ファシズム
　　223
天皇大権　75, 78
天皇中心の革新論
　　219
田畑永代売買の禁止解
　禁　36
田畑勝手作の許可　36
天賦人権論　131
天理教　22, 133
電力(国家)管理法
　　229
電話　39

●と

東亜新秩序　228, 230
東海散士　142
東海道線　115
東海道本線　40
東京　29
『東京朝日新聞』　103,
　106, 141, 189
東京医学校　45, 135
東京音楽学校　50, 145
東京開成学校　135
東京市電値上げ反対運
　動　127
東京遷都　29
東京専門学校　136
東京大学　24, 45, 135
東京大空襲　252
『東京日日新聞』　48,
　102, 140, 189
東京美術学校　146
東京復興計画　187
東京法学社　137
東京砲兵工廠　124
東郷茂徳　244, 245,
　254
東郷平八郎　104
東三省　210
同志社英学校　45, 136
東条英機　238, 244
東条英機内閣　244

統帥権　75
統帥権干犯　203
統帥権干犯問題　204
統帥権の独立　204
統制派　219
統制令　219
東禅寺　16
東禅寺事件　16
東亜新人会　175
討幕の密勅　23
東宝　195
東方会議　201
東北帝大　135
頭山満　102
童話　195
東洋汽船会社　118
『東洋経済新報』　201
『東洋自由新聞』　131
東洋拓殖会社　108
トーキー　235
徳川家定　17
徳川家茂　17
徳川斉昭　13
徳川慶福　17
徳川慶喜　17, 18, 23,
　24, 26
特殊銀行　115
独占資本　100
独占資本主義　100
独ソ戦　242
独ソ不可侵条約　237,
　242
徳田秋声　144, 234
徳富蘇峰　131, 248
徳永直　193
特別高等課(特高)
　　128
独立党　87
都市化　186
都市道　188
土地調査事業　92, 108
土地の私有制度　36
『鄭岬』　47, 58
隣組　136
鳥羽・伏見の戦い　26
飛び杼　113
富井政章　139
富岡製糸場　41
戸水寛人　102
外山正一　143
豊田佐吉　117, 138
豊田副武　254
トラスト　197
虎の門事件　181
取付け騒ぎ　196
ドル買い　207
ドル外交　111
トルーマン　253
屯田兵制度　42

内閣情報局　233
内閣制度　71
内閣総理大臣　71
内閣調査局　217, 229
内閣法制局　71

内国勧業博覧会〈第1
　回〉　42, 114
内政不干渉政策　174,
　200
内大臣　72
内地雑居　83
内藤湖南(虎次郎)
　　139, 191
内務省　33, 42
内務省社会局　188
内務省都市計画局
　　188
永井荷風　192, 234
永井繁子　50
永井尚志　12
中江兆民　48, 131
中岡慎太郎　21
長岡半太郎　138
長崎造船所　41
中里介山　193
永田鉄山　219
長塚節　144
中野重治　194
中野正剛　248
那珂通世　139
中村大尉事件　209
中村正直　25, 47
中山忠光　19
中山みき　22
ナチス　222
夏目漱石　144
七三一部隊　247
鍋山貞親　217
生麦事件　16
生麦村　16
成金　163
成瀬仁蔵　137
南紀派　17
南京事件　200, 228
南京政府　228
軟弱外交　200, 209
難波大助　182
南部仏印進駐　242
「南方の便衣隊」　202
南北朝正閏問題　133

●に

新島襄　45, 134, 136
二科会　194
二月革命(ロシア)
　　157
尼港事件　160
ニコライ　133
ニコライエフスク
　　160
西周　25, 47
西川光二郎　125, 127
西田幾多郎　191
西田哲学　233
西田税　220
仁科芳雄　192
西原亀三　159
西原借款　159
西村茂樹　48
二十一カ条の要求

二重構造　121
西・ローゼン協定　98
偽官軍　28
2大政党　185
日英通商航海条約　86
日英同盟協約　101
日英同盟協約の改訂
　　109
日英同盟論　101
日独伊三国同盟　238
日独伊三国防共協定
　　224
日独防共協定　224
日米交渉　242, 244
日米修好通商条約　14
日米通商航海条約廃棄
　　230
日米和親条約　12
日満議定書　211
日曜　46
日露協商論　100
日露協約　109
日露講和会議　105
日露戦争　8, 103
日露和親条約　12
日華事変　227
日活　195
日貨排斥(運動)　169,
　208
日韓協約〈第1次〉
　　107
日韓協約〈第2次〉
　　107
日韓協約〈第3次〉
　　107
日刊新聞　48
日産コンツェルン
　　216
日清修好条規　52
『日新真事誌』　48
日清戦争　89
日曹コンツェルン
　　216
日ソ基本条約　175
日ソ中立条約　242,
　254
日ソの国交樹立　175,
　182
日窒コンツェルン
　　216
日中関税協定　204
日中軍事停戦協定
　　225
日中戦争　227
日朝修好条規　51
新渡戸稲造　171
二・二六事件　219
『日本』(雑誌)　132
『日本開化小史』　48,
　139
日本海海戦　104
日本改造法案大綱
　　180
日本勧業銀行　115

262

日本共産党 176, 178, 192, 198	農業報国連盟 248	ハリマン 109	不換紙幣 36, 38
日本銀行 65	農工銀行 115	ハル＝ノート 244	溥儀 210
日本経済連盟会 162	農山漁村経済更生運動 216	パン＝ゲルマン主義 154	福岡孝弟 24, 28
「日本憲法見込案」 64	農事試験所 119	万国郵便連合 40	福沢諭吉 45, 47, 64, 88, 136
日本興業銀行 115	農村恐慌 206	反射炉 13	福島事件 68
日本工業倶楽部 162	農民一揆 30, 54	蕃書調所 13, 24	福田徳三 175, 191
日本国憲按 61	農民運動 176	蛮社和解御用 24	福地源一郎（桜痴） 63, 144
「日本国国憲按」 64	農民労働党 199	パン＝スラブ主義 154	府県会 60
日本国家社会党 217	野口遵 216	版籍奉還 30	府県会規則 60
日本産業会社 216	野口英世 138, 192	反戦論 104	府県制・郡制 72
『日本資本主義発達史講座』 192, 233	野村吉三郎 242	藩閥政府 32	富国強兵案 38
日本資本主義論争 192	野村重臣 248	藩閥内閣 72	藤岡作太郎 139
日本社会主義同盟 178	ノモンハン事件 236	蛮勇演説 82	藤島武二 146, 194
日本社会党 127	乗合自動車 187		藤田小四郎 19
日本主義 132	ノルマントン号事件 85	●ひ	藤田東湖 18
日本女子大学校 137	野呂栄太郎 192	引取商 15	婦女子の身売り 207
『日本人』(雑誌) 124, 132, 141		飛脚制度 39	婦人参政権運動 178
日本人移民排斥運動 110	●は	樋口一葉 143	婦人参政権獲得期成同盟会 178
日本人学童隔離問題 111	肺結核 150	土方与志 194	普選運動 181
日本製鋼所 120	廃娼運動 128, 134	菱田春草 146	不戦条約 175, 201
日本製鉄会社 216	廃税運動 153	非戦論 102, 104	二葉亭四迷 142
日本曹達会社 216	配属将校 173	ビドル 11	プチャーチン 11
日本窒素肥料会社 216	廃刀令 35	一橋派 17	普通選挙法案 182
日本鉄道会社 115, 123	排日移民法 110	ヒトラー 222	復興院総裁 187
日本鉄道矯正会 125	排日運動 211	火野葦平 234	船成金 161
日本農民組合 176	廃藩置県 31	日比谷焼打ち事件 106	不平等条約 14
『日本之下層社会』 125	廃仏毀釈 43, 133	避病院 150	不平等条約の改正 49
日本美術院 146, 194	芳賀矢一 139	百貨店 187	不平士族 54
日本ファシズム論 223	萩の乱 55	ヒュースケン 16	フューザン会 194
日本プロレタリア芸術連盟 193	パークス 21, 26	兵庫 14	冬の時代 128
日本プロレタリア文化連盟（コップ） 193	ハーグの万国平和会議 109	兵部省 33	部落解放運動 180
日本プロレタリア文芸連盟 193	白馬会 146	平泉澄 233	部落解放全国委員会 180
日本放送協会 190	幕藩体制 5, 31	『平仮名絵入新聞』 140	部落解放同盟 180
日本無産党 218	ハーグ密使事件 109	平櫛田中 194	古河 123
日本郵船会社 41, 115, 117, 161	橋本雅邦 146	平塚明（雷鳥） 141, 177	古河市兵衛 126
日本労働組合評議会 176, 198	橋本欣五郎 214	平沼騏一郎 237	フルベッキ 133
日本労働総同盟 176, 198	橋本左内 17	平沼騏一郎内閣 237	ブレスト＝リトフスク条約 157
日本労農党 199	馬車 45	平野国臣 19	プロイセン（プロシア）憲法 3, 71
ニューディール政策 215	秦佐八郎 138	平野義太郎 192	ブロック経済圏 215
『二六新報』 102, 141	八・一宣言 225	平林初之輔 193	プロテスタンティズム 134
	八月十八日の政変 19	平福百穂 194	プロレタリア教育運動 189
●ぬ・ね	八・八艦隊 112, 151	広沢真臣 24, 57	プロレタリア文学運動 193
沼間守一 64	服部之総 192	広田弘毅 220	『文学界』 141, 143
ネール 106	服部卓四郎 255	広田弘毅内閣 220, 225	文学報国会 248
	ハーディング 171	広津柳浪 143	文化住宅 186
●の	鳩山一郎 248	裕仁親王 182	「文化政治」（朝鮮） 170
農業協同組合 119	羽仁五郎 192	閔妃 87	文官任用令 94, 96
	羽仁もと子 189	閔妃殺害事件 98	文官任用令改正 153
	浜口雄幸 204	『貧乏物語』 192	文官分限令 96
	浜口雄幸内閣 203, 205	貧民窟 128	文久の改革 18
	蛤御門の変 19		文芸協会 145
	林銑十郎 219, 225	●ふ	『文藝春秋』 190, 193
	林銑十郎内閣 225	ファシスト党 222	『文芸戦線』 193
	林有造 60, 81	ファシズム 223	文庫本 190
	葉山嘉樹 194	フィルモア 11	文展 194
	原敬 95, 111, 153, 165	フェノロサ 146	
	原敬内閣 165	フォンタネージ 146	
	ハリス 13	不拡大方針 209	
	パリ万国博覧会 25		
	パリ平和会議 167, 169		

文明開化　42
『文明論之概略』　47

● へ
ヘイ(ジョン)　99
米穀法　177
平頂山事件　212
平民　33
平民宰相　165
平民社　125
『平民新聞』　103, 104, 125, 141
平民的欧化主義　132
平和原則十四カ条　167
北京議定書　100
ヘボン(ヘップバーン)　25, 133
ペリー　5, 11
ベルツ　7, 79, 102
ベルリン・ローマ枢軸　222
編制大権　204

● ほ
ボアソナード　73, 84
保安条例　70
法科大学　96
俸給生活者(サラリーマン)　188
防穀令　89
紡績業　113, 116
奉天の会戦　104
俸禄　34
朴泳孝　87
北支事変　227
北守南進　242
北清事変　100
北伐　199
北部仏印進駐　239
星亨　70, 93, 94
戊戌の政変　99
戊申詔書　112
戊辰戦争　6, 7, 26
細井和喜蔵　124
堀田正睦　13
ポツダム会談　253
ポツダム宣言　253
ポツダム宣言受諾　255
ポーツマス条約　105
穂積陳重　74, 139
ボリシェヴィズム　178
本庄繁　210
本多光太郎　192
本土空襲　251

● ま
前島密　39
前田青邨　194
前原一誠　55
真木和泉　19
牧野富太郎　138
牧野伸顕　167, 169

正岡子規　143
真崎甚三郎　219
松井須磨子　194
松岡洋右　212, 238, 242
松方財政　65
松方正義　65, 95
松方正義内閣〈第1次〉　82
松方正義内閣〈第2次〉　93
松平容保　18, 27
松平慶永　12, 17, 18, 24
松田正久　94
マルクス主義　178
マルクス主義理論　179
『団々珍聞』　141
万延小判　16
満韓交換　101
満州移民　212
満州国　203, 210-212
満州事変　203, 209, 212
満州重工業開発会社　216
満州の鉄道中立化　110
満州某重大事件　202
満鉄　108
満鉄並行線　208
万宝山事件　209
満蒙開拓青少年義勇軍　212
満蒙開拓団　212
満蒙の危機　209

● み
三池鉱山　41
三浦梧楼　98
三浦(柴田)環　195
三上参次　139
三田育種場　42
三井　123, 197, 207, 216, 230
三井組　39
三井合名会社　123
満谷国四郎　146
ミッドウェー海戦　249
三菱　123, 197, 216
三菱汽船会社　115
三菱銀行　123
三菱合資会社　123
三菱造船所のストライキ　176
三菱長崎造船所　117
南満州鉄道株式会社(満鉄)　108
美濃部達吉　191, 218
宮城道雄　195
三宅雪嶺　132
宮崎車之助　55
宮下太吉　127

宮本(中条)百合子　194
ミュンヘン会議　236
『明星』　143
明星派　143
民営鉄道　117
民会　60
『民間雑誌』　141
民事訴訟法　74
民主主義　162, 181
民撰議院設立の建白書　54, 59
民撰議院論争　59
民族自決の原則　168
民党　81
民部省札　38
民法　73
民法典論争　74
民本主義　163, 184
『民約訳解』　48, 131
民友社　131

● む
『麦と兵隊』　234
無産政党　178, 199, 217
武者小路実篤　192
ムッソリーニ　222
陸奥宗光　82, 86, 90

● め
明治　29
明治維新　1, 2, 6, 7, 29, 53
明治維新論　53
明治憲法　2, 3, 75
明治憲法体制　1, 78
明治十四年の政変　62
明治天皇　29
明治美術会　146
明治法律学校　137
明治民法　74
明治立憲制　78
明治六年の政変　51
名望家　73
『明六雑誌』　48, 141
明六社　48, 141
メーデー　176
綿織物業　113
綿花輸入税　116
綿糸配給切符制　231
綿糸輸出税　116

● も
毛沢東　225
モガ(モダンガール)　188
木彫　146
『もしほ草』　140
モース　137
モッセ　70, 74, 76
本木昌造　48
元田永孚　136
モラトリアム　197
森有礼　25, 48, 135

森鷗外　144
森コンツェルン　216
森蠡祀　216
文部省　44
文部省美術展覧会(文展)　194

● や
八木秀次　
野球　190
矢島楫子　129
安井曽太郎　146, 194
靖国神社　43
安田　123, 197
安田靫彦　194
矢田部良吉　143
矢内原事件　234
矢内原忠雄　234
谷中村　126
柳田国男　191
柳宗悦　146
脂派　146
矢野文雄(龍溪)　64, 142
八幡製鉄所　117, 120
八幡製鉄所のストライキ　176
山内豊信　17, 23, 24
山県有朋　33, 72, 94, 95, 111
山県有朋内閣〈第1次〉　81
山県有朋内閣〈第2次〉　94
山県・ロバノフ協定　98
山川菊栄　178
山川捨松　50
山川均　178
山路愛山　132
山下新太郎　194
山田耕筰　195
山田盛太郎　192
山梨軍縮　173
山梨半造　173
山室軍平　129
山本五十六　245
山本権兵衛　153, 166
山本権兵衛内閣〈第1次〉　153, 166
山本権兵衛内閣〈第2次〉　
山本宣治　199
ヤルタ会談　253
ヤルタ協定　253

● ゆ
友愛会　176
猶存社　180
雄藩連合　23
郵便汽船三菱会社　41
郵便制度　39
『郵便報知新聞』　48, 140
輸出入品等臨時措置法

由利公正　28

● よ

洋学所　24
養蚕業　114
洋書調所　24
洋服　45
翼賛政治会　247
翼賛選挙　247
横井小楠　57
横浜　14
『横浜毎日新聞』　48, 140
横光利一　234
横山源之助　124
横山大観　146, 194
与謝野晶子　104, 143
与謝野寛(鉄幹)　143
予算審議権　77
吉田茂　221
吉田松陰　17
吉野作造　163, 175, 184, 191, 233
吉益良子　49
吉村虎太郎　19
米内光政　226, 237, 254
米内光政内閣　237
世直し　22
世直し一揆　22
読売瓦版　140
『読売新聞』　48, 140
『万朝報』　102, 104, 106, 141
四・一六事件　199
四大財閥　198

● ら

頼三樹三郎　17
ラグーザ　146
ラジオ放送　190
ランシング　158

● り

利益線　98
理化学研究所　192
陸軍軍縮　173
陸軍志願兵制度　249
陸軍パンフレット　214
李鴻章　88, 90
立憲改進党　63, 81
立憲国民党　152
立憲自由党　81
立憲政治　2, 7, 58
立憲政体樹立の詔　60
立憲政友会　94, 152, 165, 166, 181, 182, 184, 185, 197, 201, 206
立憲帝政党　63
立憲同志会　152
立憲民政党　185
立志社　60

立志社建白　61
リットン　211
リットン調査団　211
リットン報告書　211, 213
吏党　81
琉球　10, 52
琉球帰属問題　53
琉球処分　52
琉球藩　52
柳条湖事件　209, 212
領事裁判権　14
領事裁判制度の撤廃　83, 86
臨時資金調整法　229

● る・れ

ルター　134
黎明会　175
レコード　195
レーニン　157, 224

● ろ

労働運動　175
労働組合期成会　125
『労働世界』　125, 141
労働争議　127
労働農民党　199
労農派　53, 192, 233
ロエスレル　74
ローカル線拡張計画　187
露館播遷　98
鹿鳴館　84
盧溝橋事件　226, 227
ロシア革命　157, 159
ローズヴェルト(セオドア)　103
ローズヴェルト(フランクリン)　215, 243, 251, 253
ロッシュ　21, 23
六法　74
ロマン主義　143
ロンドン覚書　16
ロンドン海軍軍縮会議　175, 203
ロンドン海軍軍縮会議脱退　224
ロンドン海軍軍縮条約　203

● わ

隈板内閣　93
若槻礼次郎　152, 184, 203
若槻礼次郎内閣〈第1次〉　175, 196
若槻礼次郎内閣〈第2次〉　209
『若菜集』　143
ワーグマン　146
ワシントン会議　171
ワシントン海軍軍縮条約　172
ワシントン海軍軍縮条約廃棄　222
ワシントン体制　173, 222
和田英作　146, 194
渡辺錠太郎　219
和衷協同の詔　82
和辻哲郎　191

索引　265

もういちど読む山川日本近代史

2013年4月20日　1版1刷　印刷
2013年4月30日　1版1刷　発行

著　者　鳥海　靖

発行者　野澤伸平

発行所　株式会社　山川出版社
〒101-0047　東京都千代田区内神田1-13-13
電話　03(3293)8131(代表)
http://www.yamakawa.co.jp/
振替　00120-9-43993

印刷所　株式会社　加藤文明社
製本所　株式会社　手塚製本所
装　幀　菊地信義
カバーイラスト　石井香衣・佃めぐみ

©2013 Printed in Japan ISBN 978-4-634-59112-7

造本には十分注意しておりますが、万一、落丁・乱丁本などがございましたら、小社営業部宛にお送り下さい。送料小社負担にてお取り替えいたします。
定価はカバーに表示してあります。

現代の世界